# 만해 한용운, 도올이 부른다

도올 김용옥 지음

1

통나무

< 이 시대가 만해를 부릅니다 >

여러분! 기억해주십시요
만해의 눈물을
만해의 외침을
만해의 삶을
만해의 죽음을

여러분! 첫키스의 미소를 스스러워 마세요
이 나라가 가라앉고 있습니다
이 나라가 망해가고 있습니다
침몰하는 배 속의
조선민중을 구하기 위해
사랑의 밧줄을 늘어뜨리고 있습니다.

여러분! 만해의 노래를 같이 부릅시다
님의 침묵이 이제
그 침묵을 깨야하는 위기에 닥쳤습니다

여러분! 생명은 삶을 지향합니다
죽음으로 가더라도
살 수 있기 때문에 죽음으로 갑니다

어찌하여 이 땅의 권력을 쥔 자들이
또 다시 일본에게
이 땅을 팔아먹고
일본의 이익에
우리 삶을 예속시키며
일본의 군대가
이 땅에 상륙하는 것을
도우려하고 있단 말입니까?
그들은 영원한 죽음의 사자들입니다.

북한은 우리의 마음에 따라
적으로도 되고 친구로도 됩니다.
언어와 역사와 문화를 공유하는
한 민족을 어찌 일본이나 미국보다
더 대적시한단 말입니까?

여러분!  우리는 성숙했습니다.
북한에게 큰사람 노릇할 수 있을만큼
성숙했습니다.
북한이 아무리 허튼소리를 하더라도
우리는 바른 미래를 향해
인류를 끌고가야 합니다.
어찌하여 어린애들처럼
싸울 길만 모색합니까?

여러분! 우리가 싸워야 할 대상은
호시탐탐 이 땅을 노리는 일본입니다.
일본은 우리의 적입니다.

과거의 죄악을 반성하지 않는 한
일본은 적입니다.

여러분! 친일파들을 물리칩시다
현해탄 건너 그들의
고향으로 보냅시다.
밀정들을 동해 건너
그들의 조국으로 보냅시다.

여러분! 만해의 노래를 다시 부릅시다.
삼천리 금수강산 곳곳에
만해의 노래가 울려퍼지도록
춤추는 소매를 안고도는
무서운 찬바람이 다시 일도록
만해의 노래를
촉석루 위에서 띄워 보냅시다

그대의 눈은 비록 웃었지만 우는 것보다
더욱 슬펐습니다.
걷잡을 수 없는 슬픔의 힘을 옮겨
새 희망의 정수박이에 들이붓습니다
우리는 님을 보내지 아니하였습니다.


2024. 9. 18
추석명절 때


도올

# 1권

서시序詩: 이 시대가 만해를 부릅니다 ... 5

## 제1장: 동심의 세계 . . . . . . . . . . . . 25

25. 아침에 거울을 보다  26. 성스러움과 몸  27. 국립극장 강연, 감동의 도가니  28. 한국역사가 낳은 20세기의 성인  29. 우린 너무 몰랐다  29. 조계종의 출발  30. 한국불교는 통불교  31. 원종의 등장  31. 임제종운동  32. 1911년 일제 사찰령  32. 선학원의 등장  33. 만공과 만해, 그리고 선학원  34. 만해의 선학원 주석, 조선승려들의 프라이드  35. 조계종을 태동시킨 민족불교의 혈맥, 선학원  35. 명진스님의 사자후  37. 법진스님과 금강경  38. 국립극장 대강연 수락  39. 도올이 태어난 환경  40. 천안중앙국민학교  41. 재빼기와 난장  41. 개화기의 의사  42. 아버지의 산과의술  43. 개왕절개  43. 쥴리어스 씨이저의 탄생 진실  44. 씨쎅없는 옛 동네출산  45. 난산과 아버지 왕진  46. 횡위난산  46. 난산을 순산으로 바꾸는 신의의 손기술  47. 남 산파와 원 선생  47. 원 선생과 성가대  48. 남 산파의 세 딸  48. 댄너 스틴의 재즈피아노  49. 연희의 라흐마니노프 연주  50. 임춘앵과 그 일행  51. 아버지와 천안극장  51. 중앙국민학교 학예회  52. 귀희의 승무, 천하일품  53. 승무는 민중예술의 디프 스트럭처  53. 승무의 시작, 홍성사람 한성준  54. 원귀희의 승무는 우주적 영감  55. 귀희의 장삼소매 율동  56. 움직이는 모든 것은 춤이다  57. 귀희의 승무와 조지훈의 승무  57. 나빌네라  59. 나빌네라는 그 자체로 술부  59. 파르라니와 외씨보선  60. 복사꽃 고운 뺨, 아롱지는 귀희모습

제2장: **조지훈의 예혼藝魂 여로旅路** . . . . . . . . . . . . . 62

62. 조지훈의 탄생과 동학 63. 이필제의 재해석 63. 이필제의 건강한 영향과 해월의 투쟁 64. 주실마을의 분위기와 조헌영 64. 조인석의 자결 65. 나가타 겐지로오 67. 김수영의 조지훈 평가 67. 조지훈과 4·19혁명정신 69. 지훈에 관한 민중의 기억 69. 등단 1호작 고풍의상 70. 한복예찬 71. 보들레르와 와일드 72. 한학과 서구문학의 마찰, 반추의 깊이 73. 모더니즘의 사라짐 73. 고풍의상의 단어해설 74. 낙서삼아 쓴 것? 75. 정지용의 신인추천사 76. 신고전의 등장 76. 조지훈의 생애 처음 본 승무 77. 용주사 ᄆᆡ당, 무명의 비구가 춘 승무 77. 용주사의 춤, 김은호의 그림, 또 하나의 승무 78. 도올의 분홍신 79.「승무」에 대한 정지용의 평 80. 등단의 월계관에 바친 정지용의 찬사 81. 10대·20대 청춘의 행진 82. 정지용의 생애 83. 휘문고보에서 도오시샤대학 영문과로 85. 향수 가사에 들어있는 몇마디 해설 86.『조선지광』89호 〈유리창1〉 86. 상징성이 짙은 시계열 89. 문단 데뷔작, 모더니즘의 걸작 89. 카페 프랑스의 성격, 그 상징성 90. 자아를 상실한 패롤 청년들 90. 카페 프랑스와 호텔 캘리포니아 91. 지용과 지훈 91. 조지훈과의 해후에 끼어있는 이야기 92. 고려대학교 철학과 분위기 93. 고려대학교 타임반과 뉴스위크반 93. 평화봉사단 선생님들 94. 평화봉사단의 성격 95. 고려대학교 사학과에 재학중인 아리조나 카우보이 95. UCLA 한국학교수 존 B. 던컨, 그리고 도이힐러 교수 96. 던컨이 소개한『한국문화사서설』97. 고려대학교 교수가 중심이 된『한국사상』운동 97. 조지훈이 동학을 논함 99. 3·1혁명의 주체는 동학을 계승한 천도교이다 100. 동학은 종교가 아니다. 종교라는 개념으로 규정할 수 없는 새로운 종교


제3장: **조지훈과 만해, 나의 고려대학교 교수시절** ... 101

101. 고려대학교 문과대학 교수휴게실 102. 정한숙과 조성식, 그리고 영시의 대가 김종길 103. 쟤는 대학교 때부터 두루마기 입고 다녔어 103. 나의 동양사상입문과 전통전승의 대가들 104. 만신 중의 만신 김금화의 명강 107. 김금화의 정성: 이승작별의 만년필 108. 함석헌 선생의 고대 서관 왕림 109. 김준엽 총장의 간청 110. 조지훈이 없이 만해 한용운이 있을 수 없다! 110. 6·25 난리통 속 조지훈의 막걸리 111. 정지용의 편지 112. 조지훈 연보의 오류

113. 노작 홍사용은 지훈에게 지조의 대명사  114. 노작 홍사용의 생애  115. 나는 왕이로 소이다  119. 노작에 대한 오해  120. 연보의 오류, 지훈과 만해의 관계  121. 한용운은 조지훈의 할아버지뻘  122. 만주벌 호랑이의 서대문형무소 옥사  122. 안동의 협동학교, 신흥무관학교, 서로군정서의 참모장  123. 김동삼 옥사사건 이후 시신처리에 관한 허언虛言들  123. 시신은 걸머메고 갈 수 없다, 다비도 불가  124. 1937년 4월 15일자 신문기사  125. 김동삼 본인의 유서  126. 심우장 안방에 빈소를 차리자!  127. 심우장을 간 주체는 조지훈의 부친, 조헌영  127. 김동삼과 조지훈 할아버지 조인석  128. 6·25동란과 조인석의 자정치명, 선비의 기상  128. 조지훈의 만해 배알기拜謁記  129. 만해는 단지『님의 침묵』이라는 시집의 저자로 기억되어야 할까?  130.『님의 침묵』은 타시집과 비교를 절絶한다

## 제4장: 조지훈과 고려대학교 국문과 학생들이 주동이 된『한용운전집』발간 ... 132

132. 지훈과 만해의 랑데뷰, 침묵의 순간  133. 조지훈이야말로 만해의 전인적 모습을 우리에게 전한 일등공신  133. 효당 최범술은 전집간행의 시동은 걸었으나 불발  134. 최초의 5명: 임종국, 인권환, 이기서, 이화형, 박노준  135. 조지훈의 형안, 만해의 시는 좌·우의 이념을 초월  135. 만해 시의 높은 평가  136. 만해의 친구, 박광  137. 한용운전집간행위원회의 성립  137. 다솔사 정리팀과 도서관 복사팀  138. 박노준 교수의 호소, 전집출간의 공신은 조지훈  140. 만해의 탄생과 그 족보  140. 만해는 조선왕조의 일류사족이 거치는 모든 교양을 어려서부터 훈습  141. 명진스님의 일갈  142. 퇴율과 만해, 만해의『음빙실문집』『영환지략』  143. 만해의 수계, 율곡의 금강산 입산수도  144. 만해의 문장의 성격  144. 만해의 출가의 원인  145. 허무개그적 심리추론

## 제5장: 만해의 정신세계: 한학과 불학의 융합 ... 147

147. 만해 자신의 어린시절 회상  148. 폐포파립이 전부  148. 인생이 무엇인지 그것부터 알고나 살자!  149. 수준에 못미치는 고은의 평전  150. 우선『전집』이나 다 읽고 말해라!  151. 조지훈의 만해론  152. 고사高士＝성인聖人  153. 만해의 세 가지의 품성  154. 비분강개,

기다림과 하소연, 자연관조 154. 만해의 지조, 강점기의 암흑 속에서 빛나는 유일한 진주 156. 매운 향내 157. 풍란화의 쏘는 향기, 만해의 장안 한복판의 삶 158. 만해라는 좌표를 통해 강점기의 변절자들의 덧없음을 깨닫는다 158. 평전의 제약성 159. 마저절위 160. 위편 삼절의 두 차례 변형 162. 만해를 이해하고 싶으면 『한용운전집』을 읽어라! 162. 십삼경과 팔만대장경 163. 『불교대전』의 미스테리 164. 산강재와 벽초의 촌철평어寸鐵評語 165. 한학과 불학의 융합, 술부와 주부의 융합

## 제6장: 만해의 감성세계 ......... 166

166. 9살 때 『서상기』 통독 168. 『서상기』, 회의의 심연 168. 유교는 예악 169. 당시, 송사, 원곡 169. 원나라 문화 170. 원곡＝잡극 171. 나의 대만대학 시절, 잡극써클 171. 『서상기』의 저자, 왕실보 172. 꾸안정마빠이 172. 만해의 한학수업 속에 『서상기』가 있었다 174. 잡극의 주제 174. 당의 근원설화 175. 『서상기』와 『앵앵전』의 근원적 차이 176. 여자의 주체적 선택 182. 『서상기』와 『채털리 부인의 사랑』 182. 문언文言과 백화의 묘합 182. 관한경의 『두아원』 183. 『서상기』는 리얼하다 183. 장생과 앵앵의 주체적 노력 184. 사랑하면 곧 가족이고 혈통이다 185. 주희로부터 백년, 가치관의 거대변화, 순결사랑의 보편화 185. 홍성의 선진문화 186. 남평문씨 한명의 『서상기』 주석

## 제7장: 만해의 불교수업 ......... 187

187. 사실을 만난 기억 188. 제1차 출가 188. 제2차 출가 189. 백담사에서 정식 수계, 은사 김연곡 190. 오세암의 내력 191. 교학의 대가 이학암 스님 밑에서 191. 『대승기신론』, 『능가경』, 『원각경』 192. 양계초, 서계여를 흡수 192. 사회진화론, 찰스 다윈, 헉슬리, 엄복 193. 엄복의 『천연론』, 물경과 천택 194. 스펜서의 낙관론 194. 최적자가 최선자는 아니다. 임천에 대한 승천 195. 자강불식론 196. 엄복, 북경대학 초대총장 196. 양계초의 엄복해석 197. 양계초의 변법 198. 양계초, 강유위의 무술변법, 서태후의 무술정변 198. 살아남은 변법의 주체들이 모두 시대를 뒤따라 가지 못했다 199. 만해와 음빙실 201. 마지막 구절 201. 만해는 배울수록 정직해졌다 202. 건봉사의 선방, 최초의 수선안거 202. 건봉

사 선수행과 서대문형무소 용맹정진  203. 건봉사 큰스님 만화는 누구인가?  204. 만해는 만화의 법통을 계승  204. 만주벌판, 일본유학  205.『조선불교유신론』백담사 탈고  205. 만해의 불교유신은 일본유신과 무관한 독자적 입론  206. 20세기 일제강점은 히데요시 망상의 재현  207. 조선승병공포와 사찰령, 조선불교를 조선총독부 체제내의 관청으로  208. 대중공의제도를 주지전횡제도로!  208. 일련종 사노 젠레이의 청원서: 조선승려 도성출입 가피  210. 대처화 과정  210. 만해는 제도로서의 대처를 주장한 적이 없다. 불교 내의 혁신에 관한 발언일 뿐  211. 유교적 신택스와 불교적 신택스  212. 만해의 선禪  213.『조선불교유신론』의 18항목  215. "유신"을 말하지 않으면 아니되는 만해의 속심정  216. 평등주의와 보살행  216. 키리시탄 박해와 일본의 불교, 후미에  217. 일본불교의 관공서화  218. 유신이란 무엇인가?  219. 독신의 해로움, 그러나 획일적인 제도화를 말하지 않았다  220. 핵심은 승려의 교육  220. 승려는 보통학에 달통해야 한다  221. 래디칼한 합리주의, 이성주의의 포효  222. 박중빈의『조선불교혁신론』  223. 박중빈의 오리지날 구상  223. 허수아비 등상불  224. 만해의 소상론의  225. 만해와 소태산  226.『불교대전』의 미스테리  227.『불교대전』과『불교성전』  228.『불교대전』은『유신론』의 구상과 조응된다  229. 백낙청 선생과의 대화  231. 조선의 지성계를 대표하는 액티비스트  231. 만해의 인문학적 삶의 여로, 전명운과 장인환  232. 대한의군참모중장 안중근  234. 근원적인 존재물음, 대오大悟  236. 오도의 현실적 계기, 고향과 객수  237. 종교적 각성＝대중의 구원, 유마힐의 호소

**제8장: 3·1만세혁명, 여운형과 만해** .......... 238

238. 3·1운동은 3·1만세혁명으로 명칭이 바뀌어야 한다  239. 3·1만세혁명과 간디의 사티야그라하  240. 중국의 5·4운동과 3·1만세혁명  240. 3·1만세혁명은 세계사의 흐름을 바꾼 대사건  241. 만해의 역사인식  241. 3·1만세혁명은 윌슨의 민족자결주의로 일어난 사건이 아니다  242. 3·1만세혁명의 진정한 마스터마인드  243. 분명한 기점, 상해의 신한청년당  244. 여운형의 카리스마, 신규식이라는 거목  244. 뛰어난 인물 신규식의 삶과 비전  245. 신규식은 손문의 친구, 진정한 상해의 한인 구심점  245. 크레인의 상해연설  246. 여운형, 왕정연의 소개로 크레인 면담  247. 휴매니스트 크레인의 세계비전  248. 파리강화회의를 활용하는 독립호소 세계화 전략  249. 김규식이라는 어학천재  249. 여운형의 독립

청원서 작성, 피치의 교정 250. 미모의 여성 정육수의 헌신적 도움, 파리행 선표 251. 신한청년당의 국제적 대활약 251. 장덕수, 조소앙, 이광수 일본파견 251. 선우혁과 이승훈 252. 여운형의 만주, 연해주 행보 253. 우리가 쓰는 대한민국은 "대한민국임시정부"에서 온 말이다 253. 3·1만세혁명의 주체 여운형의 제국호텔 연설, 타이쇼오데모크라시 254. 장덕수 통역지정, 의리지킴 255. 육군대신 타나카 상면 256. 일본의 운명, 타이타닉호의 침몰 256. 초가삼칸, 빈대 소사燒死 257. 몽양의 제국호텔 연설, 세계사적 사건, 그 내용요약 259. 만 33세 청년의 통쾌무쌍한 독립선언 260. 손병희라는 큰 손 260. 독립지사 이승훈, 오산학교 설립자 260. 최린과 만해 261. 만해의 공약삼장 262. 만해이 3·1혁명 이해구조 263. 조선멸망의 원인, 음빙실의 분석 263. 뉴라이트의 뿌리 264. 3·1만세혁명=자기 존재의 개벽 264. 태화관 연설도 만해 265. 만해 스님 일상모습의 진실한 기록 267. 이 글의 저자는 조종현, 『태백산맥』의 저자 조정래의 아버지 267. 조선독립의 서 268. 상해임시정부 기관지 『독립신문』에 전문이 실림 269. 여운형의 제국호텔 연설보다 반년이 앞선다 269. 민족의 내면적 성숙을 요청, 조선국가의 흥망은 조선민족의 책임

## 제9장: 『십현담주해』, 매월당 김시습과 만해 ..... 273

273. 선학원에 주석 273. 오세암에서 만난 『십현담』, 당나라 상찰선사의 작품 274. 월운과 만해 276. 세 판본의 차이 276. 만해 본인이 말하는 『십현담』과의 해후 278. 매월당과 만해가 처한 세상의 공통점 278. 『십현담』「심인」원문 279. 체體와 본本, 삼승과 삼시 280. 만해의 디컨스트럭션 281. 한문 주해에서 한글 시작詩作으로 281. 두 달 스무날 282. 평자들의 무지, 뼛속 깊은 자비감 283. 열 개의 율시 283. 심인, 십현담은 일현담 284. 형식적 유사성

## 제10장: 만해의 한글사랑 ......... 287

287. 만해와 가갸날 288. 한글, 오랜만에 문득 만난 님, 그 감격은 곱습니다 288. 한글은 존재해방 290. 장엄한 자연속에서 님을 찾으며 님을 알아간다 291. 존재의 향기, 시내의 소리 292. 육근육경 292. 「알 수 없어요」는 아름다운 우리말 293. 만해가 시성詩聖인 이유 293. 이도李裪 세종의 한글창제의 역사적 맥락 294. 민중의 의사가 문명의 업으로부터

해방된다 295. 세종의 시혜 아닌 민중의 승리 295. 보편적 소리글 체계 296. 세계문자사상 독창적인 한글의 체계성 297. 문자의 발명과 소멸, 한글의 지속성 297. 추사 김정희의 한글편지 298. 정조와 심환지 사이에 오간 서찰 299. 한글의 역사적 연속성 속에서 만해시를 이해해야 한다

### 제11장: **기독교의 한글성서, 찬송가운동** ..... 300

300. 기독교 성서의 한글번역 300. 서상륜과 이수정 301. 이수정과 우찌무라 칸조오, 그리고 함석헌 303. 불과 2년 만에 세기적 대작 완성, 아펜젤러와 언더우드의 성경 304. 세례는 관세례가 아니라 밥테슈마이다 304. 초창기부터 한국인 창작찬송가 수록

### 제12장: **님은 무엇일까?** ......... 305

305. 님을 총체적으로 지시하는 「군말」 306. 님은 『기탄잘리』와 무관, 타고르의 "Thou"와 차원을 달리한다 307. 순수 우리말, 님의 역사 307. 천주교의 "천주" 선취 308. 최수운의 천주 308. 천주의 "님화" 309. 그루다, 기루다, 그리워하다 310. 싯달타와 님, 그 관계의 역설 310. 칸트와 계몽주의 철학 311. 근대성의 완성 311. 마치니와 이탈리아 통일운동 312. 세계헌법사에 있어서 민주공화제라는 단어는 우리 임정헌장이 제일 빠르다 313. 님과 자유 314. 예수의 비유와 님의 침묵 314. 나의 님, 조선의 가을하늘 315. 님의 침묵 해설 317. 님은 갔습니다. 조선민중의 만세절규 318. 침묵은 웅변, 감은 옴 318. 차마 떨치고 가다 319. 황금의 꽃, 한숨의 미풍 320. 키스, 깨달음의 첫 체험 321. 운명의 나침판 322. 새로운 슬픔 322. 새 희망의 정수박이 323. 제 곡조를 못이기는 사랑의 노래

### 제13장: **이별의 미학** ......... 324

324. 제1수, 제2수, 제10수의 상관관계 325. 진정으로 사랑하는 사람들 사이에서는 이별은 없다 326. 이별하는 사랑보다 더 큰 사랑 326. 이별은 관계의 종료가 아니다 327. 이별은 창조다, 조국과 이별하는 것은 새역사를 창조하기 위함이다 327. 네 가지의 공허한 이데아 328. 이별은 희비애락의 굴레 속에 있다 329. 서구적 관념론의 극복, 1920년대 유일무이 329. 주요한의 첫 평론 330. 최남선의 「해海에게서 소년少年에게」 332. 백낙청의 "시민문

학론" 333. 3·1운동이 낳은 최대의 시민시인 335. 김억의 『해파리의 노래』 336. 김억의 제자, 소월 337. 염무웅의 만해론 338. "최초"라는 허언虛言 339. 만해는 『창조』의 동인들보다도 앞선다 341. 만해는 전투적인 평화의 시인

## 제14장: 타고르라는 이국색異國色의 정체 ..... 342

342. 타고르의 노벨상 수상의 의의 343. 타고르의 벵골시 영역, 로텐슈타인과 브래들리, 예이츠 344. 에즈라 파운드의 평론 345. 타고르의 태생과 싱장 346. 절망과 고뇌: 귀족적 타고르, 그 개인의 좁은 심연 346. 간디와 타고르 347. 타고르와 최남선 348. 간디와 타고르의 대화 350. 간디의 사회정의와 타고르의 시적 아름다움 351. 미당 서정주의 만해평 352. 미당의 카미카제 찬양 352. 언론계의 타고르 특종 353. 『청춘』 편집자들의 땜빵 특종 354. "동방의 등불" 사건 356. 많은 등불 중의 하나? 356. 주체적 행위가 결여된 맥아리 없는 시 357. 무지에서 나온 안전빵 357. 『기탄잘리』 제1장 359. 김억의 훌륭한 우리말 번역 360. 만해의 시형詩形은 한국어의 진화일반의 현상, 타고르 시의 번역어의 추종이 아니다 361. 벵골 르네상스와 브라모신앙 361. 람 모한 로이의 사상 362. 인도의 유일신론 365. 안서의 『원정』 역본 368. 섬세한 타고르의 언어, 치졸한 유일신관 370. 만해, 제4단계의 정점 370. 간디의 "영성의 말씀" 371. 간디의 존재론 vs. 만해의 탈존재론적 선禪의 경지

## 제15장: 만해의 타고르 평가, 만해가 발간한 『유심』 ... 373

373. 〈타골의 시詩 「GARDENISTO」를 읽고〉 374. 만해의 경지에 대한 근원적 몰이해 376. 만해의 슬픈 삶이 쌓아올린 무애법계의 경지 376. 『유심』이라는 잡지의 발간, 만해가 총기획 378. 만해의 타고르 수필 번역 379. 만해의 진정한 친구 석전 박한영의 타고르론論 382. 만해의 『유심』은 우리나라 문예지의 파이오니어 383. 『님의 침묵』의 프로토타입, 『유심』의 권두언 385. 일경초의 생명 387. 『유심』 제3호, 권두시, 「약동」 388. 천애의 오로, 주저 389. 실재는 존재가 아니라 과정, 오직 활동活動 390. 송욱 교수의 정평 391. 나를 슬프게 만드는 벗이여! 391. 죽음의 피안에 도달했을지언정 삶의 차안에 못미친 그대여! 392. 하늘까지 사모치는 백골의 향기 393. 무덤 위에 피묻은 깃대, 혁명의 깃발 393. 백골의 입술 vs. 봄바람, 당신의 노래는 조선의 민중과 함께할 수 없다

# 2권

제16장: **만해의 논개 사랑** ....... 19

19. 대승선 증도가의 화엄, 만해 언어의 정점  21. 시집 『님의 침묵』의 독해  21. 임진왜란의 핵, 2차 진주성대첩  22. 진주라는 고을의 문화  23. 제2차 진주성대첩의 실상  24. 최경회와 논개, 적장 케야무라 로쿠스케  28. 논개시 해설  28. 울음과 웃음의 공제  29. 이데 아적 꽃은 썩는다  29. 황금의 칼에 버혀진 꽃  30. 옥에 묻힌 썩은 칼을 울렸다  30. 떨어지는 해를 얼렸다  31. 웃었지만 우는 것보다도 더욱 슬펐다  31. 붉은 입술, 푸른 입술, 희어진 입술  32. 삐비가튼  33. 강언덕의 묵은 이끼  33. 촉석루 옆 의기사義妓祠  34. 논개의 죽음과 선禪  35. 그대없는 빈 무덤같은 집  35. 그대의 집에 피어있는 꽃  35. 역사적 논개와 역사화된 논개  36. 금석같은 굳은 언약  36. 논개는 외로운 민중의 여인으로 남아야 한다  37. 사랑을 다른 여자에게 주지 않겠다! 왜적보다 더 무서운 친일파놈들아!  38. 나의 죄를 사하여주는 것은 하나님이 아니라 논개다  39. 웃음이 제워서 눈물이 된다  39. 송욱 교수의 과도한 불교 교리 중심의 해석  40. 일본의 정한征韓 상륙을 획책하고 있는 한국정부  41. 알뜰한 사랑  42. 사랑보다 믿음  42. 조심＝계율  42. 병들어 누은 당신  43. 떠난 근심보다 뉘우치는 눈물  44. 오늘의 후회스러운 현실  44. 반일 종족주의가 아닌 반일 도덕주의, 반일은 보편성의 회복이다  45. 제54편 「사랑하는 까닭」  46. 사랑의 주어와 목적  46. 사랑의 궁극적 주어는 조국  47. 조국없이는 나의 존재의의가 없다  48. 삶과 죽음  49. 기독교신학은 이 땅, 이 민족의 신학이 되어야  49. 3단계의 사랑구조

제17장: **선사禪師의 설법** ....... 51

52. 기초교설 사성제  53. 샤카무니의 설법으로부터 2500년의 트랜스포메이션  53. 선의 정점, 만해  54. 진정한 사랑은 단단히 얽어맴  54. 대해탈은 속박에서 달성  55. 곱드리다  57. 자유의 아이러니  57. 복종은 실존의 선택  58. 자유라는 허울에 속지 않겠다  59. 복종은 오로지 님에게만, 애국의 본체  59. 복종과 민족반역

제18장: **첫 키쓰** . . . . . . . . . . . . . 60

60. 만해의 키쓰, 키쓰의 역사  61. 리얼 터치와 각覺  62. 부정을 긍정으로  62. 보면서 못 보는 체  63. 키쓰의 5단계  63. 만해의 짜릿한 체험  65. 각覺에 도달하기까지의 끝없는 정과 한  66. 님은 정과 한의 복합체  67. 가을하늘과 봄바다  67. 인간은 정과 한이 있기에 인간이다  68. 정과 한은 부정의 대상이 아니라 긍정의 대상  69. 일제강점기의 극복  69. 조국의 승리를 믿고 조국의 품에 안긴다

제19장: **나룻배와 행인** . . . . . . . . . 71

72. 님의 이미지를 구상화 시켜주는 좋은 시  72. 나룻배는 차안에서 피안으로 가는 방향성이 없다  72. 나룻배＝조국  73. 흙발은 자연自然일 뿐  73. 나룻배의 기다림, 대가성이 없다  74. 보살행의 뗏목보다 나룻배, 나룻배는 삶의 과정  74. 조국의 아가페  76. 길은 마르가가 아니다  77. 자연의 길과 구원의 길  77. 일음일양지위도, 삶의 길, 생명의 길  78. 길은 자연의 운행방식  78. 우주론적 법칙과 인생론적 법칙의 차이  79. 도덕론적 법칙  81. 나의 길은 두 가지밖에 없소  82. 다른 길은 있을 수 없다  82. 나의 삶은 죽음과 하나이다

제20장: **님의 얼굴** . . . . . . . . . . . . . 84

85. 쉽게 읽히지만 어려운 시  86. 맥베스의 독백  87. 리 뼈의 월하독작  88. 그림자는 허상이 아니다, 다른 종류의 실체일 뿐  89. 님의 얼굴은 님의 모습, 그러나 언어를 초월  90. 인간은 "인간세"를 의미, 사람은 그냥 "人"  91. 조국은 사람사이에 있지만, 사람사이를 초월  91. 자연自然 vs, 인간人間  92. 님의 입술 같은 연꽃, 님의 살빛 같은 백옥  93. 님은 님의 그림자 속에서만 발견된다

제21장: **계월향을 위한 노래** . . . . . . . 94

95. 일본의 문호 아쿠타가와의 소설적 이야기 주인공, 임권택 감독의 영화  96. 계월향은 확

실한 역사적 인물, 평양성 수복에 공헌한 잔다르크 97. 임진왜란의 전개, 선조의 비겁한 거짓말 97. 곡식 10만 섬을 왜적에게 넘겨준 선조 98. 1592년 12월 말의 사건 99. 왜장의 최후순간 99. 소저를 베소서 99. 김응서의 평양성 탈환, 계월향의 지략 100. 다정多情과 무정無情 101. 살아있는 이름과 죽은 그림자 102. 한을 끼치고 102. 현란한 저녁놀 102. 푸른 근심 103. 청춘의 평화(The Peace of the Spring) 104. 수운의 개벽시

第22장: **꿈이라면** . . . . . . . . . . . 105

105. 만해불교철학의 총론 106. "출세"의 본 뜻 107. 웃음과 눈물＝사랑의 속박, 무심의 광명＝출세의 해탈 108. 달님과 님, 그리고 나 109. 당신의 얼굴이 달에 선행 109. 그믐달과 보름달

第23장: **나의 꿈, 오서요** . . . . . . . 111

114. 연작시의 성격과 주제 114. 가심과 오심 115. 예수의 때, 수운의 때, 만해의 때 115. 꽃밭으로 숨으세요 116. 나의 품으로 오세요 116. 말발굽에 짓밟힌 낙화 116. 당신은 오실 때가 되었습니다 117. 일본이 독도를 강점한다면 117. 각覺은 생사일여生死一如

第24장: **사랑의 끝판** . . . . . . . . . 119

120. 만해의 시에 불교의 레토릭을 덮어씌우지 마라 120. 님에게 에로티시즘의 색깔을 입히지 마라 121. 만해의 통찰력과 죽음 121. 예수의 미련한 처녀들 122. 거문고 줄의 완급 123. 접허하다 123. 하늘도 없는 바다 124. 조선의 시작

第25장: **독자에게** . . . . . . . . . . . 125

『**만해를 부른다**』 **독자들에게** . . . . . . . . . 128

# 만해 한용운 연표 ...... 137~225

1879년 7월 12일(음) 만해 한용운, 홍주 출생 ..... 138

1887년 9살 만해, 『서상기西廂記』 독서 ..... 144

1894년 충청도동학군, 홍주성 공격 ..... 147

1895년 승려도성 출입금지 해제 ..... 149

1896년 홍주을미의병 좌절 ..... 152

1897년 열아홉살 만해, 1차 출가(半僧半俗) ..... 155

1903년 폐포파립敝袍破笠, 표연漂然히 2차 출가 ..... 157

1905년 1월 26일 백담사에서 수계受戒받음 ..... 159

1906년(초) 세계만유世界漫遊 무전여행.

블라디보스톡에서 이사일생二死一生 ..... 161

1906년(겨울) 함경도 석왕사에서 참선생활 ..... 162

1907년 4월 강원동 건봉사에서 수선안거修禪安居 ..... 163

1908년 5월 일본 조동종曹東宗 대학에 5개월간 유학 ..... 166

1910년 12월 『조선불교유신론』 탈고(1913년 5월 출간) .... 170

1911년 3월 조선임제종 종무원 설립. 임제종운동 적극 전개.

원종 이회광 대종정의 조일불교동맹체결 분쇄 ..... 171

1911년 6월 조선총독부, 〈사찰령〉 반포 ..... 172

1912년 5월 서울 〈조선임제종 중앙포교당〉 개교식 ..... 173

1912년 7월 서간도 신흥무관학교 방문. 피격당함 .. 174

1913년 4월 만해·한영·금봉스님 조선불교종무원 창설 .. 176

1914년 『불교대전』 발행. 만해, 조선불교 회장 취임 .. 176

1915년 만해 조선불교회장, 영호남 사찰 순례·강연회 .. 177

1917년 4월 『정선 강의 채근담茶根譚』 발행 ..... 178

1917년 12월 3일 오세암에서 동안거 수행. 〈오도송〉 ..... 179

1918년 9월 월간지 『유심惟心』 창간 ..... 180

1919년 3월 1일 3·1독립선언. 만세3창 ..... 181

1919년 7월 서대문형무소에서 〈조선독립의 서書〉 작성 .. 183

1920년 6월 20일 조선불교청년회 창립 총회 ..... 185

1921년 11월 30일 선학원禪學院 설립 ..... 187

1921년 12월 22일 경성감옥 출옥. 지옥에서 극락을! ..... 187

1922년 3월 〈조선불교법보회〉 조직(대장경 국문번역) .... 188

1922년 3월 30일 선우공제회禪友共濟會 결성 ..... 188

1923년 4월 조선인을 위한 민립대학 기성회 강연 ..... 191

1924년 만해, 조선불교청년회 총재로 추대 ..... 193

1925년 6월 『십현담주해』 탈고(1926년 5월 15일 출간) .. 194

1925년 8월 『님의 침묵』 탈고(1926년 5월 20일 출간) .. 194

1926년 6월 6·10만세운동 연루 예비검속 당함 ..... 195

1927년 신간회 창립. 신간회 경성지회장 피선(7월) ..... 196

1928년 3월 14일 제1회 조선불교학인대회 개최 ..... 197

1928년 6월 『건봉사 및 건봉사 말사 사적』 편찬·발행 .. 197

1929년 12월 신간회민중대회－광주학생운동 피체 ..... 199

1930년 청년법려비밀결사 만당의 비밀당수 추대 .... 200

1931년 6월 만해, 『불교』지 편집 겸

발행인으로 활동(~1933년 7월) ..... 201

1931년 7월 전주 안심사에서 불교 한글경판 정리 ..... 201

1931년 10월 만해, 〈조선불교의 개혁안〉 설파 ..... 202

1933년 『유마힐소설경강의』 집필 ..... 205

1933년 성북동 심우장尋牛莊 기거(~1944년) ..... 205

1935년 4월 첫장편 소설 『흑풍』 조선일보에 연재 ..... 207

1936년 2월 신채호 묘소에 비석 건립 ..... 208

1937년 3월 『불교』 속간.

고문으로 편집관여(~1939년 1월) ..... 209

1937년 4월 심우장에서 일송 김동삼의 장례주관 ..... 209

1938년 만당사건. 배후자로 지목·감시당함 ..... 210

1939년 만해회갑연(청량사, 다솔사) ..... 211

1940년 창씨개명 거부. 춘원과 의절 ..... 212

1942년 만해, 『경허집』 책임편집·간행 ..... 214

1943년 조선청년의 학병출정 반대운동 전개 ..... 215

**1944년 6월 29일(양) 만해, 심우장에서 입적**

(세수 66세, 법랍 40년) ..... 215

# 님의 沈黙 초판본 ........ 406~226

(1) 님의沈黙 .............. 394

(2) 리별은美의創造 ..... 392

(3) 알ㅅ수업서요 ..... 391

(4) 나는잇고자 ..... 389

(5) 가지마서요 ..... 387

(6) 고적한밤 ..... 384

(7) 나의길 ..... 382

(8) 쑴쌔고서 ..... 380

(9) 藝術家 ..... 379

(10) 리별 ..... 377

(11) 길이막혀 ..... 372

(12) 自由貞操 ..... 370

(13) 하나가되야주서요 ..... 368

(14) 나루ㅅ배와行人 ....... 367

(15) 차라리 ..... 365

(16) 나의노래 ..... 364

(17) 당신이아니더면 ..... 362

(18) 잠업는쑴 ..... 361

(19) 生命 ..... 359

(20) 사랑의測量 ..... 357

(21) 眞珠 ..... 355

(22) 슯음의三昧 ..... 354

(23) 의심하지마서요 ..... 352

(24) 당신은 ..... 349

(25) 幸福 ..... 348

(26) 錯認 ..... 346

(27) 밤은고요하고 ..... 344

(28) 秘密 ..... 343

(29) 사랑의存在 ..... 342

(30) 쑴과근심 ..... 340

(31) 葡萄酒 ..... 338

(32) 誹謗 ..... 337

(33) 「?」..... 335

(34) 님의손ㅅ길 ..... 333

(35) 海棠花 ..... 331

(36) 당신을보앗슴니다 ..... 330

(37) 비 ..... 328

(38) 服從 ..... 326

(39) 참어주서요 ..... 325

(40) 어늬것이참이냐 ..... 323

(41) 情天恨海 ..... 321

(42) 첫키쓰 ..... 318

(43) 禪師의說法 ..... 317

(44) 그를보내며 ..... 315

(45) 金剛山 ..... 314

(46) 님의얼골 ..... 312

(47) 심은버들 ..... 310

(48) 樂園은가시덤풀에서 .. 309

(49) 참말인가요 ..... 307

(50) 꼿이먼저아러 ..... 305

(51) 讚頌 ..... 304

(52) 論介의愛人이되야서
　　 그의廟에 ............. 302

(53) 後悔 ..... 297

(54) 사랑하는싸닭 ..... 296

(55) 당신의편지 ..... 294

(56) 거짓리별 ..... 292

(57) 쑴이라면 ..... 290

(58) 달을보며 ..... 289

(59) 因果律 ..... 287

(60) 잠쏘대 ..... 285

(61) 桂月香에게 ..... 282

(62) 滿足 ..... 280

(63) 反比例 ..... 278

(64) 눈물 ..... 276

(65) 어데라도 ..... 274

(66) 써날째의님의얼골 ..... 272

(67) 最初의님 ..... 270

(68) 두견새 ..... 268

(69) 나의쑴 ..... 266

(70) 우는째 ..... 265

(71) 타골의詩를읽고 ..... 264

(72) 繡의秘密 ..... 262

(73) 사랑의불 ..... 260

(74) 사랑을사랑하야요 ..... 258

(75) 버리지아니하면 ..... 256

(76) 당신가신째 ..... 254

(77) 妖術 ..... 252

(78) 당신의마음 ..... 250

(79) 여름밤이기러요 ..... 248

(80) 冥想 ..... 247

(81) 七夕 ..... 245

(82) 生의藝術 ..... 241

(83) 꼿싸옴 ..... 240

(84) 거문고탈째 ..... 238

(85) 오서요 ..... 237

(86) 快樂 ..... 234

(87) 苦待 ..... 232

(88) 사랑의쯧판 ..... 229

讀者에게 ................... 227

## 제1장

# 동심의 세계

아침에 거울을 보다

거울에 비친 내 모습이 유난히 성스럽다.

아침, 잠에서 깨면 세면대 앞의 거울에 내 얼굴을 비추어 보는 습관이 있다. 누구든지 해볼 수 있는 버릇일 것이다. 그런데 나는 잠에서 깨면 곧바로 세면대로 가고, 거기 거울에 비친 내 모습을 관찰하는 습관이 있다. 그 순간에 나는 나의 과거와 미래를 본다. 불교는 나라는 존재를 오온五蘊의 가합假合(색色·수受·상想·행行·식識의 임시 화합)이라 말하는데, 나는 나를 구성하는 몸의 요소들이 어떠한 모임형태를 취하고 있는지를 매일 살펴보는 습관이 있는 것이다.

나는 동·서 의학을 다 공부한 의사이다. 국가에서 발행하는 의사면허증까지 땄다. 해부학적 지식이 있고, 또 한의학적 생리학의 지혜가 있다. 한의학에서는 사람의 모습을 살펴보아 그 생리적 상태를 아는 것을 관형찰색觀形察色이라 말하는데, 전문적인 식견을 가질 필요는 없고, 같은 시각에 같은 상태에서 주기적으로 자기 모습을 살피면서 그 변화를 자기생활에 견주어 형량해보면 자기반성의 기준이 생겨날 수도 있다.

그런데 오늘 아침 내가 받은 인상은 나의 건강상태에 관한 것이라기보다는 내 얼굴을 타고 흐르는 성스러운 기운 같은 것을 강렬하게 느꼈다는 순결한 고백이다. 내가 나의 얼굴을 보고 성스럽다라고 말하는 것을 몹시 어색하게 생각할 사람도 있겠지만, "성스럽다"는 것은 생리적으로 말하자면 "매우 건강하다, 건전하다, 굵은 데가 없다"는 정도의 다른 표현일 수도 있다. 어떤 범접하기 힘든 "서기" 같은 것이 흐른다는 표현일 수도 있다.

내가 "성스럽다"라는 말을 쓰는 것에 관해 이렇게 구구한 변명을 해야 한다는 것 자체가 얼마나 우리가 우리 자신의 인식에 있어서 인색한 삶을 살고 있는지, 그리고 우리의 언어가 우리 자신의 모습을 비하시키고 있는지, 그 집단무의식적인 현실을 반영하고 있는지도 모르겠다.

## 성스러움과 몸

갑이라는 존재를 "성스럽다"고 느끼는 것은, 그 성스러운 느낌을 유발하는 나의 내면에 성스러움이 있지 않으면 아니 된다. 그리고 오늘 아침, 거울에 비친 내 모습이 딴 때와 달리 유별나게 성스럽다는 것은 내 자신의 몸뚱아리가 통째로 어떤 성스러운 느낌 속에 젖어있었다는 것을 여실하게 나타내는 것이다.

어제, 2024년 6월 8일(토요일) 오후 3시부터 5시 반까지 남산 국립극장 하늘극장에서 약 2시간 반 동안 나는 나의 존재 전부를 쏟아붓는 듯한 열강을 했다. 만석의 청중들에게 나의 생애에서 다시 있기 어려운, 성스러운 진실을 다 쏟아붓는 듯한 강연을 하였고, 그곳에 앉아있던 사람들 전원이 2시간 반 동안 나의 언어에 대하여 진실로 성스러운 감응을 보여주었다. 그 감동의 도가니는 시간이 지날수록 뜨거웁게 달아올랐다.

나는 강의 전날 매우 바보스러운 실수를 저질렀다. 친구 손진책이 오랜만에 『햄릿』 연극공연을 올리는데 마지막 연습공연이 있으니 와서 보라는 것이다. 연습공연을 와서 보라는 것도 이무러운 사이가 아니면 불가한 일이요, 또 같이 늙어가는 판에 모처럼 날 생각해서 전화를 했으니 안 가는 것도 어려운 일이다. 대강연을 앞두고 있는 처지래서 갈 수 없다, 미안하다라고 끊는 것도 너무 각박한 처사이다. 그래서 국립극장 강연장 사전답사를 마치고 곧바로 『햄릿』 연습공연을 보러갔다. 그런데 그 공연장에는 사람이 별로 없었다. 크기는 또 엄청나게 큰 극장인데 어찌나 에어콘을 쎄게 틀었는지 냉장 수준을 넘어 냉동 수준이었다. 1시간 20분 가량 몸을 냉동시키고 인터미션이 있다기에 잽싸게 빠져나와 집에서 뜨거운 차를 들이키고 마침 식은 갈비탕이 있길래 찬밥 넣고 푹푹 끓여서 몸을 녹였다. 그러나 이미 몸은 절단난 후였다.

## 국립극장 강연, 감동의 도가니

마지막으로 강연고를 한번 정독하고, 아무래도 불안해서 아드빌을 한 알 먹고 11시경 잠자리에 누우니 무심하게 눈물이 흐른다. 내일 강연, "좆되았다" 하고 후회 속에, "내일 강연만 잘 되게 도와

주서요" 하고 하늘에 계신 어머님께 빌었다. 내가 다음날, 3시경 국립극장 무대에 섰을 때 나는 몸컨디션이 매우 좋지 않았다. 그러나 아무에게도 속사정을 얘기할 수도 없었다. 그런데 강연이 끝났을 즈음에는 감기고 콧물이고 골치고 모두 날아가버렸다. 나는 성스러움의 세례를 받은 것이다.

성聖의 세례를 받는다는 것은 나에게는 매우 구체적이고도 특별한 의미가 있다. 나는 성인聖人을 만난 것이다. 그날 하늘극장 청중들에게 나눠준 나의 두툼한 강연록을 펼치면 이런 말로 시작된다: "만해 한용운은 20세기의 성인이다."

### 한국역사가 낳은 20세기의 성인

"20세기의 성인"이라 함은 20세기에 국한된다는 뜻이 아니고 20세기를 배경으로 하는, 20세기를 산 성인이라는 뜻이다. 이 지구상에 존재하는 사람들 중에서 보편적인 성인의 자질과 비젼과 실천력을 지닌 특별한 인간이라는 뜻이다. 그런데 우리나라에서 20세기의 사람에게, "주체성의 상실"이라고 하는 암흑의 역사, 좌절과 절망 속에서 존재의 가치를 발현하기 힘들었던 시대를 산 우리민족의 사람에게, 그리고 특별히 한용운이라고 하는 사람에게 "성인"이라는 칭호를 붙이는 사례를 본 적이 없다. 아마도 내가 처음일 것 같다.

성인을 만난다는 것, 성인을 발견한다는 것, 누구를 성스럽다고 느끼는 것은 최소한 발견자, 감지자 본인에게 성스러운 자질이 있지 않으면 아니 된다. 성인을 만나는 사람, 그 자신이 성인이거나 성스러운 자질이 있거나 해야 한다.

## 우린 너무 몰랐다

나는 한용운을 잘 알지 못했다. 솔직히 우리의 만해에 대한 인상은 "님의 침묵"이라는 시를 썼다든가, 스님으로서 3·1독립선언문에 싸인한 사람이라든가, 독립운동을 열심히 한 지사라든가 하는 정도의 정보가 끽이다. 과연 그 사람의 내면의 진실의 여로나, 자세한 삶의 궤적, 어디서, 어떤 집안에서 태어나, 얼마나 공부를 했는지, 무엇을 지향한 삶을 살았는지, 우리역사에, 우리 현존의 삶에 어떠한 영향을 끼쳤는지…… 도무지 구체적 정보가 매우 부실한 상태로 남아있다. 그렇다고 아주 모르는 것도 아닌데, 그렇다고 제대로 아는 바도 없는 것이다. 문제는 한용운을 알아야만 하는 필연성을 감지하지 못하는 것이다. 그러니까 만해는 우리시대의 담론의 그물에서 벗어나 있는 것이다. 소외되어 있는 것이다. 아니, 우리시대의 디스꾸르(담론)의 가치구조가 그를 소외시키고 있는 것이다.

## 조계종의 출발

두어 달 전에 조혜경이라는 베테랑 작가 겸 기획자가 큰스님 두 분을 모시고 나를 방문하였다. 선학원의 지광智光 스님과 법진法眞 스님이었다. "선학원"이라 하면 우리는 그것이 선을 일반대중에게 가르치는 무슨 학원 비스름한 것으로 인식하기 쉽다. 현재 우리가 알고있는 "대한불교조계종"이라는 거대한 통합종단에 맞먹는 조직과 전통을 지닌 또하나의 거대한 불교종단체계라는 것을 깨닫지 못한다. 물론 "조계종"이 한국불교의 정맥이며 정통이라는 것은 변함없는 사실이 되어야 하겠지만, 현대적인 의미의 시스테마틱한 종단체제로서의 "한국불교조계종"은 1962년 4월, 그러니까 자유 당시절도 아니고 국가재건최고회의 시절에 출범한 것이다. 그러니까 1962년 4월 이전에는 고려초부터 선중심의 조계종으로 명명되는 종파이름은 추적가능 하지만 오늘날 우리가 생각하는 "조계종"이라는 거국적인 종단체제는 찾아보기 힘들다. 이것은 많은 이들에게 충격적으로, 그리고 정확하게 인지되어야만 하는 사실이다. 그러니까 "조계종"이라는 것은 1962년 4월에 새롭게 결성된 종단조직이라 말해도 틀린 말은 아니다.

그러나 "조계曹溪"라는 말 자체가 육조혜능이 북종의 신수神秀와 분쟁을 일으켜 광동 소관韶關 조계산曹溪山 보림사寶林寺로 들어 간 것에서 유래하는 말이므로, 당·송 시절의 순결한 돈오법문의 정통성을 간직한 불교운동의 다양한 갈래가 조선땅에서 구현된 형태를 조계종이라는 이름으로 규정할 수도 있다.

## 한국불교는 통불교

그러나 한국불교사는 통불교적 성격이 강하며 종파적 관념에 사로잡힘이 없이 불타의 가르침의 원의를 창조적으로 해석하고, 특히 직지인심直指人心, 견성성불見性成佛의 선풍禪風을 모든 불교운동의 근원에 깔아 번쇄한 언어를 초월한 담박한 시경詩境을 지켰다. 조선왕조의 시기에 "선교양종禪敎兩宗"이라는 말이 쓰이지만 조선불교에 선종과 교종의 엄격한 구분이 있었던 것은 아니다. 선 없이 교가 있을 수 없고, 교 없이 선이 있을 수 없다. 불립문자라 하여 선이 교를 부정하는 듯하지만, 교의 훈도가 없는 선은 정당한 선의 자격을 지니지 못한다. 일본의 불교사찰이 다양한 종파의 특색을 표방하고 있는 것과는 달리, 조선의 사찰은 극도로 절제되어 있고 담박하고 언어나 교리의 폭력이 없이 선禪적인 순수성을 보존하고 있다. 더구나 조선왕조시기를 통하여 승려가 도성출입을 못하는 등, 극도의 탄압과 비하 속에 기름끼와 허세를 다 날려버린 조선의 불교는 그 나름대로 아름다운, 종교의 가장 본질적인 모습을 간직하고 있었다.

## 원종의 등장

구한말 일본이 조선겁탈의 야욕을 꿈꾸고 있을 때, 조선의 불교야말로 "거저먹기" 십상인 문화침략의 보물창고라는 것을 발견한다. 그래서 족보에도 없는 원종圓宗이라는 어용종단을 만들어 그 종단에 한국불교를 귀속시키고, 그것을 또다시 일본 조동종曹洞宗 체계에 편입시키는 음모를 진행시킨다. 이러한 원종의 한국불교 매종행위를 주도한 인물이 이회광李晦光(해인사 승려. 원종 종무원 대종정. 일진회 이용구와 한통속)이었다. 이회광의 매종행위를 "조동종맹약"이라 한다. 이러한 매종행위를 막기 위해 만해 한용운, 박한영朴漢永을 위시한 불교계 선각자들은 분기하였다.

## 임제종운동

선명한 선불교 고유의 종단적 성격을 뚜렷이 하기 위하여 조선불교를 임제종臨濟宗이라는 명칭하에 통합하여, 원종圓宗의 체맹締盟을 파괴하고, 조선불교의 본래의 모습을 부흥하려는 사회운동을 전개하였던 것이다. 이 운동은 매우 호응이 컸다. "임제종운동"은 조선불교가 일본의 침탈야욕에 대항하여 선명한 자기정체성을 드러낸 매우 소중한 문화운동이며, 비본래적 타자의 침탈에 항거하여 본래적 자아를 발견하는 진리의 여로이기도 하였다.

일제강점기를 통하여 우리나라 문화의 모든 측면이 왜색에 젖어 자기정체성을 지키지 못한 불행한 현실을 개탄스럽게 바라볼 수밖에 없지만, 그래도 불교는 여러 가지 문제점에도 불구하고 자기 문화를 지켰다고 말할 수 있다. 그 흔들리지 않는 정체성의 핵심에 만해가 있다고 우리는 말해야 한다.

### 1911년 일제 사찰령

그러나 만해가 주도한 "임제종운동"도 원종이고 뭐고 할 바도 없이 합방의 소용돌이 속에 다 재가 되어버리고 만다. 그리고 일제는 1911년 6월 3일에 전국의 사찰을 조선총독부의 체제하에 강력히 통제하는 사찰령寺刹令을 반포한다. 전국의 사찰을 30본산으로 범주화하고 본사와 말사로 나누는 본말사제도本末寺制度를 확립하고, 주지住持에게 막강한 권력을 부여하여 조선총독부 휘하의 관리처럼 만들었다. 한국불교를 총독부의 관료체계로 예속시킨 것이다.

### 선학원의 등장

1910년대를 거치면서 사찰령과 그 시행규칙의 폐해를 절감하고 1919년 3·1만세독립의거를 거치면서, 자주自主의 변혁의지가 성장하였고 그 결실로 생겨난 것이 선학원이다. 종파와 종단의 내음새를 피우면 곧 일제 사찰령의 규제대상이 되기 때문에 사寺나 암庵,

혹은 무슨 종宗과 같은 이름을 붙이지 않고 순결한 조선불자들의 선방이라는 뜻에서 "선학원"이라고 이름한 것이다. 그 이름이 오늘까지 그대로 전해 내려오고 있는 것이므로 그 전통과 전승은 역사적 권위를 지니는 것이다.

### 만공과 만해, 그리고 선학원

1921년 5월 15일 서울 사간동 석왕사 경성포교당에서 선학원 건립자금을 모으기 위한 보살계 계단을 개설했을 때 송만공宋滿空(1871~1946. 경허의 법통을 이은 대선사로서 일제강점기 조선불교의 본모습을 지키는 중추역할을 함)이 한 말은 그 기본적 인식의 전모를 전해준다.

> "여러분이 아시다시피 지금 조선불교는 완전히 식민지 총독 관할 밑에 들어가 있지 않습니까? 그래서 우리는 지금 총독의 허가 없이는, 사찰의 이전·폐합으로부터 절간에 있는 온갖 재산, 기물에 이르기까지 조금도 손을 댈 수가 없게 돼있는 것입니다. …… 이런 판국이라 지금 조선 중들은 자꾸만 일본 중처럼 변질이 돼가고 있단 말입니다. 진실로 불조정맥을 계승해보려는 납자들이 점점 줄어들고 있다 그런 말이죠…… 우리 사찰령과는 관계가 없는, 순전히 조선사람끼리만 운영을 하는 선방을 하나 따로 만들어보자, 이런 생각을 가지고 오늘 회의를 부치게 된 것올시다."

선학원이 건립되는 과정에 한용운의 이름이 구체적으로 거론되지 않는 이유는 선학원 건립시기에 만해는 서대문형무소에 수감되어 있었기 때문이다. 만해 한용운은 불교계를 대표하여 3·1운동

에 전적으로 투신하였고, 그 과정에서 만공과 만해는 암묵적으로
두 사람 서로의 생산적인 거취의 방향을 결정하였던 것이다. 만해는
1) 변호사를 대지 말 것 2) 사식을 넣지 말 것 3) 보석을 요구하지
말 것이라는 결의를 실천하면서 치열하게 거족적인 3·1만세운동의
진의를 자기 일신에 구현함으로써 조선불교의 핵인 禪의 의미를
옥중에서 만개시켰던 것이다.

### 만해의 선학원 주석, 조선승려들의 프라이드

그의 옥살이는 국체찬탈자의 임의적 형량선고에 대한 일방적
수용이라기보다는 옥살이 그 자체를 禪의 구극적 구현으로서 승
화시켰던 것이다. 만해는 선학원이 준공된 지(안국동 1921년 11월 30일
준공) 불과 한 달도 못되어 서대문형무소를 나왔고(1921년 12월 22일
석방), 나오자마자 곧바로 선학원에 주석하였고 선우공제회禪友共濟
會를 주도적으로 결성하면서(1922년 3월 30일) 선학원의 기초를 다지는
데 결정적인 역할을 하였다.

10여 년간 선학원에 주석하면서, 민립대학民立大學 건립운동,
물산장려운동 지원, 6·10만세운동의 주도적 활동, 신간회 조직, 광
주학생운동 지원활동, 청년 비밀결사 만당卍黨의 영수로서의 활동,
조선불교청년회를 조직하여 불교대중화에 노력하는 등, 선학원을
바탕으로 엄청난 민족적 과제를 헤쳐 나가고 있었다. 그러니까 선학
원은 선불교로서의 조선불교의 정체성을 유지시키면서 왜색에 침
탈되지 않는 조선 승려들의 프라이드였고, 수많은 애국지사들이 거
점으로 삼은 독립운동의 요람이기도 하였으며 조선불교의 선풍을

지킴으로써 해방 후에는 정화운동을 가능케 한 민족정신의 뼈대였다.

## 조계종을 태동시킨 민족불교의 혈맥, 선학원

그러니까 선학원은 대한불교조계종에 소속된 한 연구기관이
아니라, 오히려 현대의 대한불교조계종을 태동시킨, 왜색에 굴복하
지 않은 20세기 우리민족사 불교정신의 백본(backbone)이요 혈맥이
라 말할 수 있다. 선학원은 500여 개의 사암寺庵을 거느리고 있으며
1500여 스님들이 조사祖師의 수행가풍을 계승해가고 있다. 만해 한
용운은 선학원의 설립이념을 마련한 인물로서 선학원의 사람들에
게 각인되어 있으며, 선학원 하면 만해, 만해 하면 선학원이라는 일
체감은 구구한 언론의 시비를 뛰어넘는 역사적 사실이다.

나는 선학원의 큰스님들이 나를 방문한다기에 이무럼 없는 친
구, 우리시대의 참된 승려인 명진에게 전화를 걸었다. 명진에게 내
가 전화를 거는 이유는 불교계 내의 인사이더로서의 체험적 담론을
접할 수 있기 때문이다.

"스님, 선학원이 뭡네까? 만해가 뭡네까?"

## 명진스님의 사자후

"도대체 만해가 없었다면 이천 년의 호국불교를 자랑하는 한국
불교계가 무슨 낯짝으로 얼굴을 듭니까? 생각해보십시오! 나
라를 잃은 놈이 나라를 되찾는 데 헌신하지 않고 존재의 도덕성
을 운운할 수 있냐 말이오. 민족의 해방 없이 어떻게 종교적 해
탈을 운운할 수 있냐 말이오. 고귀한 종교적 경지? 다 헛말입니다.

불교계뿐 아니라 내·외 전체를 통틀어 만해 스님만큼 뚜렷하게 항일운동을 한 사람이 없습니다. 경성 한복판에 살면서도 일말의 타협이 없었어요. 천도교인이건, 기독교인이건, 유교의 선비이든 만해처럼 변절 않고 고고한 지조를 지킨 사람은 찾아보기 힘들어요. 만해 덕분에, 체면치레라도 하고 사는 조계종 사람들이 만해를 존경하질 않았습니다. 시궁창에 내버려 두었어요. 만해를 역사의 잿더미 속에 덮으려고만 했어요.

그 와중에도 만해를 발굴한 것은 문학하는 사람들이었죠. 만해의 문학적 향기가 너무도 날카롭고 치열했기 때문에 그것을 외면할 수 없었던 겁니다. 만해는 일반인들에게 위대한 독립운동가나 심오한 종교적 사상가로서라기보다는, 감각적으로 탁월한 시인으로서 접근이 되었던 것이죠.

그나마 불교계에서는 선학원의 전통이 살아있었기 때문에 만해가 선양되었던 것이죠. 그런데 조계종 사람들은 만해를 선양할 생각은 아니하고 훼방 놓을 생각만 하죠. 조계종단이라는 게 빼앗아 만든 종단이니까 자꾸 빼앗을 생각만 해요. 만해와 만공은 한마음, 한몸이에요. 서로가 의기투합하여 서로를 존중하면서 조선불교의 정맥을 유지했습니다. 둘 다 비슷한 시기에 입적했고 두 사람 사이엔 분열이라곤 없었습니다. 고승은 고승끼리, 고경高境은 고경끼리 알아보게 마련이죠.

생각해보세요. 도올의 적통은 도올을 흠모하고 아끼고 그 사상을 이어가려는 사람들에게로 흘러갈 뿐입니다. 지금이라도 조계종이 만해를 사랑하고 만해의 정신을 선양하고 만해사업을 벌이면 만해는 조계종의 사람이 되는 것입니다. 선학원 신경을 쓸 일이 없죠. 문제는 조계종 승려들이 사회의식이 없다는 데 있는 것이죠. 카톨릭만 해도 천주교정의구현사제단과 같은 단체가 있어 꾸준하게 우리사회의 정의감을 각성시키고 있고, 개신교 목사들만 해도 사회의식이 강렬한 분들이 많이 있어요. 스님들은 도대체 왜 이 땅에서 종교인생활을 하고 있는지, 도를 닦는다는 것이 궁극적으로 무엇을 의미하는 것인지 아무 생각 없이 무위도식하는 사람들이 너무 많아요. 만해야말로 뚜렷한 역사의식, 정치의식을 가지고 불도를 닦은 희대의 인물이고, 선학원이 백년 넘도록 만해 스님을 자신들의 존립이유로 모시고 기리고 배우고 또 깨우침을 향유한다면 그것을 격려하고 고무하고 지원해야지, 무엇 때문에 대적하고 억압하고 배제하고, 또 그 재산을 넘나보는 가련한 짓들을 한단 말입니까?"

명진 스님의 말씀은 항상 직절간명直截簡明하다. 내 앞에 앉아 계신 법진法眞 스님은, 제1대 만공 스님으로부터 성월惺月(2), 초부草夫(3·5), 경봉鏡峰(4), 석주昔珠(6), 청담靑潭(제7대)의 맥을 이어 제17대, 18대, 19대 이사장을 역임한, 그리고 어려운 시절을 슬기롭게 돌파하여 선학원의 독립적 노선을 확고하게 만든 선지식善知識이다. 법진 스님은 나에게 이와같이 말했다:

## 법진스님과 금강경

"저는 『금강경』을 공부할 때 선생님의 강해본으로 깨달음을 얻었습니다. 그 어떤 번역이나 주석보다도 선생님의 강해는 대승경전의 핵을 일깨워 주는 명언들로 가득차 있었습니다. 그리고 학구적인 주해가 정밀했습니다."

나에게 큰 부탁을 하기 전에 하는 찬사의 말이라 해도, 학인인 나로서는 내 인생에 더 이상 있을 수 없는 값어치를 느끼게 해주는 고마운 말씀이었다. 큰스님의 입으로 한국불교의 핵심적 소의경전의 오의奧義를 나같이 평범한 학인의 강해를 통해 가장 깊게 깨달았다고 말씀하시는 것은 최상의 인가認可였다(법정 스님의 서문이 붙어있는『도올 김용옥의 금강경강해』는 1999년에 초판이 나왔고, 2019년 9월에 한글개정신판이 나왔다.『금강경』으로서 한국에서 가장 많이 읽히고 있는 판본이다).

"인가"라는 엄청난 언어를 쓰기 전에 가장 적합한 말은 큰스님의 솔직하고 담박한 있는 그대로의 독백이라 해야 할 것이다. 큰스님의 솔직한 고백이야말로 오도의 극치였다. 그것은 선학원이라는 단체의 담박한 무게를 전해주는 말씀이기도 했다.

### 국립극장 대강연 수락

나는 두 달의 시간을 남겨놓고 국립극장 대강연을 수락했다. 무리한 결정이었지만 뒤돌아볼 수도 없었고 취소할 수도 없었다. 앞으로 가는 길만이 남아있었다. 두 달 동안의 기간에 소논문을 쓴다는 것은 가피하지만, 몸으로 때우는, 다중을 대상으로 하는 대강연을 한다는 것은 쉽게 성사될 일이 아니다. 내 강연에 대한 다중의 기대가 있다. 그 기대의 충족은 오직 그들의 삶의 가치관을 개벽시키고도 남을 어떤 깨달음을 전함으로써만 가능하다. 그런데 그 깨달음이란 나 도올의 깨달음이 아니다. 그것은 어디까지나 만해 자신의 깨달음이 아니면 아니 된다. 나의 깨달음은 오직 그의 깨달음 속으로 직입할 때만이 생겨나는 것이다. 그리고 나는 이 깨달음을 내 강의를 듣는 수만 명의 군중의 깨달음으로 승화시켜야 한다. 이것은 돈頓일 수도 있고 점漸의 프로세스일 수도 있다. 그러나 무엇보다도 진실해야 한다. 그러기 위해서는 만해의 삶의 여정을 내가 살아보지 않으면 안된다.

## 도올이 태어난 환경

나는 충청남도 천안에서 태어났고, 상경하여 보성중·고등학교를 다니기까지 줄곧 천안에서 자라났다. 그러니까 나는 충청도 산천의 풍토가 몸에 배인 사람이다. 우리 집은 삼거리였던 천안 일대에 유명한 병원이었다. 우리 아버지는 세의전을 나와 쿄오토오제대 의학부까지 다닌 엘리트의사였는데 자수성가하여 천안에 정착하게 되었다. 나의 아버지의 행운은 아마도 풍산홍씨 부인을 만난 일이었을 것이다.

나의 엄마는 7남매를 낳았는데 그 중 내가 꼴찌다. 나의 엄마는 기독교신앙으로 철두철미하게 무장된 여인이었는데, 우리나라 사람들과 이야기하다 보면 모두 자기 엄마로부터 물려받은 모태신앙을 운운하기 때문에 엄마얘기 할 맛은 싹 사라진다. 기독교가 얼마나 일제강점기 혹은 해방이후 혼란기에 한국인의 심령을 사로잡고 있었는가 하는 것을 확인하게 될 뿐이다. 나의 어머니의 신앙은 여호와 하나님, 혹은 절대자에게로의 예속이 아니었다. 예수 그리스도를 친구 삼아 항상 자신을 반성하는 그런 사람이었다. 조선의 여인들은 스케일이 컸다. 나의 엄마는 퇴계의『성학십도』에서 말하는 "경敬"을 예수를 빌어 실천하고 살았다고 말해야 할 것 같다. 엄마는 자기 양심의 깊은 곳에서 울려퍼지는 소리야말로 하나님의 소리라고 믿었다. 엄마는 기도를 통해 하나님의 소리의 깊이에 천착하고 있었다. 양심의 내면을 파고 또 파고들었다. 천안사회에서 엄마의 카리스마는 권위가 있었다.

## 천안중앙국민학교

내가 자라난 천안에는 국민학교가 3개 있었다. 제1국민학교, 제2국민학교, 제3국민학교라고 불렀다. 아마도 설립된 순서에 따라 그렇게 되었을 것이다. 나중에 제1은 그냥 "천안국민학교"가 되고 (1957. 4. 1.), 제2는 "천안남산국민학교"로 개칭되고(1956. 4. 1.), 제3은 "천안중앙국민학교"로 개칭되었다(1956. 4. 1.). 제1은 1907년에 설립된 유서깊은 학교로서 나의 큰형 김용준으로부터 큰누나 김숙희까지 모두 그곳을 다녔다. 제2는 1944년 10월 1일에 개교되었고, 제3은 1945년 11월 1일에 개교되었다.

내가 중앙국민학교를 다닌 이유는 아마도 우리집에서 가장 가까운 거리에 있기 때문이었을 것이다. 천안국민학교, 남산국민학교는 모두 외곽에 있었다. 옛날 읍내의 중심은 시장이다. 천안시장은 3일장으로서 지역에서 제일 큰 시장이었고 그 시장과 관련된 길인 작은 재빼기와 큰 재빼기를 연결하는 곳에 광제병원이라고 하는 우리집이 위치하고 있었다. 시장의 한 중심이었기 때문에 사람들이 모이는 곳이었고 모든 연희문화의 집결지이기도 했다. 천안시장의 한복판에는 유명한 "난장"이 섰고, 이 난장은 온갖 유희와 내기가 펼쳐지는데, 피날레로서 씨름대회가 열리고 마지막 승자는 황소를 상금으로 탄다. 그 열기는 대단했다.

## 재빼기와 난장

바로 난장 옆에 매우 유명한 천안양조장이 있었고, 그 난장 축대 위가 바로 천안중앙국민학교였다. 천안난장은 남사당패의 마당이기도 했는데 그곳에서 줄타기 등 온갖 재롱으로 인기를 끌던 초립의 꼬마가 오늘날 세계적인 타악기 예술인이 된 김덕수이다. 나는 어릴 때 김덕수와 인사한 적은 없지만 앉아서 얘기를 하다 보면 같은 자리, 같은 시각에 같은 난장판에 있었다는 것을 확인하고는 깔깔 웃게 된다. 뿐만 아니라, 난장 주변으로 매우 유서 깊은 기생집들이 있었는데 오늘날 국보급 연예인으로 추앙되는 많은 사람들이 거쳐갔다. 하여튼 내가 말하고자 하는 것은 나의 생활환경이 매우 예술적이고 다이내믹하고 열정적이었다는 것이다.

## 개화기의 의사

"광제병원"이라고 말하지만 오늘날의 정확한 명칭은 "광제의원"일 것이다. 그러나 내가 자라던 시절만 해도 "의원"이라는 말은 별로 사용된 개념이 아니었다. 그 당시는 "전문의"라는 개념이 없었기 때문에 의사는 모두 "제네랄 프랙티셔너general practitioner"를 의미했다. 질병의 분과와 관계 없이 모든 질병을 두루두루 치료하는 사람들이었다. 전문의가 좋은 것 같지만, 질병의 다양한 측면의 관계망을 무시하고 한 측면에만 천착하기 때문에 전문의의 치료가 환자의 몸을 망칠 수도 있다. 그렇다고 전문의제도가 나쁘다는 것은 아니다. 그러나 가정의학과 같은 일반의 개념도 잘 살려나가야 한다고 생각한다. 그런 의미에서 일반의 개념에 가까운 한의학도 국가적으로 잘 육성해나가야 한다.

병은 도둑처럼 찾아온다. 예기치 못한 이런 상황에서 달려가는 곳은 병원의 응급실일 뿐이다. 응급실에서 해당과의 의사를 만나는 과정이 너무 멀다. 나의 아버지는 인간의 몸의 모든 위급한 상황에 대처할 능력을 갖춘, 요즈음 의사의 자질로서는 상상할 수조차 없는 다양한 자질과 체험과 경험방을 갖춘 신의神醫였다.

### 아버지의 산과의술

그런데 아버지의 전공은 역시 산과産科였다. 시골에서 물론 외과적 질환은 다 치료의 대상이 되지만(접골사의 능력도 다 갖추어야 한다), 한 가정 내에서 가장 빈번하고 중요한 과제상황은 생명의 탄생을 희생 없이 확보하는 문제였다.

한 여인의 생애에 있어서 가장 공포스럽기도 하고 가장 행복한 순간이기도 한 이 해산의 시간이라는 것은 과거에는 매우 불확실한 운명의 장난이었다. 해산을 맞이하는 여인이 버선코처럼 올라온 흰 고무신을 섬돌에 벗어놓고 안방으로 들어갈 때 과연 내가 저 고무신을 다시 신을 수 있을까, 그 질문에 자신있게 답할 수 있는 확률은 반밖에 되지 않았다. 대체적으로 초산의 30%가 세상을 떴다고 한다. 그만큼 불확실한 운명의 께임이었다. 지금은 "씨-쎅션"이라는 것이 있어서 그러한 공포가 거의 없다. 옛날에는 한 여자가 보통 아이를 대여섯은 낳았다. 피임술이 발달되지 않았기에 자연스러운 프로세스에 몸을 맡기기 때문이다. 따라서 출산의 부담은 계속 있게 마련이다. 그러나 지금은 결혼여성이 "씨-쎅션"으로 일회만 고생을 해도 해산의 공포에서 벗어날 수 있다. 죽음이 뒤따르지 않는다.

## 개왕절개

"씨-쎅션"이란 "개왕절개凱王切開"라고 하는데 여기 "개왕"이란 BC 100년에 태어난 로마의 쥴리어스 씨이저Julius Caesar를 가리킨다. 씨이저를 한문으로 "개살凱撒"이라 쓰는데 중국발음으로는 "카이사"가 된다. 카이사의 죽음(BC 44)으로 로마는 공화정을 포기하는 방향으로 갈 수밖에 없었다. 그래서 카이사는 황제의 대명사가 된다. 그래서 성경에도 "가이사의 것은 가이사에게, 하나님의 것은 하나님에게"(마태 22:21, 누가 20:25)라는 말이 생겨났다.

"씨-쎅션"(C-Section)의 "씨"는 카이사(=가이사, Julius Caesar)를 가리킨다. 이 말인즉 BC 100년에 태어난 로마의 장군 쥴리어스 씨이저가 엄마의 배를 가르고 태어났다는 것이다. 최초의 씨-쎅션 탄생자가 쥴리어스 씨이저라는 뜻이다. 그런데 이 말은 역사적으로 실증이 될 수 없다.

## 쥴리어스 씨이저의 탄생 진실

옛날에는 산부의 배를 가르고 또 자궁을 찢어서 애를 꺼내게 되면 그것은 천프로 만프로 산부의 죽음을 의미한다. 요즈음처럼 산부의 배를 다시 봉합하여 온전한 인간으로 소생시키는 기술은 있을 수가 없었다. 마취, 소독의 기술이 확보되지 않은 상태에서 한 시간 내로 개복과 봉합이 원만히 이루어진다는 것은 상상할 수도 없는 일이었다. 씨-쎅션의 실제적 의미는 산부가 죽었거나, 거의 죽음의 상태에 이른 정황에서 배를 가르고 태아를 꺼낸다는 의미인데 이러한 정황은 중국고전이나 산스크리트고전에도 그 활용례가 실려있다. 모두 산부는 죽고 아이의 생명은 구원을 얻는다. 쥴리어스 씨이저의 경우는 씨이저의 엄마, 아우렐리아 코타(Aurelia Cotta, BC 120~BC 54)는 20살 때 쥴리어스 씨이저를 낳았고, 66세까지 천수를 누렸다. 그러니까 씨이저가 씨-쎅션의 분만방식으로 태어났다는 것은 무엇인가 잘못된 와전이다. 아마도 "씨-쎅션"이라는 것은 해산과정에서 죽음에 이르게 된 산모의 배를 가르고 아기를 구하는 것이 황제의 칙령으로 적법화된 사례가 있어, 그 황제의 칙령에 "카이사의 법 *Caesarean law*"이라는 명칭이 붙어있었기 때문에 씨이저가 엄마 배를 가르고 태어난 것으로 와전되었으리라는 추론이 제일 설득력이 있어 보인다.

### 씨쎅없는 옛 동네출산

하여튼 나는 "개왕절개"가 도무지 무슨 뜻인지를 몰라, 아버지 서재를 뒤져가며 그 "개왕"의 "개"가 바로 씨이저라는 것을 알아내고 혼자 히죽거리며 좋아했던 기억이 새롭다. 말이나 사물이나 무엇이든 애매한 것이 있으면 그 정확한 의미를 캐내고야 마는 집요한 습성이 나에게는 있었다. 엄마는 막내둥이의 이러한 성품을 독특하다고 느끼고 귀하게 여겼다.

　　말이 좀 새어나갔는데, 아버지가 병원을 하시던 시절에는 씨 쎅이라는 것은 거의 해산수단으로 활용되지 않았다. 시골 여인이 해산한다는 것은 모두 자기가 사는 집의 안방에서 동네 유경험의 아줌마들의 도움을 받아 낳는 것이다. 순산順産이라는 것은 양수가 터지면서 태아가 두부頭部로부터 질구를 밀고 나오는 것이다. 태아의 정수리가 보이면 조산자들은 마음껏 힘주라고 산모를 유도한다. 그런데 난산難産이라는 것은 여러 종류와 원인이 있겠지만, 제일 흔하게 나타나는 것은 태아의 위치가 잘못되어 자궁과 질구를 차례대로 빠져나오질 못하는 것이다. 태아의 질식, 감염, 파열, 출혈 등 산모의 위험이 초래된다.

## 난산과 아버지 왕진

　　분만이 진행되다가 어렵겠다 싶으면 가족 중의 하나가 동네자전거를 빌려 타고 우리집에 와서 왕진을 청한다. 시골병원의 왕진의 경우는 정해진 시간이 없다. 그러나 초저녁부터 새벽에 이르는 시간이 제일 많다. 아버지는 잠을 제때에 주무시질 못할 때가 많다. 아버지는 왕진가방을 챙기시면서 부리나케 천안역전 앞에 항상 대기하고 있는 시발始發택시를 부른다. 나는 시발택시가 오면 냉큼 앞자리에 올라타곤 했다. 그냥 차타는 것이 재미있어서 그랬는데 아버지는 집으로 들어가라고 야단치시거나 그런 적은 없었다. 시발택시는 깡촌의 논두렁을 아슬아슬하게 빠져나갔다.

### 횡위난산

난산 중에 제일 무서운 것이 횡위난산橫位難産인데, 태아의 팔이나 팔뚝이 먼저 나와서 머리가 꺾여지거나 질구를 향해 있지 않은 상황이다. 이런 경우는 산모가 아무리 힘을 주어도 소용이 없고, 시간을 끌수록 불리한 것이다.

산과의사의 기구 중에 감자鉗子(forceps. 겸자라고 하는데 우리 때는 보통 "감자"라고 발음했다)라는 것이 있는데 이 집게를 활용하여 머리를 잡아 위치를 바꾸거나 하는 것을 감자분만이라고 한다. 그런데 팔뚝이 먼저 나온 경우는 감자 같은 기구도 별 기능을 할 수가 없다. 위급 상황에는 하는 수 없이 산모를 살리기 위해서 태아를 절단하곤 한다. 사방에 피가 튀기고 아수라장도 그런 아수라장이 없다. 당시 시골의사의 생활이란 정말 고달픈 삶이었다.

### 난산을 순산으로 바꾸는 신의의 손기술

그런데 우리 아버지는 그런 극한에 처하는 상황이 거의 없었다. 아버지는 신의였다. 아버지는 감자와 같은 기구를 쓰지도 않고 손으로만 태아의 위치를 변경하는, 당시 어떤 산과의사도 상상조차 할 수 없었던 기술을 보유하고 있었다. 손으로 태아를 자궁 안으로 밀어넣고, 밀어넣은 상태에서 두부가 순산위치로 오도록 돌려서 질구를 빠져나오도록 유도하는 것이다. 아버지의 손기술은 상상을 불허하는 것이다. 아버지의 왕진을 청하기만 하면 대부분의 해산이 순조로운 결말에 도달했다. 동네잔치가 열리고 평화가 찾아오는 것이다. 왕진 자체가 하나의 전쟁이었다. 아버지는 승리의 명장이었다.

나는 아버지 입으로 말씀하시는 것을 여러 번 들은 적이 있다: "내가 세의전에 가서 프랙티스하는 얘기를 하면 교수·의사들이 모두 눈이 휘둥그레져. 어떻게 그런 일이 있을 수 있는가 하구 ……"

## 남 산파와 원 선생

우리 병원에는 산파가 달려있었다. 직접 제도적인 연관은 없으나, 우리 아비지 밑에서 배운 사람으로서 독자적인 조산원을 운영했다. "남 산파"라 했다. 우리는 남 산파라고 부르기도 했고 "남 집사"라 부르기도 했다. 그런데 이 얌전한 남 집사님에게는 "원 선생"이라고 하는 인테리 남편이 있었다. 원 선생은 천안과 같은 읍내에서는 보기드문 지성인이고 예술적 재능이 탁월한 인물이었다. 그는 일제강점기시대에 무사시노음대를 나왔다. 그런데 원 선생은 삶의 양태가 일정하질 않았다. 어린 나는 이런 좀 괴이한 생리의 까닭을 알지 못했다. 원 선생은 지독한 아편쟁이였다. 남 집사는 부지런히 산파노릇을 하여 남편의 아편을 대야만 했다. 아편보급의 특별한 루트가 있었다. 아편을 먹으면 원 선생은 세상에 그토록 멋있는 남성일 수가 없다. 옷도 잘 차려입고 말도 매우 교양 높은 말만 골라 한다. 그런데 약이 떨어지면 그는 남루해지고 풀이 죽고 신경질적인 행동만 되풀이한다. 나는 그러한 원 선생님의 생리적 변화가 무엇에 기인하는지도 자세히 알지 못했다. 아편한다는 것은 나중에 알았다.

## 원 선생과 성가대

원 선생은 가끔 불쑥 우리집 안채에 나타났다. 결국 우리 엄마에게 인생넋두리를 늘어놓는 것인데 뭔가 의미심장한 교양 있는 말도 하는 것 같았다. 일례를 들면, 교회운영이라든가 성가대얘기라든가 …… 그는 멋있는 지휘자이기도 했다. 나의 아버지는 그가 안채로 들어와서 엄마와 얘기하는 것을 몹씨 불쾌하게 생각했다. 그러나 내색을 하지는 않았다. 엄마는 꼭 마당에 의자를 놓고 원 선생을 앉혔고 나와 함께 툇마루에 앉아서 일정한 거리를 두고 이야기를 했다.

### 남 산파의 세 딸

남 산파에게는 딸이 셋이 있었다. 아들이 없다는 게 원 선생이 남 산파를 구박하는 주요원인이기도 했다. 세 딸의 이름은 인희, 귀희, 연희였다. 인희는 매우 모던한 여성으로 자기 앞길을 스스로 멋있게 개척해 나가는 여인이었다. 귀희는 나와 동급생으로서 중앙국민학교를 같이 다녔다. 연희는 귀염둥이였는데 상당히 경지가 높은 피아니스트였다. 원 선생은 연희의 피아노교습을 도맡아 했다. 연희의 피아노실력을 보면 원 선생의 음악실력의 수준을 알 수가 있다.

그런데 조금 나중의 일이지만 연희의 삶은 조금 허망한 결론에 이르게 되는 사건이 일어난다.

### 댄너스틴의 재즈피아노

천안에 배정된 평화봉사단 중에 댄 댄너스틴Dan Dennerstein이라는 친구가 있었다. 프레드 블레어 다음으로 우리집에 머물렀다. 댄은 유대계 미국인으로 천재끼가 있었는데 학교는 수학과를 다녔지만 재즈피아노의 달인이라고 했다. 그때만 해도 나는 재즈피아노가 무엇인지 알지를 못했다. 댄은 피아노가 치고 싶어 미치겠다고 했다. 당시 천안에서 피아노가 있는 집은 원 선생집밖에 없었다. 꽃나무로 가득한 나무울타리집, 일본식 현관 미닫이문을 열고 들어가면 마루에 피아노 두 대가 놓여있었다. 내가 원 선생댁에 댄을 데리고 갔을 때 원 선생님과 연희가 기다리고 있었다.

댄은 피아노의자에 앉더니 건반을 두드렸는데, 곧 건반 두드리는 것을 포기하며 말했다:

"전혀 음정이 맞질 않아요. 어떻게 조율이 이렇게 엉망일 수가 있나?"

원 선생은 자기가 스스로 조율을 새롭게 다 맞추어놓은 상태라고 했다. 원 선생은 화음을 두드리면서 문제 없다고 했다. 댄은 다시 건반을 두드리며 음끼리의 불협을 지적하면서 이런 상태에서 연주는 불가능하다고 말했다. 나는 지극히 무안해졌다. 그래도 왔으니 한번 쳐보라고 권유했다.

## 연희의 라흐마니노프 연주

그런데 댄은 완강하게 피아노를 거부했다. 다시 조율해야 한다는 것이다. 그러자 원 선생은 연희 보고 피아노를 치라고 했다. 연희는 피아노 의자에 앉더니 웅장하게 라흐마니노프 피아노협주곡 넘버 투를 두드리기 시작했다. 나중에는 손놀림이 보이지 않을 정도였다. 원 선생은 흐뭇하게 바라봤고 연희는 있는 힘을 다해 연주를 했다. 댄은 어떻게 저 조율 안된 피아노 위에서 저렇게 환상적인 손놀림을 연출할 수 있는가 하고 연희의 재능에 대하여 찬탄을 아끼지 않았다. 나는 라흐마니노프를 처음으로 들었고 그저 황홀할 뿐이었다. 댄은 연희가 아버지 지도로부터 벗어나야 한다고 말했다.

몇 년이 지난 후, 나는 연희를 만났다. 피아노공부가 어떻게 되어가고 있느냐고 물었더니 정색을 하고 피아노를 그만두었다고 말하는 것이다. 건반을 만지지도 않는다고 말했다. 천안여고를 졸업하고 서울에서 대학을 다니기 위해 여기저기 테스트연주를 해본 결과 자신의 피아노 실력이 근본적으로 잘못되어 있다고 느꼈다는 것이다. 새로 쌓아올리기에도 습관이 잘못 들어있기 때문에 고치기가 어렵다는 것이다. 아편에 쩔은 아버지의 피아노교습이 이상적이라고 생각했던 모든 공든 탑이 일시에 무너져버린 것이다. 그렇게 천안의 라흐마니노프는 사라졌다.

## 임춘앵과 그 일행

잔소리가 좀 길어진 듯한데, 정말 내가 이야기하고자 하는 것은 원 선생의 둘째딸 귀희에 관한 것이다. 귀희의 놀라운 재능이 나의 생애에 지울 수 없는 깊고도 깊은 낭만의 샘을 파놓았기 때문이다.

예술이란 감동의 세계이다. 감동이 없는 예술은 의미가 없다. 형식적으로 주어지는 어떠한 완벽한 결구도 나의 삶을 움직이지(感而動) 않는 한, 그것은 예술이 될 수 없다. 예술은 주관적이다. 주관적이라는 것은 시간 속에서 느낀다는 것이다. 시간이란 경과의 길이가 아니라 나의 삶의 느낌의 충동이 예술작품이 발하는 느낌의 충동과 만나 폭발하는 카이로스의 순간이다. 순간은 실체화 될 수 없다.

그래서 순간은 추억일 수밖에 없다. 주관이란 관념이 아니요, 주체와 주체가 만나 느끼는 활동이다.

내가 자라난 천안에는 특별히 예술이랄 것이 없었다. 우리집 앞에 있는 천안극장에서 계속 상영되는 영화들, 그리고 같은 극장에서 때가 되면 막을 올리는 국극단 공연들, 이름을 다 기억은 못하지만 아리랑국극단이니 임춘앵과 그 일행 등의 공연은 항상 인기가 높았다. 임춘앵극단은 여성으로만 이루어졌는데 임춘앵은 최고의 남장미인이었다.

## 아버지와 천안극장

아버지는 환자를 보시고나서 저녁식사를 끝내시면 으레 천안극장을 가셨다. 물론 새 프로가 들어서면 첫날에 가시는 것이다. 그런데 아버지는 앉으시기가 무섭게 주무셨다. 하루의 피로가 장난이 아닌 것이다. 그런데 더욱 곤혹스러운 것은 꼭 코를 고신다는 것이다. 울 아버지의 코고는 소리는 유난히 컸다. 그래도 천안사람들이 울 아버지의 코고는 소리를 아랑곳하지 않았다. 지금 생각해보면 그런 태도야말로 천안사람들이 우리 병원에 대해 갖는 경외심의 표현일 것이다. 어떤 때 국극단 배우가 우리 아버지 코고는 소리를 가지고 대사를 만들 때도 있었다. 지금은 상상도 못할 즉흥성, 참여성이 공동체윤리를 형성하고 있었다.

## 중앙국민학교 학예회

천안의 1년의 문화행사 중에서 가장 참여도가 높았고 가장 핫 잇슈가 되는 퍼포먼스가 천안중앙국민학교의 학예회였다. 천안국민학교와 남산국민학교에도 학예회가 있었을지 모르지만 중앙국민학교의 학예회와는 비교가 되질 않았다. 중앙국민학교는 모든 연희演戲문화의 쎈타에 있었고 축적된 프로펫셔날리즘의 전통이 있었다. 국민학교 학예회라 하지만 당시의 퍼포먼스는 매우 수준이 높은 공연이었다. 중앙국민학교의 학예회는 천안극장이라는 시민의 무대를 빌려서 펼쳐졌다. 객관화된 무대에서 남의 것을 보는 것이 아니라 자기 자식들의 퍼포먼스를 바라보는 대견한 마음이 신교육에 대한 믿음과 더불어 훈훈한 기운을 형성했다.

학예회는 국민학교 학생들의 다이내믹한 기계체조로 시작하였다. 4·5층의 탑을 쌓아올리고 또 순식간에 부셔트리고 하면서 관중들에게 긴장감을 주었고 또 긴장이 이완될 때마다 박수가 터져나왔다. 무대 위에서 온갖 재롱이 펼쳐졌는데 지금 나는 그것을 다 기억하지는 못한다. 단지 학예회의 클라이막스가 당대 어느 곳에서 보기 힘들었던, 나로서도 처음 접했던 승무라는 춤의 제전이었다. 그런데 그 승무의 퍼포머가 바로 연희의 언니인 귀희였던 것이다. 귀희는 어려서부터 다양한 춤을 추었다. 그러나 귀희가 학예회에서 승무를 춘다는 것은 예기치 못한 일이었다. 그때만 해도 승무는 일반에게 잘 알려진 춤이 아니고 그 사위가 어떻게 전개되는지에 관해 사전정보가 없었다. 따라서 귀희의 승무는 관람자들에게 충격으로 다가왔다.

## 귀희의 승무, 천하일품

무대는 검고 현묘玄妙한 우주를 상징했고 스포트라이트에 비친 하이얀 장삼에 휘덮인 고깔의 움직임은 생명의 발출, 그 약동을 말해주기 시작했다. 많은 사람들이 피상적으로 승무를 승문에서 시작된 종교적 주제의 춤으로 인지하는데, 불교의 제식에 쓰이는 여하한 춤과 비교하여 보아도 승무는 춤사위의 계보도 다르고 전체적 느낌의 맛이 영 다르다. 승무는 비구니의 고뇌를 주제로 한 것처럼 보이지만, 오히려 파계니 번뇌니 해탈이니 하는 성·속의 테마를 뛰어넘는 우주의 아름다움 그 자체를 심미적으로 표현하는 세속의 리듬이라 보아야 할 것이다.

## 승무는 민중예술의 디프 스트럭쳐

승무는 절깐에서 유래한 춤이 아니고, 조선조 말기에 가야금산조가 영암 지역에서 태동하였듯이, 민간에서 태어난 민중예술이요, 고조선시대로부터 내려오는 음식가무飮食歌舞문화(「東夷傳」第三十「夫餘傳」)가 국가예악질서의 해체와 더불어 자유로운 표현을 얻으면서 독자적인 예술로서의 집약되고 승화된 것이라고 볼 수 있다. 북을 두드리고 춤을 추며 신을 맞이하는 영고迎鼓나 10월 제천행사인 국중대회國中大會의 동맹東盟의 프로세스에는 이미 승무적인 요소가 충분히 배태되어 있다. 그러니까 승무는 비구니스님의 춤이 아니고 민중예술로서의 춤이 지니는 모든 독자적 요소를 종합한 디프 스트럭쳐로서의 원무元舞라 해야 할 것이다.

## 승무의 시작, 홍성사람 한성준

이 디프 스트럭쳐를 찾아내고 또 다양한 춤의 장르를 개발한 사람이 이 민족의 거친 개벽의 바람과 더불어 민족적 춤의 원형을 보존하는 데 전력을 다한 춤꾼, 한성준韓成俊(1874. 6. 12.~1941. 9.3.)이었다. 한성준은 홍성군 홍주골 갈미리에서 태어났다. 그러니까 완정한 형태의 순수기악곡으로서 산조가 전라도 남부지역에서 태어났다면, 춤은 충청도지역에서 그 기화奇花를 피웠다고 말할 수 있다. 한성준의 승무는 그의 손녀 한영숙韓英淑(1920. 2. 2.~1989. 10. 7.)에게로 적통의 바톤이 내려갔고 한영숙의 맥은 이애주로 이어졌다.

지금 나는 나의 생애에서 처음 해후한 승무가 나의 소꿉친구 원귀희의 작품이었다는 평범한 사실을 전하려는 것이 아니다. 귀희의 승무는 승무이기 이전에 두 번 다시 체험할 수 없었던 우주적 영감이요 허령虛靈한 신통神通이었다. 지금 내가 접할 수 있는 승무는 모두 대가들의 승무다. 그러나 귀희의 승무는 천안읍에 사는 여리디여린 시골소녀의 춤이다. 귀희는 대가가 아니다. 그러나 귀희의 춤은 모든 대가의 영기를 순전하게 보전하고 있었다. 지금 생각해보면 귀희가 과연 누구에게서 승무를 배웠는지, 어떻게 천안극장에서 그런 공연을 펼칠 수 있었는지 이해할 수가 없다. 한성준이 홍성사람이고 그의 손녀 한영숙은 나의 고향 천안에서 태어났으니 아마도 한영숙 본인이 귀희를 지도했을 가능성이 높다.

## 원귀희의 승무는 우주적 영감

귀희는 미녀는 아니었지만 무척 귀여운 얼굴을 하고 있었다. 귀엽다기보다는 매우 순결한 얼굴이었다. 무엇보다도 귀희는 심성이 고운 아이였다. 그러니까 춤을 추는 얼굴에서 춤의 대가의 권위있는 얼굴이 비치는 것이 아니라 때묻지 않은 천진한 소녀의 얼굴이 드러나는 것이다. 그것도 고깔에 가리운 채 잠깐잠깐 드러나는 그 얼굴의 모습은 문자 그대로 "복사꽃 고운 뺨에 아롱질듯 두방울이야 세사에 시달려도 번뇌는 별빛이라"라는 시구를 그대로 연상케 한다. 복사꽃처럼 붉은 홍조를 띄는 어리디 어린 얼굴의 고운 뺨에 두 방울의 눈물이 흐른다는 뜻이다. 그러나 그 눈물은 세상사에 시달려 나오는 번뇌의 눈물이라 할지라도 별빛에 아롱지는 청순한 두 방울이라는 뜻이다.

### 귀희의 장삼소매 율동

귀희의 얼굴은 기름끼가 없는 갸름한 얼굴이요, 그 몸도 작고 호리호리하기가 이를 데 없다. 어떠한 대가의 춤꾼도 귀희와 같이 초라하리만큼 작은 몸매를 지니지는 못할 것이다. 승무의 핵심은 길고 긴 장삼소매를 뿌리칠 때 하이얀 천이 형성하는 우주적인 동작의 리듬이다. 장삼자락을 자락치고, 돌려감고, 사선으로 뿌리고 옆으로 뿌리고, 던져 뿌리고, 밖으로 뿌리고 엎어 뿌리고, 제쳐 뿌리는 그 모든 동작이 채를 쥔 손의 주체 그 자체가 작고 여리기 때문에 상대적으로 허공에 형성되는 멋과 흥의 곡선은 거대하게 느껴질 수밖에 없다. 대가들은 몸이 크기 때문에 휘감는 곡선의 우주가 작을 수밖에 없다. 귀희는 몸이 작기 때문에, 그리고 권위의식이 없기 때문에, 펼쳐지는 장삼소매의 우주는 상대적으로 거대하고 자유로울 수밖에 없다.

## 움직이는 모든 것은 춤이다

한성준이 이런 말을 한 적이 있다: "생명은 살아있다. 살아있다는 것은 움직인다는 것이다. 움직이는 모든 것은 춤이다." 춤을 창조한 작자作者다운 말이다. 춤에 격식을 따지기 이전에 움직이는 생명력 그 자체가 춤이라는 것을 말한 해탈의 언사이다. 내가 목도한 귀희의 춤은 동작의 순서나 법칙을 초월한 순결한 생명의 숨결이었다. 버선코를 감아올리는 하체의 동작도 상체와 완벽한 조화를 이루면서도 자유로웠다. 그리고 귀희는 본래 설장구나 북을 두드리는 데 천재적인 재능을 지니고 있었다. 승무 사이사이에 들어가는 북의 연타는 환상적이고 보는 이를 무아지경으로 이끌고 갔다.

내가 두 번 다시 되풀이될 수 없는, 평생 1회적 사건으로 나의 식계識界에 각인된 그 승무의 향연은 1958년 늦가을의 해프닝이었다. 돌이켜 생각해보면 시네마천국과도 같은 옛이야기이지만 나의 사람됨에 지대한 영향을 준 대사건일 수밖에 없었다. 어린 나였지만 우리 것을 우리 것으로 아는 식견, 그리고 우리 것을 소중한 예술로서 바라볼 줄 아는 심층의식을 나의 아라야식 속에 심어놓았던 것이다.

내가 귀희에게 연정이라도 품었었을까? 일순간도 귀희를 그렇게 바라본 적은 없는 것 같다. 위대한 예술의 구현자로서 경이원지했을 뿐이다. 그 학예회의 막이 내리고 무대 뒤로 가서 귀희를 만나 놀라운 공연이었다는 말을 해주고 헤어진 이후로 이생에서 한 번도 귀희를 만나지 못했다. 들려오는 말에 의하면 어느 유수 대학의 서양철학교수 부인이 되어 잘살고 있다고 했다. 내가 찾아볼 이유는 없었다. 나는 승무라는 보물을 건졌을 뿐이다.

귀희의 승무와 조지훈의 승무

　나는 승무라는 춤을 먼저 만났고 그 뒤로「승무」라는 조지훈의 시를 만났다. 귀희의 승무를 먼저 만났기에, 그리고 그 만남은 너무도 심오한 형이상학이었기에, 조지훈의「승무」의 충격은 컸다. 한 문장, 한 단어, 아니 음의 한 단위가 떨어질 때마다 그 충격은 언어가 불러올 수 있는 모든 주술적 힘을 나의 의식의 우주에 뿌리쳤다. 시는 연구되거나 분석되면 안된다. 문법적으로 따져봐서도 아니 된다. 있는 그대로 느껴야 한다. 특히 지훈의「승무」는 그러하다.


< 승무 >


얇은 사紗 하이얀 고깔은 고이 접어서 나빌네라


파르라니 깎은 머리 박사薄紗 고깔에 감추오고
두볼에 흐르는 빛이 정작으로 고와서 서러워라


빈 대臺에 황촉黃燭불이 말 없이 녹는 밤에
오동잎 잎새마다 달이 지는데


소매는 길어서 하늘은 넓고
돌아설듯 날아가며 사뿐이 접어올린 외씨보선이여


까만 눈동자 살포시 들어
먼 하늘 한개 별빛에 모도우고

복사꽃 고운 뺨에 아롱지는 두방울이야

세사世事에 시달려도 번뇌煩惱는 별빛이라


휘여져 감기우고 다시 접어 뻗는 손이

깊은 마음 속 거룩한 합장合掌인양 하고


이밤사 귀또리도 지새우는 삼경三更인데

얇은 사紗 하이얀 고깔은 고이 접어서 나빌네라


나빌네라

　　이 시를 읽을 때 제일 먼저 부닥치고 또 제일 나중까지 여운이
남은 한마디, 승무라는 시경詩境의 느낌의 전체를 압축한 듯이 보이
는 말은 역시 "나빌네라," 이 한마디일 것 같다. 나 자신을 포함하여
많은 사람들이 「승무」라는 시를 낭독하고 그 음을 기억하면서 "나
빌네라"의 뜻이 무엇인지 해설하는 사람은 별로 없다. "나빌네라"
는 그 나름대로의 생명력을 갖은 사운드 시스템sound system으로 기
억되는 것이 제일 좋다고 생각되지만, 굳이 의미를 분석하는 참혹한
짓을 감행하는 자들의 합의된 결론은 이러하다: "나빌네라는 나비
일레라의 줄임말이다." 이렇게 되면 "나비일 것이다," 즉 "A는 나
비이다"라는 몰생명적 지시태가 되고 만다. 그리고 고깔에다 나비
의 형상을 부여하고, 또 나비에 대하여서는 장자의 나비로부터 불교
문헌에 나오는 용례를 들어 온갖 이념성을 부여한다.

## 나빌네라는 그 자체로 술부

내가 생각키에 "나빌네라"는 "나비"라는 명사를 지시하는 세만틱스가 아니다. 지훈의 초기시에 "나비"의 심볼리즘이 시어로서 등장하는 사례가 있으므로 나비를 시인한다 할지라도 "나빌네라"는 나비의 움직임, 아니 나비의 움직임으로 형상화되는 승무자 주체 전체의 행위체계나 그 행위체계 속에 깃든 성性 내면의 정情, 그 모든 것을 상징한다고 나는 본다. 나빌네라는 승무의 동적 프로세스 전체를 가리킨다. "나빌네라"는 그것 자체로 온전한 뜻을 갖는 동사로 봐야 할 것이다. 승무는 나빌네라에서 시작하여 나빌네라로 끝난다. 나빌네라는 승무의 무대인 동시에 끝없이 펼쳐지는 대자연의 생명의 발출이다.

## 파르라니와 외씨보선

방금 머리를 밀어버린 여인의 두부에서만 발하는 광채는 "파르라니"라는 형용사로 표현되었다. 파르라니 깎은 머리는, 속세와 인연을 절絶한 순결한 청춘의 그 머리는 비치는 엷은 고깔에 감추어지고, 두 볼에 흐르는 빛은 정작 너무도 너무도 고와서 서럽기만 하다. 텅 빈 어두운 무대 위에 황촉불이 말없이 녹고 있는 밤에 살포시 젖은 오동잎 잎새마다 비친 달이 스러지고 있다. 밤늦게까지 승무를 추는 여승의 소매는 길고 또 길고 하늘을 다 가리는 듯하지만, 하늘은 워낙 넓기만 하다. 돌아설듯 날아가며 사뿐이 접어올린 외씨보선이여! "외씨보선"을 모두 "오이씨같이 생긴 버선"이라고 주석을 달아버리는데, 우리말에 "외"는 "과瓜"의 우리말에 해당되는 넓은 함의를 가지고 있다. 버선모양을 꼭 "오이씨"에 한정시킬 필요는 없을 것 같다. 역시 발음상의 문제 때문에 외씨보선이라는 말을 쓴 것 같다. 상체의 거대한 우주적 모션과 대비되는 땅의 모션, 준괘屯卦의 상징과도 같이, 가냘픈 새싹이 땅껍질을 들어올리는 모습이 사뿐이 접어올리는 외씨보선이라는 표현 속에 구현되어 있다. 북채에 휘날리는 자유로운 장삼자락과, 땅바닥에서 접어올리는 극도로 절제된 보선의 움직임은 승무의 음양착종의 대간이다.

### 복사꽃 고운 뺨, 아롱지는 귀희모습

까아만 눈동자 살포시 들어 먼 하늘 별빛 한 개를 골라, 그곳에 시선을 모도우며 응시할 때, 복사꽃 고운 뺨에 아롱질듯 맺히는 두 눈물방울, 나에게는 순결한 귀희의 모습이 어른거릴 뿐이다. 세사에 시달려도 두 방울에 맺히는 번뇌는 반짝이는 별빛일 뿐이다. "휘여져 감기우고 다시 접어 뻗는 손이 깊은 마음 속 거룩한 합장合掌인양하고"라는 표현에서는 합장은 모든 살아있는 생명의 기도를 나타낸다. 이밤사 귀또리도 지새우는 삼경三更인데, "귀또리"는 "귀뚜라미"의 사투리이겠지만 외씨보선, 나빌네라와 같이 사운드 그 자체로 오묘한 시경을 노래한다. 삼경三更이란 밤을 오경으로 나눌 때 세번째의 부분인데 밤 11시에서 새벽 1시 사이를 가리킨다.

"귀또리도 지새우는 삼경"이라는 이 표현 하나로 천안극장 학예회의 무대는 저 태조산 줄기 아늑한 자락에 자리잡고 있는 성불사 앞마당으로 전위된다. 귀희는 학예회에서 20분 가량 춤을 추었지만 결국 절마당을 돌며 혼자서 새벽까지 우주를 휘감았다. 귀또리의

가냘픈 소리만이 귀희의 반주였다. 얇은 사紗 하이얀 고깔은 고이

접어서 나빌네라!

## 제2장

# 조지훈의 예혼藝魂 여로旅路

## 조지훈의 탄생과 동학

조지훈은 1920년 12월 3일(음력) 경상북도 영양군 일월면 주실(注谷)마을에서 태어났다. 영양英陽은 동학이 세계적인 운동으로 세계사의 페이지를 적시기 이전부터 용담골의 웅비를 도운 동학의 하부구조를 형성한 지역이었다. 수운이 처형되고 나서, 그 적통을 받은 해월이 "고비원주高飛遠走"의 사명을 띠고 제일 먼저 포교의 거점을 마련한 곳이 바로 주실마을에서 멀지 않은 영양의 윗대치였다. 해월은 이곳에 일종의 신앙공동체 같은 것을 만들어 생활하였고 민중 속으로 무극대도의 사상을 펼쳐가는 반상, 적서의 구별이 없는 평등한 삶의 기반을 구축하였다. 일월산 기슭에 살면서 포교활동을 하고 또 주기적 집회를 여는 와중에서도 일체 밀고자가 없었다는 사실은 상대적으로 영양·영해寧海·영덕盈德 지역에 동학의 도유道儒들이 확고한 생활기반을 가지고 있었다는 것, 그리고 양반계층의 사람들이라 할지라도 개명한 사상을 가진 너그러운 사람들이었다는 사실을 방증한다.

## 이필제의 재해석

　　결국 1871년 2월에 전문적 혁명가 멘탈리티를 지닌 이필제李
弼濟(1825~1871)가 이곳에 침투하여 해월을 만나 해월과 주변 브레인
들의 혁명의지를 불러일으키는 데 성공한다. 조선왕조는 이미 명을
다했으니, 언제까지나 소극적으로 정부의 탄압에 도피적으로 대처
할 수는 없는 일이며, 진주민란 이래의 여러 사태를 볼 때 적극적으
로 지방관아를 점령하고 세력을 펼쳐가면서 "교조신원운동"을 전
개하여 신교信敎의 자유를 보장받아야 한다는 논리를 폈다.

　　1871년 3월 10일 해월의 기포에 의하여 동학의 도유 600여
명이 운집하여 영해관아를 점령하고 파렴치한 탐관오리 이정李㙙
영해부사를 민중의 이름으로 단호히 처단한 사건은 동학혁명의 진
정한 출발로서 재해석되어야 한다. 23년 후의 고부혁명은 제폭구민
의 제1차 대상이었던 조병갑도 처단하지 못했으며, 전라도 지역의
대규모의 민중의거를 유발시키기는 했어도 우금치에서 장엄했지만
힘없이 스러지는 모습은 보다 조직적인 항거의 전술전략이 필요했
었다는 아쉬움을 남긴다. 1871년의 영해혁명은 해월지도부를 전문
혁명그룹으로 성장시켰으며, 조직적인 운동의 진로를 설정케 하였
으며, 전국적인 혁명의 망을 구축케 하였으며, 또 "교조신원운동"이
라는 정의로운 목표를 확고히 내걸 수 있게 만들었다.

## 이필제의 건강한 영향과 해월의 투쟁

　　여태까지 천도교중심의 사가들은 이필제의 혁명거사를 "불장
난"처럼 폄하하는 경향이 있었으나 만약 이필제라는 이질적 요소가

없었다면 동학은 오늘날 우리가 인식하는 거국적인 혁명투쟁족적을 우리역사에 남기지 못했을지도 모른다. 영양이라는 고립된 내륙지역에 안주하는 지역종교집단으로 끝나버렸을 수도 있다. 우리는 경상북도 태백산 이동以東의 풍요로운 생계자산과 진취적인 기상과 신향新鄕(서얼계 사람들의 자치구) 사람들의 개명한 사상을 새롭게 평가해야 한다. 천도교사람들은 어렵게 구축한 영해·영양 지역의 공동체가 이필제의 실패로 인해 산산조각나버렸기 때문에 그를 문장군蚊將軍(진영 내부에서 모기 같이 피 빨아먹는 장군)으로 보기도 하지만, 이필제의 혁명의지는 크게 하자가 없었으며, 배신도 하지 않았으며, 끝까지 투쟁하여 깨끗하게 단두대의 이슬로 사라졌다고 평가되어야 한다.

## 주실마을의 분위기와 조헌영

주실 마을의 한양조씨 집안의 사람들이 동학과 어떤 관계를 가졌는지는 말할 수 없으나, 동학이 지향하는 국가비젼을 부정적으로 인식하지 않은 사람들인 것만은 확실하다. 조지훈의 아버지 조헌영趙憲永(1900~1988)은 일제강점기에 와세다대학 영문과를 졸업하고 (1927), 해방 후 제헌국회의원이 되어 반민특위 조사위원으로 맹활약을 하였다. 자연히 한민당의 보수세력과 마찰이 심했다. 제2대 국회의원이 된 후 6·25전쟁시기에 납북되었다.

## 조인석의 자결

조헌영은 아버지 조인석趙寅錫(1879~1950. 구한말 사헌부 대간을 지낸 선비. 6·25 동족상잔의 비극을 보다못해 자결. 1950. 7.27)의 훈시를 실천하여 "한의학"이라는 학문의 효용성을 높게 인식하고, 북한에서 의학을 공부하여(평양의과대학교 한의과대학원 한의학 석사·박사) 김일성종합대학 객원교수가 되었고, 한의학을 보편학문(Universal Science)으로서 정립하는 데 크게 공헌하였다. 한국에서도 조헌영의 명저, 『통속한의학원론』이 읽히고 있다. 조헌영은 아들 지훈보다도, 북한에서 20년을 더 살았다.

## 나가타 겐지로오

　김수영金洙暎(1921~1968)이 쓴 시에 「김일성만세金日成萬歲」라는 시가 있다. 이것은 1960년 4·19혁명이 일어나고 그 해가 저물어갈 즈음, 혁명에 대한 기대와 좌절이 엇갈리는 시기에 쓴 작품이다. 「나가타 겐지로」(1960년에 김수영이 쓴 시)라는 작품과 같이 거론된다. 나가타 겐지로오永田絃次郎는 재일교포 한국인 테너가수로서 일본의 성악계를 놀라게 만들었던 김영길金永吉(1909~1985)을 가리킨다. 김영길은 평안남도 출신으로 불과 27세에 세계적인 소프라노 미우라 다마키와 토오쿄오 긴자의 카부키좌에서 푸치니의 오페라 『나비부인』을 공연했다. 그리고 일본군국주의를 찬양하며 대동아공영권의 초석을 일본인과 조선인이 굳게 손을 잡고 만들어야 한다는 노래, 영화를 만들었다. 천황을 찬양하고 황국의 진격을 노래했던 그가 갑자기 1960년 1월 31일, 제6차 북송선(니이가타항구를 출발)을 탄다. 황군의 첨병이었던 그가 갑자기 북한의 인민사회건설을 위해 북송선을 타는 시대의 곡예는 도무지 해석하기 어려운 터무니없는 신의 장난처럼 김수영에게 느껴졌다. 김수영은 말한다: "혁명은 안되고 나는 방만 바꾸어버렸다."


### < 김일성만세金日成萬歲 >


"김일성 만세"
한국의 언론자유의 출발은 이것을
인정하는 데 있는데

이것만 인정하면 되는데

이것을 인정하지 않는 것이 한국
언론의 자유라고 조지훈이란
시인이 우겨대니

나는 잠이 올 수 밖에

"김일성 만세"
한국의 언론자유의 출발은 이것을
인정하는 데 있는데

이것을 인정하면 되는데
이것을 인정하지 않는 것이 한국
정치의 자유라고 장면이란
관리가 우겨대니

나는 잠이 깰 수 밖에

## 김수영의 조지훈 평가

이 시는 앞에 언급한 「나가타 겐지로」와 함께 기고되었다. 그러나 「나가타 겐지로」는 다음 해(1961년 2월)『민국일보』에 실렸지만, 「김일성만세」는 2018년판 『김수영전집』(민음사)에 수록될 때까지 발표되지 않았다. 이 시로 인해 조지훈의 정치적 성향이나 이념적 자세가 보수인 것처럼 논의되는 경우가 없지 않으나, 진보라는 성향 자체가 우리가 살고있는 이 시대에 어떠한 삶의 양식을 부여해야 하는가 하는 도덕적 문제에 대한 심각한 고민에서 우러나오는 것이 아니라, 서양적 관념성이나 얄팍한 사회참여의 기준에 의하여 규정되는 것이라고 한다면 진보 자체의 경박성을 먼저 반성해야 할 것이다. 지훈의 정신세계는 어떠한 경우에도 진보니 보수니 하는 규정성을 뛰어넘는 것이다.

## 조지훈과 4·19혁명정신

나는 개인적으로 김수영의 시의 세계를 사랑하고, 그 인간됨을 깊게 이해하려고 노력하는 후학이지만, 김수영이 조지훈보다 더 진보적이라든가, 조지훈이 김수영보다 더 보수적인 삶의 자세를 취했다는 것은 도무지 할 말이 아닌 것 같다. 수영과 지훈은 같은 시대를 살았지만(지훈이 한 살 먼저 태어났고, 두 사람은 모두 같은 시점에 비명에 갔다) 지훈이야말로 역사의 굽이마다 정확한 행적을 남겼다. 지훈은 지조를 목숨보다 아끼는 선비였고 수영은 자유롭기에 좀 퇴폐적인 성향을 가진 도시인이었다.

지훈은 이승만 자유당정권을 뒤엎어버리기를 갈망했고, 4·19

혁명 때도 앞장서서 학생운동을 지지하고 구국투쟁을 격려했다. 박정희가 일본군인출신들과 친일 자유당 인물들을 주축으로 공화당을 만들고 한일협정을 추진하기 시작한 이후부터는 극명하게 비판적인 태도를 취했다. 고려대학 학생들은 교정 대운동장 서관 아래에 서 있는 4·18기념탑 아래에 새겨져 있는 조지훈이 지은 비문을 읽으며 정의로운 옷깃을 여미곤 했다.

> 자유自由! 너 영원永遠한 활화산活火山이여! 사악邪惡과 불의不義에 항거抗拒하여 압제壓制의 사슬을 끊고 분노憤怒의 불길을 터뜨린 아! 1960년年 4월月 18일日! 천지天地를 뒤흔든 정의正義의 함성喊聲을 새겨 그날의 분화구噴火口 여기에 돌을 세운다.

북한에서 아버지가 소신껏 활동하고 있는 상황에서 조지훈이 지조를 지키고 산다는 것 자체가 쉽지 않은 일인 것은 김수영도 알았어야 했을 것이다. 북한에서 빈곤에 시달리는 민중의 삶의 개선을 위하여 정치적 이념성을 벗어던지고 한의학이라는 토착적인 지혜의 보편적 효용성을 연구하고 있는 조헌영의 진지한 삶의 자세가 진보냐 보수냐? 그렇다고 조지훈이 "김일성만세"를 불러야만 진보로서 찬양될 수 있을 것이냐? "김일성만세"를 아니 부르고 절도를 지킨다고 보수적 퇴물이 된단 말이냐? 수영이 형님! 형님께서 말씀하시는 바의 본 뜻은 우리가 잘 알지요. 그러나 너무 가혹하게 이념의 잣대를 드리밀지는 마세요.

## 지훈에 관한 민중의 기억

　　이 모든 논의가 논의의 자격을 지니지 못하는 천박한 논리라는 것이다. 오늘날에도 진보를 외치는 사람들의 경박성은 좀 경계되어야 마땅하다. 언론의 자유의 본질적인 전제를 제기한 것은 용맹스럽고 정의로운 일이나, 조지훈을 그 자리에 끌어들인 것은 좀 가벼운 처사라고 해야 할 것이다. 조지훈의 본질은 어디까지나 「승무」에 있다. 조선의 민중이 조지훈을 기억하는 것도 대부분 「승무」라는 시를 통해서이다. 그 시가 교과서에 실려 잘 알려졌기 때문이라 해도 그 시의 가치의 본질은 조선의 혼魂과의 교감능력에 있다. 쉽고 깊게 교감되는 것이다.

## 등단 1호작 고풍의상

　　「승무」라는 시는 도대체 언제 쓰여졌을까? 지훈은 열여섯 살 때부터 시작詩作에 몰두했다고 했다. 열일곱 살에 처음으로 상경하여 동향의 선배시인이며 아버지의 우인友人인 오일도吳一島(본명 오희병吳熙秉, 1901~1946. 일본 릿쿄오대학立敎大學 철학과 학사)의 시원사詩苑社라는 곳에서 기거를 했다. 그리고 19살 때 『문장』이라는 잡지의 추천시 모집에 응모하여 최초로 당선된 시가 「고풍의상古風衣裳」이었다. 1939년 4월의 사건이었다. 그러니까 조지훈은 19살 때 추천작가로서 문단에 등단하였던 것이다. 당시의 관례로는 시인 소리를 들으려면 세 편의 시가 추천되어야만 한다. 그래야 프로펫셔날 "시인" 소리를 듣게 되는 것이다. 지훈의 「승무」는 바로 두 번째 추천작이다. 1939년 12월호 『문장』지에 추천되었다. 이야기의 흐름을

이해하기 위해서는 「고풍의상」이라는 시를 여기 소개하지 않을
수 없다. 위대한 조동탁(지훈의 본명)의 등단 제1호작, 「고풍의상古風
衣裳」!

### < 고풍의상古風衣裳 >

하늘로 날을듯이 길게 뽑은 부연끝 풍경이 운다
처마끝 곱게 늘이운 주렴에 반월半月이 숨어
아른 아른 봄밤이 두견이 소리처럼 깊어가는 밤
곱아라 고아라 진정 아름다운지고
파르란 구슬빛 바탕에 자주빛 호장을 받친 호장저고리
호장저고리 하얀 동정이 환하니 밝도소이다
살살이 퍼져나린 곳은 선이 스스로 돌아 곡선曲線을 이루는 곳
열두폭 기인 치마가 사르르 물결을 친다
초마 끝에 곱게 감춘 운혜雲鞋 당혜唐鞋
발자취 소리도 없이 대청을 건너 살며시 문을 열고
그대는 어느나라의 고전古典을 말하는 한마리 호접蝴蝶
호접蝴蝶인양 사푸시 춤을 추라 아미娥眉를 숙이고 ……
나는 이밤에 옛날에 살아 눈 감고 거문곳줄 골라보리니
가는 버들인양 가락에 맞추어 흰손을 흔들어지이다

한복예찬
    우리는 시의 제목을 들을 때, 겁부터 먹는다. "고풍의상"이

라는 게 도대체 무엇을 가리키는 말일까? 어떤 복합적인 심볼리즘이 들어있는 말이라고 생각하기 마련이다. 그런데 놀라웁게도 고풍의상은 액면가 그대로의 말이다. "고풍의 의상"이라는 것이다. 여기 의상은 여인의 의상이고 고풍이라니깐 자연히 여자한복이 된다. 「고풍의상」은 고상한 여인의 옛 한복의 아름다움을 예찬하는 시가 된다. 고풍스러운 여인의 의상을 시의 주제로 선택했다는 것 자체가 십대소년 조지훈의 의식세계의 역설을 말해준다.

고풍의상의 색깔, 격조, 기운氣韻, 그 아름다운 치마선율, 그리고 그 의상을 입은 주체의 인격행위가 모두 흐려지고 사라져가는 시대에 어린 지훈이 그것을 시의 주제로 선택했다는 것 자체가 이미 1930년대 한국지성의 의식세계의 지향처의 복합구조를 말해주고 있다. 흔히 체험할 수 있는 여성의 의상이 내면화된 삶의 운율이 아니라 나로부터 객체화되어 떠나가고 있는 전통이요 고풍이었던 것이다. 그 스러져가는 모습에 대한 아쉬움이 시의 주제로 부상했던 것이다. 시골의 소년의 문제의식으로는 매우 선각적이라 할 것이다: "사라져 가는 것에 대한 아쉬움의 애수, 민족정서에 대한 애착이 나를 이 세계로 끌어넣었던 줄로 안다."(『조지훈전집』1, 서울: 나남출판사, p.123).

## 보들레르와 와일드

상경 후 내가 처음 참독한 시인은 보들레르와 와일드였다. 사실주의 이후 주조主潮 잃은 문예사조를 알아본다고 보들레르와 도스토예프스키, 플로베르를 읽고 나서 보들레르의 상징주의가 정통이라고 믿은 것도, 와일드의 탐미주의에 혹惑하여 『살로메』를 번역하여 본 것도 이 무렵의 일이다. 나는 이내 그 당시의 모든 문학청년이 그랬던 것과 마찬가지로 일차대전 이후의 이른바 아방가르드 문학에 열중하기도 하였다. 쉬르니 다다니 포오멀이니 하던 그날의 나의 습작은 보잘것 없는 것이었으나, 이 한때의 섭렵涉獵은 나의 시 공부에 결코 무익한 것은 아니었다. …… 그러나 어쩐 일인지 이러한 첨단문학尖端文學은 나의 구미에 잘 당겨지지를 않았다("나의 역정," 『조지훈전집』3, p. 200~201).

과연 오늘날 16세의 한국 청년이 시를 쓰겠다고 보들레르, 플로베르, 오스카 와일드를 탐독할까? 탐독하겠다고 해서 탐독할 만한 우리말 양서는 있는 것일까? 일제강점기에 한국의 문학소년이 의존하는 정보의 소스는 대체로 메이지明治유신, 그리고 타이쇼오大正 시대의 발랄했던 번역문화의 성과에 힘입은 문학이었다. 일본역사의 축적된 문사철의 성과가 일시에 쏟아져 들어온 것이라 말할 수 있다.

### 한학과 서구문학의 마찰, 반추의 깊이

그 압축된 문명의 회전은 조선의 추구하는 영혼들에게는 소화하기 힘든 도약이었고, 기나긴 한학의 전통을 교양의 근거로서 가지고 있던 사람들에게는 낯선 도전이었다. 그러나 국체상실이라는 비극과 함께 찾아온 이 도전은 조선문명에 심원한 깊이를 마련해준 것 또한 사실이다. 지훈은 말한다.

< 참회懺悔 >

샤를르 보들레르여 난 그대를 읽은 것을 뉘우치노라
오스카 와일드여 난 그대를 읽은 것을 뉘우치노라
이백李白이여 두자미杜子美여 랭보여 콕토여
무엇이며 무엇이며 난 그대를 읽은 것을 뉘우치노라
뉘우치는 그것마저 다시 뉘우치는 날 들창을 올리고
담배를 피운다
담배를 피우며 창을 내린다

## 모더니즘의 사라짐

이 시를 통해 우리는 「고풍의상」이 나오기까지 지훈의 남독濫
讀과 정신적 방황이 얼마나 처절한 것이었는지 그 내면의 분위기를
알 수 있다. 조선의 소년들에게 모더니즘은 리얼하게 다가왔다. 그
러나 리얼한 만큼 빨리 사라졌다. 그것은 담배 한 까치 필 순간의 위
세였던 것이다. 마지막 줄의 "창을 내린다" 이 한마디는 매우 인상
적이다.

## 고풍의상의 단어해설

우선 「고풍의상」에 들어있는 몇 마디 단어를 해설할 필요가
있다. 우선 "길게 뽑은 부연"이라는 것은 사전에도 있는 단어이다.
"부연"은 附椽이라고도 쓰고 婦椽이라고도 쓰는데 지붕 처마 끝에

덧없는 서까래를 가리킨다. 며느리서까래라고도 한다. 지붕을 날렵하게 치켜올려 멋을 낸다. 부연 끝에 보통 풍경을 단다. "호장저고리"라는 것은 단색의 저고리가 아니라, 깃과 고름, 소매 끝동에 자주빛 호장을 두른 저고리이다. 이런 호장저고리는 면저고리에는 불가하고, 비단천에만 가능하다. "파르란 구슬빛 바탕에 자주빛 호장을 받친"이라는 표현이 말해주듯이 대체로 옅은 옥색의 천에다 짙은 자주빛으로 호장을 받친다. "운혜雲鞋," "당혜唐鞋"는 밑바닥을 가죽으로 대고 양옆을 비단으로 맵씨를 낸 버선신발을 가리킨다. 모두가 서민들의 삶에서는 체험하기 어려운 의상이지만 지훈이 부르죠아 내음새를 피려고 지은 것이 아니라, 그의 삶에서 자연스럽게 느꼈던 의상의 고귀한 맛이었으리라. 나는 최근 영양의 주실마을 지훈 고택 문지방을 넘으면서 그 솟을대문의 품격을 느꼈다.

첫 세 줄은 의상이 등장하는 가옥의 아름다움이 묘사되고, 부연 끝의 풍경과, 여인의 초마(=치마) 끝에 곱게 감춘 운혜 당혜, 그리고 호접인양 사푸시 춤을 추라 아미蛾眉를 숙이고…… 그 모든 어휘와 그 의미론적 구조가 우리에겐 전혀 낯설게 느껴지지 않는다. 「고풍의상」과 「승무」는 동일저자의 동일감성구조를 드러내고 있는 것이다.

## 낙서삼아 쓴 것?

내 생각에 "승무"에 대한 지훈의 구상이 "고풍의상"보다 오히려 앞선 것이라고 생각되지만 "승무"를 시로 옮기는 작업은 쉬운 작업이 아니었다. 그러던 중 먼저 가볍게 "의상"에 손을 대어보았고, 그 작품은 서구시를 모방하던 습작을 탈각脫殼하고 자기자신의 시풍을 정립하려는 노력이었지만, 실상 그것은 "강의시간에 낙서 삼아 쓴 것을 그대로 우체통에 넣은 것이 뽑힌 것이었다."("나의 역정 −詩酒半生自敍"『조지훈전집』3, p.210).

"낙서 삼아 쓴 것"이라는 표현이 좀 과도하게 불성실하기도 하고 또 과도하게 겸손하기도 하지만, 이 시를 추천한 사람은 당대 조선시단의 중추노릇을 하고 있던 정지용鄭芝溶이었다.

## 정지용의 신인추천사

지용은 지훈보다 나이가 18세 위였으니까 거의 아버지뻘이었다.『문장』이라는 잡지에 응모한 작품이 100여 편이나 되었으니 『문장』의 신인추천이 얼마나 뜨거운 권위를 지니는 것인지를 말해준다. 지용은 말하다:

> 조지훈趙芝薰 군君! 「화비기華悲記」(「고풍의상」과 같이 제출한 시인
> 모양인데 그 정체는 정확히 알 수가 없다. 「화련기華戀記」라는 현존하는
> 시와 동일시되기도 한다. 서구적이며 퇴폐적인 감성이 흐르는 작품이다)
> 도 좋기는 하였으나 너무도 앙징스러워 「고풍의상古風衣裳」을 취
> 取하였습니다. 매우 유망하시외다. 그러나 당신이 미인도美人圖를
> 그리시라면 이당以堂 김은호화백金殷鎬畵伯을 당하시겠읍니까?
> 당신의 시詩에서 앞으로 생활과 호흡과 년치年齒와 생략이 보고 싶
> 습니다.
>
> ─『文章』제1권 제3호, 1939년 4월호 ─

## 신고전의 등장

가볍게 써서 밑져야 본전이다라는 생각으로 보낸 작품이 당선되었고 『문장』 1940년 2월호에서는 "신고전新古典"의 등장이라는 소리까지 듣게 된다. "신고전"이라는 말이 새로운 고전의 탄생을 축하한다는 의미인지, 혹은 새로운 스타일의 고전주의풍의 작품이라는 뜻인지는 잘 모르겠으나 아마도 후자를 의미할 것이다.

## 조지훈의 생애 처음 본 승무

정지용의 기대 섞인 주문 중에서 가장 핵심적인 언어는 "생략"이라는 말일 것이다. 「고풍의상」과 「승무」를 비교해보면 「의상」이 산문적인 데 비해 「승무」는 운문적이고, 「의상」이 가정적이라면 「승무」는 우주적이다. 「승무」는 의미의 생략과 함축이 극대화되어 있다. 그러니까 「승무」는 결코 「고풍의상」에 앞서 집필된 것일 수는 없다. 「고풍의상」에서 단련된 모든 성과를 바탕으로 「승무」 집필에 시위를 당겼다고 볼 수 있다. 그리고 지훈은 결코 경상도 영양 구석에서 승무를 볼 기회는 없었다. 조지훈이 승무를 접한 것은 "열아홉 살 가을"이었다(『전집』 2, p.184). 보통 본인이 나이를 말할 때 우리식으로 하니까 "1938년 가을"이 될 것이다. 수원 용주사에서 큰 재齋를 여는데 승무와 몇 가지 불교전래의 고전음악이 베풀어지리라는 소식을 거리에서 듣고 그 길로 곧 수원으로 내려가지 않을 수 없었던 것이다.

## 용주사 마당, 무명의 비구가 춘 승무

　　지훈은 「고풍의상」을 쓰기 이전부터 이미 승무를 시화하려는 구상을 가슴에 품고 승무를 만날 수 있는 자리는 모조리 가보았다. 난산難産의 시詩를 회잉懷孕하기 위하여 지훈은 세 가지의 승무를 만났다 했다. 첫 번째는 한성준韓成俊의 춤, 두 번째는 최승희崔承喜의 춤, 그러나 이 두 사람의 승무는 조지훈의 시심에 큰 파문을 던지지 못했다. 단지 호기심을 유발하여 몇 번 기녀가 추는 승무의 자리에 이끌려갔다 했다. 지훈이 참 승무를 만나게 된 것은 바로 제3의 승무, 어느 무명의 비구(비구니일 수도 있으나 지훈의 묘사로 보아 "비구"였던 것 같다)가 용주사 마당에서 춘 춤이었다.

　　　"그날 밤, 나의 정신은 온전한 예술정서에 싸여 승무 속에 용입溶入되고 말았다. 재齋가 파한 다음에는 밤늦게까지 절 뒷마당 감나무 아래서 넋없이 서있는 나를 깨닫지 못하였던 것이다. 지금도 그렇지만 나는 시정詩情을 느낄 땐 뜻 모를 선율旋律이 먼저 심금에 부딪침을 깨닫는다. 이리하여 그 밤의 승무의 불가사의한 선율을 안고 서울에 돌아온 나는 이듬해 봄까지 붓을 들지 못하고 지내왔었다."

　　　　　　　　　　　　　　　　　　　　　　　(『조지훈전집』2, p.185).


## 용주사의 춤, 김은호의 그림, 또 하나의 승무

　　그 후 그는 김은호의 「승무도」 앞에 두 시간을 서있기도 했고, 구왕궁舊王宮 아악부雅樂部에서 "영산회상靈山會上"의 장중한 가락을

들었다. 지훈은 말한다:

"어떻든 구상한 지 열한 달, 집필한 지 일곱 달 만에 겨우 이루어졌다는 이야기로써 나의 「승무僧舞」의 비밀은 끝났다. 써놓고 보니 이름 모를 승려의 춤과 김은호의 그림과 같으면서도, 다른 또 하나의 승무僧舞를 만들게 되었던 것이다. 말하자면 이 춤은 내가 춘 승무에 지나지 않는다. 춤추는 승려는 남성이더랬는데 나는 니승尼僧으로, 그림의 여성은 장삼長衫입은 속녀俗女였으나, 나는 생활과 예술이 둘 아닌, 상징으로서의 어떤 탈속脫俗한 여인을 꿈꾸었던 것이다. 무대도 나중에는 현실 아닌 환상幻想 속에 이루어진 것이다. 이것이 곧, 이 승무는 나의 춤이 되는 까닭이 된다."

(『조지훈전집』2, pp.187~8).

## 도올의 분홍신

십팔구 세의 소년이 환상 속에서 춤추고 시어화시킨 승무, 그것은 천안중앙국민학교 6학년 학생이 귀희의 승무라는 코스믹 댄스를 그칠 줄 모르는 자신의 분홍신으로 만든 것과도 같다. 도올의 분홍신은 지훈의 시어를 만나 안식을 얻는다.

정지용은 『문장』 1939년 9월호에 이런 평을 실었다.

조지훈군趙芝薰君, 당신의 시적 방황은 매우 참담하시외다. 당분간 명경지수明鏡止水에 일말백운一抹白雲이 거닐듯이 한아閑雅한 휴양이 필요할가 합니다.

이것은 조지훈의 「승무」가 제출되기 이전의 어느 작품에 대한 평이다. "참담하다"라는 표현은 지훈의 시작詩作의 여로가 매우 진지한 것이었음을 나타내주는 말이지만, 지용은 지훈의 내면의 세계를 충분히 이해하고 있지 못했다는 느낌도 든다. 그리고 『문장』 1939년 12월호에는 다음과 같은 시선후詩選後 평이 실려있다. 「승무」가 추천된 것이 1939년 12월호였으므로 이 「시선후」야말로 「승무」에 대한 평이다.

## 「승무」에 대한 정지용의 평

조지훈군趙芝薰君, 언어의 남용은 결국 시의 에스프리를 해소식히고 마는 것이겠는데 언어의 긴축 절제 여하로써 시인은 일가를 이루고 안이룬 것의 일단을 엿볼 수 있는 것인 줄로 압니다. 그러나 이런 시작적詩作的 생장과정은 년치年齒와 부단한 습작으로서 자연히 발전되는 것이요 일조一朝의 노성연老成然으로 되는 것은 아닙니다. 언어의 다채多彩 다각多角 미묘 곡절 이러한 것이야말로 청춘시인의 미질美質의 산화散火가 아닐 수 없습니다. 청년 조군趙君은 시의 장식적인 일면에 향하여 얼마나 찬란한 타개打開를 감행한 것일지! 그러나 시의 미적근로美的勤勞는 구극에 생활과 정신에 경도傾倒할 것으로 압니다.

「승무」에 대한 평으로서는 매우 크리티칼한, 부정적 측면이 노출된 평론이라 말할 수밖에 없다. "생략"을 요구한 것에 대하여 지훈의 「승무」는 고도의 압축된 상징성을 진지하게 표현하고 있다.

지훈은 「승무」에서 긴축과 절제의 묘미를 충분히 과시했다고 볼 수 있다. 이러한 지훈의 경지를 "일조一朝의 노성연老成然"(하루아침에 달성되는 노련미)이라고 규정한다든가, "시의 미적근로는 구극에 생활과 정신에 경도되어야 할 것"이라고 주문한다든지 하는 것은 영양의 고택에서 자란 지훈의 한학적 성숙의 깊이를 전혀 파악하지 못하는 자의 가벼운 언사로 간주할 수밖에 없다. 지훈도 이러한 지용의 선후평에 충분한 경의를 표하지 않았다.

> 그때 어떤 선배는 나의 시에서 언어의 생략을 충고하였으나, 유장悠長한 선線을 표현함에 짧고 가벼운 언어만으로써는 도저히 뜻할 수 없어 오히려 리듬을 위해서는 부질없는 듯한 말까지 넣지 않을 수 없었다. 자연한 해조諧調를 이루는 빈틈없는 부연敷衍은 생략보다도 어렵다는 것을 나는 여기서 절실히 느꼈다.

과연 여기서 논의되고 있는 "생략"의 의미맥락이 무엇인지 정확히 알 수 없으나 「승무」에서 긴축 절제가 풀린 화사한 장식을 운운한다는 것은 바른 비판이 될 수 없다.

### 등단의 월계관에 바친 정지용의 찬사

지훈은 "부연이 생략보다도 더 어렵다"고 되치고 있는 것이다. 지훈이 마지막으로 「봉황수鳳凰愁」로 제3회 추천을 받고 등단의 월계관을 쓸 때 지용은 아주 유쾌한 격려의 언어를 선사했다. 시인들의 멋들어진 담화의 수작이 아닐 수 없다.

조지훈군趙芝薰君, 작년 삼월에 누구보다도 먼저 당선하야 금년 이월 이래 열한달 만에 괴팍스런 『문장』 추천제制를 돌파하시는 구료. 미안스러워 친히 만나면 사과할 각오가 있읍니다. 그러나 무릇 도의적인 것이나 예술적인 것이란 그것이 치열한 것이고 보면 불행한 기간이나 환경이란 것이 애초에 없는 것이외다. 잘 견디고 참으셨읍니다. 찬자撰者의 못난 시어미 노릇으로 조군趙君을 더욱 빛나게 하였는가 하면 어쩐지 찬자撰者도 한목 신이 납니다. 조군趙君의 회고적 에스프리는 애초에 명소고적名所古蹟에서 날조捏造한 것이 아닙니다. 차라리 고유한 푸른 하늘 바랑이나 고매한 자기磁器 살결에 무시로 거래去來하는 일말운하一抹雲暇와 같이 자연과 인공의 극치일가 합니다. 가다가 명경지수에 세우細雨와 같이 뿌리며 나려앉는 비애悲哀에 artist 조지훈趙芝薰은 한머리 백로白鷺처럼 도사립니다. 시詩에서 것과 쭉지를 고를 줄 아는 것도 천성天成의 기품이 아닐 수 없으니 시단詩壇에 하나 <신고전新古典>을 소개하며 …… 쁘라보우!

— 『문장』 1940년 2월호


## 10대·20대 청춘의 행진

내가 지금 여기서 말하고 싶은 것은 우리의 언어를 찬란하게 만든 20세기의 작품들이 모두 10대·20대 청춘들의 감성의 개화에 의한 것이라는 사실이다. 귀희가 내 인생에서 그 누구도 범접할 수 없는 신성한 승무를 춘 것도, 도올이 천안극장의 현묘한 무대를 바

라보면서 황홀경에 빠진 것도 모두 십대 초반의 사건이요, 지훈이
승무로써 두 번 다시 창조되기 어려운 시를 민족언어의 디프 스트럭
쳐에 박아넣은 사건도 18·9세 때의 사건이고, 지훈을 등단시킨 정
지용이 박인수와 이동원이 불러 유명해진 노래, 「향수鄕愁」(김희갑
작곡)라는 서정적인 시를 쓴 것도 스물한 살 때였다. 휘문고보를 마
치고 일본의 도오시샤同志社대학 예과에 유학하기 전에 쓴 것이다
(1923년 3월).

## 정지용의 생애

이 책은 어차피 시를 논하는 자리이므로 지용의 시도 잠깐 함
께 논해보려 한다. 정지용鄭芝溶(1902~1950)은 충청북도 옥천사람이
다. 진짜 충청도 냄새가 물씬 나는 시골사람이다. 그만큼 순결한 조
선사람이다. 심성이 순박하고 착하기 그지없는, 그러면서 천재끼가
번뜩이는, 정갈한 토속끼의 인간이다.

일우산一宇山의 정기가 실개천을 이루고 청석교靑石橋 밑을 지
나 들판을 가로질러 동쪽 끝으로 흐르고 있다. 옥천면 하계리下桂里
40번지를 가보면 「향수」의 느낌을 지금도 느낄 수 있다. 아버지가
한의사로 약방을 경영하였기 때문에 어려서는 유족한 편이었으나
어느 해 여름 갑자기 밀어닥친 홍수의 피해로 집과 재산을 잃어 경
제적으로 어렵게 되었다고 한다. 정지용의 삶에서 특기할 사실은 그
가 만 나이로 치면 열한 살 때 은진송씨 송재숙宋在淑과 결혼하였는
데, 평생 송씨 부인을 경애하고 의리를 지켰다는 것이다.

## 휘문고보에서 도오시샤대학 영문과로

　　1918년(17세) 4월에 휘문고등보통학교에 입학하였고, 이미 고교시절부터 문재를 발휘하여 문인끼의 친구들 사이의 중심인물이 되었다. 성적도 탁월하게 우량하였다. 1923년 4월, 쿄오토의 도오시샤同志社대학 영문과에 휘문고보의 장학금으로 입학하였고, 영문과 재학시절에 활발한 문예활동을 했다. 1929년 3월 도오시샤대학 영문학과를 우수한 성적으로 졸업하고 휘문고보 영어과교사로 취임하여 학생들의 사랑을 받았다. 휘문고보에 재직하고 있는 동안 지용은 한국시단의 대간을 형성하는 인물이 되었다. 1945년 8·15해방과 함께 휘문교사직을 사임하고 10월에 이화여자대학교 교수가 되었고 문과과장이 되었다. 1948년 대한민국 정부수립 후 조선문학가동맹에 가입했다는 이유로 보도연맹에 가입되었는데 1950년 한국전쟁 때 희생된 것으로 보인다(북한에서의 기록이 없다).


　　< 향수鄕愁 >


넓은 벌 동쪽 끝으로
옛이야기 지줄대는 실개천이 회돌아 나가고,
얼룩백이 황소가
해설피 금빛 게으른 울음을 우는 곳,

── 그 곳이 참하 꿈엔들 잊힐 리야.

질화로에 재가 식어지면
뷔인 밭에 밤바람 소리 말을 달리고,
엷은 조름에 겨운 늙으신 아버지가
짚벼개를 돋아 고이시는 곳,

— 그 곳이 참하 꿈엔들 잊힐 리야.


흙에서 자란 내 마음
파아란 하늘 빛이 그립어
함부로 쏜 활살을 찾으려
풀섶 이슬에 함추름 휘적시든 곳,

— 그 곳이 참하 꿈엔들 잊힐 리야.


전설傳說바다에 춤추는 밤물결 같은
검은 귀밑머리 날리는 어린 누의와
아무러치도 않고 여쁠것도 없는
사철 발벗은 안해가
따가운 해ㅅ살을 등에지고 이삭 줏던 곳,

— 그 곳이 참하 꿈엔들 잊힐 리야.

하늘에는 석근 별

알 수도 없는 모래성으로 발을 옮기고,

서리 까마귀 우지짖고 지나가는 초라한 집웅,

흐릿한 불빛에 돌아 앉어 도란도란거리는 곳,

— 그 곳이 참하 꿈엔들 잊힐 리야.


한국인의 향수를 불러일으키는 지극히 서정적이고 서사적인 시라서 나의 해설을 요구하지 않는다. 단지 몇 개의 단어만 해설하려 한다.

향수 가사에 들어있는 몇마디 해설

"해설피 금빛"이라는 말은 의미를 확고하게 고정시킬 수는 없으나, 대체적으로 해가 설핏 서쪽으로 기울 때 온 세계가 금빛으로 화하는 분위기를 표현한 말이다. 그때, 그 금빛 분위기 속에서 얼룩백이 황소가 음매~ 하고 게으른 울음을 운다는 것이다. 어머니가 등장하지 않고 질화로(질그릇 화로)와 함께 등장하는 아버지의 모습이 오히려 더 짙은 향수의 감성을 자아낸다. "함부로 쏜 화살"은 어린 시절의 거침없는 비상, 자유를 갈망하는 민족적 에너지를 나타낸다. "함추름"은 "함초롬"이라고도 하는데, 무엇이 가지런히 놓여있는 모습을 형용한다 했는데, 여기서는 역시 "푹 젖은 모양"을 나타내고 있다고 보는 것이 좋다.

"아무러치도 않고 예쁠것도 없는 사철 발벗은 안해"는 아내를 낮추어 말한 것이 아니라 아내의 강인한 삶의 의지에 대한 고마움을 극도로 예찬한 것이다. 따가운 햇살을 등에지고 이삭 줍던 "안해"를 정지용은 끝까지 지켰다. "모래성"은 은하수 정도로 해석하면 될 것이다. "가족이 둘러 앉아 도란도란거리는 곳"이야말로 향수의 최종 로맨스일 것이다.

『조선지광』 89호 〈유리창1〉

## < 유리창琉璃窓1 >

유리琉璃에 차고 슬픈것이 어린거린다.

열없이 붙어서서 입김을 흐리우니

길들은양 언날개를 파다거린다.

지우고 보고 지우고 보아도

새까만 밤이 밀려나가고 밀려와 부디치고,

물먹은 별이, 반짝, 보석寶石처럼 백힌다.

밤에 홀로 유리琉璃를 닥는것은

외로운 황홀한 심사이어니,

고흔 페혈관肺血管이 찢어진 채로

아아, 늬는 山ㅅ새처럼 날러 갔구나!

### 상징성이 짙은 시계열

정지용의 시가 「향수」처럼 서정적이고 서사적이며 일상적 언어로 구성되는 것만 있는 것은 아니다. 매우 추상적이고 함축적인, 그리고 상징성이 짙은 시도 많다. 「유리창1」은 1930년 1월 『조선지광』 89호에 발표되었다. 그의 나이 28세였다. 지용은 1927년과 1929년, 그리고 1937년에 딸 하나와 아들 둘을 잃었다. 이 시의 배경이 되는 사건은 1929년 이남二男의 죽음이다. 유리는 안과 밖을 투과하지만 또 단절시킨다. 갈 수 없는 저세상에 서리는 것은 입김이다. 겨울 추운 밤에 홀로 유리창 앞에 서있다. 서서 유리창에 입김을 불고 닦는 것을 반복한다. 서리고 또 사라지고 하는 모습이 날개를 파닥거리는 산새와도 같다. 입김이 사라질 때 산새도 사라진다. 사라지는 그 모습이 고운 폐혈관이 찢어진 채로 날아가버리는 "너"와도 같다. 너무도 외로워서, 그 외로움의 감정이 황홀한 경지에 이르렀다.


< 카뻬 쯔란스 >


옴겨다 심은 종려棕櫚나무밑에
빗두루 슨 장명등,
카뻬 쯔란스에 가쟈.


이놈은 루바쉬카
또 한놈은 보헤미안 넥타이
뻣적 마른 놈이 압장을 섰다.

밤비는 뱀눈 처럼 가는데
페이브멘트에 흐늙이는 불빛
카페 뜨란스에 가자.

이 놈의 머리는 빗두른 능금
또 한놈의 심장心臟은 벌레 먹은 장미薔薇
제비 처럼 젖은 놈이 뛰여 간다.
※
『오오 패롵(鸚鵡) 서방! 꾿 이브닝!』

『꾿 이브닝!』(이 친구 어떠하시오!)

울금향鬱金香 아가씨는 이밤에도
갱사更紗 커-틴 밑에서 조시는구료!

나는 자작子爵의 아들도 아모것도 아니란다.
남달리 손이 히여서 슬프구나!
나는 나라도 집도 없단다.
대리석大理石 테이블에 닷는 내뺨이 슬프구나!

오오, 이국종異國種 강아지야
내 발을 빨어다오.
내 발을 빨어다오.

## 문단 데뷔작, 모더니즘의 걸작

「카뻬 쁘란스」는 지용이 1926년(25세)에 발표한 작품으로서 그의 문단 데뷔작이며 가장 폭넓게 공감을 불러일으킨 명작으로 꼽힌다. 지금 얼핏 그냥 읽어서는 도무지 뭔 말인지 알 수 없으나, 당대의 방황하던 젊은이들에게는 어떤 문제설정의 좌표가 된 작품이라 한다. 윤동주도 이 작품을 밑줄 긋고 메모를 해가면서 읽었다고 했다. 한국시사에 확고한 위상을 지니는 작품이다. 1926년이니까 이 시는 도오시샤대학 재학시절에 쓰여진 작품이다. 배경은 쿄오토 京都다.

## 카페 프랑스의 성격, 그 상징성

"카페 프랑스"는 쿄오토에 한국유학생이나 전위적인 대학생들이 잘 갔던 카페의 이름이다. "옮겨다 심은 종려나무 밑"이라는 표현 자체가 이 카페를 구성하는 모든 물리적·정신적 요소가 외국에서 억지로 옮겨다 심은 종려나무(=대추야자나무) 같다는 의미를 내포한다.

"루바쉬카"는 "러시아 남자가 착용하는 외투"인데 당시 사회주의 사상에 경도된 젊은이들이 즐겨 입었다고 한다. "보헤미안 넥타이"(나비매듭의 타이)는 보들레르가 애용한 것이라는데 프랑스문화를 동경하는 개인주의적 아나키스트들의 상징태이다. 밤비는 뱀눈처럼 가늘고, 페이브먼트(포장길)에 흐늙이는 불빛. 비뚜러진 사과처럼 찌꾸를 발라 머리를 고정시킨 골빈당! 또 심장이 벌레먹은 장미처럼 썩는 놈! 이런 놈들이 모두 카페 프랑스로 간다.

## 자아를 상실한 패롵 청년들

"패롵"은 그 카페의 입구에 있는 앵무새! 이 놈의 앵무새 서방
은 말만 반복할 뿐 내면에 들어있는 뜻을 헤아리진 못한다. 울금향
(튜울립) 아가씨도 커텐 밑에서 졸고만 있다! 카페 프랑스의 분위기
가 죽어 있는 것이다. "자작의 아들"이란 일제강점에 기여한 친일파
인사들의 자제로서 유학생활을 방탕하게 보내는 조선의 난봉꾼들
이다. 놀고먹는 이들의 손은 하이얗지만 내 손조차 공부한다고, 시
를 쓴다고 하이얗기만 하다. 학문을 꿈꾸는 나는 나라도 집도 없다.
방향이 서지 않은 인생이다.

카페 프랑스에 있는 "이국종 강아지"는 화자의 결핍의 궁극이
다. 나 역시 이국종의 유학생, 앵무새와도 튤립 같은 아가씨와도 강
아지와도 소통할 수 없다. 최종의 호소는 강아지에게 "내 발이나 빨
아달라"고 치사한 위로를 부탁하는 것이다.

## 카페 프랑스와 호텔 캘리포니아

내가 생각하기에 이 시는 1920년대에 이미 한국인에 의하여
창조된 「호텔 캘리포니아Hotel California」(1977, by Eagles)라 말할 수 있
다. 자세한 해설은 약略한다.

정지용의 시 3편만 스쳐 보아도 우리는 한국민족 정신사의 전
개를 훑어내릴 수 있다. 그 속에는 세계사의 모든 아방가르드적 고
뇌의 잠재태가 살아 숨쉬고 있는 것이다. 정지용과 조지훈을 비교해
보면 한학적 배경의 유무가 제일 먼저 눈에 띄인다. 지훈의 조부 조
인석趙寅錫(1879~1950)은 한말 사헌부 대간臺諫을 지낸 선비였고 도

의절개의 인간이었다. 주실마을에 월록서당月麓書堂을 운영하고 호은종택에 영진의숙을 열어 구학문과 신학문을 모두 가르쳤다. 조인석은 "안동문화권에서 가장 진취적이요, 가장 일찍 개화된 양반가문"(김종길金宗吉 교수의 증언)의 리더였다. 지훈은 어려서부터 조인석이라는 거대한 인격체로부터 한학을 배웠다. 지훈에게 사서오경은 기초어휘였다.

## 지용과 지훈

지훈의 한학적 바탕에 비하면 지용의 정신세계에는 그런 개념적 위압성이 없다. 그래서 전통의 하중에 휘둘림 없이 모더니즘과 전면적인 대결을 벌일 수 있었다. 질화로 비인 밭에 밤바람 소리 말을 달리면 엷은 졸음에 겨운 늙으신 아버지가 짚베개를 돋아 고이시는 곳, 그곳에 지용의 이데아는 춤추고 있다. 비슷한 나이에 지훈은 「승무」를 썼고, 지용은 「향수」를 썼다. 「승무」는 우주적이고, 「향수」는 개인적이다. 지용은 해방 후 한국문단의 큰 별이 될 수 있는 자질과 인품과 시적 품성을 지니고 있었다. 그러나 터무니없는 이데올로기의 난동 속에 그 아까운 재능은 자취도 없이 티끌이 되어 사라졌다. 그를 사랑하는 모든 사람들의 아쉬움이다(그의 죽음이 보도연맹에 연루된 것은 확실).

## 조지훈과의 해후에 끼어있는 이야기

내가 조지훈이라는 인간을 성스럽게 바라보게 된 또 하나의 계기가 있다. 내가 1965년에 고려대학교 이공대학 생물학과에 입학했을 때, 조지훈 선생은 고려대학교 문과대학 국문학과 교수로서 강의를 하고 계셨다. 그때 내가 조금 부지런을 떨었더라면 지훈 선생님의 강의를 청강할 수 있었을 것이다. 단 한 번이라도 옷자락을 스쳤을 것이다. 그러나 그 당시 이공대학 애기능 캠퍼스와 본관 캠퍼스 서관 문과대학 강의실의 거리는 천리길이었다. 쉽게 갈 수 있는 곳이 아니었다. 결국 나는 조지훈 선생님의 강의를 듣지 못했다. 1968년 봄, 내가 고려대학 철학과 학생으로 돌아왔을 땐 선생님은 돌아가시고 안 계셨다.

## 고려대학교 철학과 분위기

나는 1968년부터 72년까지 4년 동안 꼬박 철학과를 다녔는데, 내가 반추해보아도 세상에 더 좋은 철학강의도 많이 있었겠지만 당시 고려대학 철학과의 강의는 동·서철학의 모든 분야를 망라하고 있어서 계발성이 매우 높았다. 나의 철학과 학부 4년시기는 내 인생의 르네쌍스라 말해도 좋을 것 같다.

고려대학에는 당시 학생들이 자체적으로 운영하는 "TIME반"이라는 것이 있었다. 반장이 있고 학생들이 『타임』잡지 강독을 해나가는 모임이었는데 인기가 높았다. 100명 이상은 꼭 모였다.

나는 내가 독자적으로 운영하는 다른 성격의 영어공부모임을 가지고 있었다. 『타임』지와 쌍벽을 이루는 『뉴스위크』라는 주간잡지를 읽는 모임이었다. 그때 나의 장형이 고려대학교 공학부 부장교수였는데, 부장교수실에 딸린 세미나실이 하나 있었다. 나는 형에게 일주일에 한 번 그 방을 쓰게 해달라고 부탁했다. 형은 동생이 공부

모임을 하겠다는데 못 빌려줄 게 뭔가 하고 쾌히 승낙하였다. 함석헌의 수제자였던 나의 장형은 함석헌으로부터 집회의 습관을 물려받았고, 나는 장형으로부터 세미나의 관습을 물려받았다.

### 고려대학교 타임반과 뉴스위크반

나는 학생들이 모여서 한줄한줄 강독하는 것을 매우 "스튜피드"(stupid)하다고 생각했다. 그런 방식으로 강독하는 것은 어학실력 증진에 도움을 주지 않는다. 나는 모일 때마다 그 다음 주 발표할 사람을 정했다.『뉴스위크』는 미국문제, 국제정치문제, 예술, 학술, 문화, 커버스토리 등 각 방면의 섹션이 나뉘어져 있기 때문에 섹션별로 발표자를 정하고 모였을 때 돌아가면서 자기가 읽고 이해한 내용을 영어로 돌아가며 발표하는 모임을 운영했던 것이다.

그때 마침 한국학생들끼리 영어로 말한다는 것은 어색하고, 또『타임』지나『뉴스위크』지와 같은 뉴스 매거진은 어휘의 범위가 넓고, 현시점의 슬랭이 많이 동원되기도 하고, 또 도저히 외국인의 입장에서 사전 찾아서 해결될 수 없는 이디엄이 무더기로 나오기 때문에 매우 유식한 미국인을 어드바이저로 모시지 않으면 이런 모임은 성립할 수 없었다. 그때 마침 나는 1965년부터 평화봉사단 단원들과 깊은 관계를 맺었고 또 평화봉사단에서 한국철학강의도 하였기 때문에 진지한 피스코 발룬티어(PCV: peace corps volunteer, 대부분 대학졸업자, 대학원생도 많았다)를 모시는 것이 어렵지 않았다.

### 평화봉사단 선생님들

그리고 매주『뉴스위크』의 내용을 가지고 한국의 대학생들과 토론하고 또 난해한 시사영어를 해설하는 재미 또한 그들에게는 만나기 어려운 기회였다. 나의 뉴스위크 클라스에는 항시 20여 명의 학생들이 유지되었고 참석자들은 연줄연줄 각 대학의 매우 우수한 학생들이 모여들었다. 나는 이 모임을 매주 꼬박, 방학 없이, 3년을 유지시켰다. 이 모임을 거쳐간 평화봉사단원들, 그리고 미국지성인들 중에는 매우 훌륭한 사람들이 많았다.

### 평화봉사단의 성격

그 중 매우 특이한 인물이 하나 있었다. 보통 한국학을 전공으로 하게 된 1세대 미국인의 대부분은 하바드대학의 에드와드 와그너Edward W. Wager(1924~2001)나 그의 제자 제임스 팔레James B. Palais(1934~2006, 워싱턴대학 교수)와 같은 초창기 인물을 빼놓으면 거의 모두가 평화봉사단원 출신이다. 케네디가 월남파병의 무모함을 완화시키기 위하여 문화사절을 제3세계에 보냈는데, 징병을 피하기 위하여 평화봉사단으로 한국에 온 미국의 젊은이들은 예기치못한 국면에 접하게 된 것이다. 중국은 적성국가니까 평화봉사단이 갈 수 없었고, 일본은 제3세계 개념에 들어가지 않으니 평화봉사단의 활동대상이 아니었다. 한국에 온 평화봉사단원들은 자기들이 알고 있는 문화보다 훨씬 더 고귀한 동아시아문명의 정수를 만나게 된 것이다. 이들이 미국 한국학의 전위를 형성하게 된 것이다. 역사의 작동방식은 오묘하다. 평화의 문화를 전파하겠다고 파견된 미국의 젊은이들이 자기들이 전파하고자 하는 대상으로부터 진정한 평화의 문화를 배우게 된다.

## 고려대학교 사학과에 재학중인 아리조나 카우보이

그런데 고려대학교 문과대학에 오묘한 캐릭터가 한 명 있었다. 아리조나 출신의 미군병사(American GI) 한 명이 한국에 와서 비무장지대 부근에서 2년 동안 근무하고 제대한 후, 고려대학 사학과로 편입학을 한 것이다. 물론 그에게는 아리조나대학 재학증명서가 있었다. 그리고 지아이로 있으면서 한국말공부를 지독하게 했다. 평화봉사단 출신이 아닌 지아이 출신의 미국의 젊은이를 캠퍼스에서 발견한 나는 그와 곧 절친한 사이가 되었고 그와 많은 사상사적 토론, 컬쳐쇼크에서 오는 많은 사건에 대한 지적 토론으로 밤을 지새웠다. 그리고 그는 나의 뉴스위크 클라스의 어드바이저로 초대되었다. 껌이나 씹고 쵸코렛이나 뿌리는 지아이 이미지 속에서 진지한 조선역사와 문화에 대한 구도자적 자세를 발견한다는 것은 그 자체로 이미 신선한 충격이다.

## UCLA 한국학교수 존 B. 던컨, 그리고 도이힐러 교수

나의 뉴스위크 클라스에는 당시 고대 영문과의 여학생이 3명이 나왔는데 이 지아이 출신 고려대학 사학과 학생, 존 B. 던컨John B. Duncan은 그 중 한 명과 결혼하였다. 그러니까 내가 중매인 노릇을 한 셈이다. 던컨은 워싱턴대학에서 박사학위를 획득하고 UCLA 한국학교수가 되었다. 그리고 그는 『조선왕조의 기원The Origins of the Chosŏn Dynasty』이라는 대저를 내었다. 최근 2017년 연세대학교 국학연구원에서 국학에 공로가 큰 학자에게 수여하는 용재학술상을 수상했다.

『조선왕조의 기원』이라는 책은 조선왕조의 성립과정의 모든 측면을 상세히 고구考究한 책인데, 여말선초의 한국사회의 변화과정에 관하여 선각적인 대저를 남긴 런던대학 소속 오리엔탈·아프리카학대학The School of Oriental and African Studies(SOAS)의 교수, 마르티나 도이힐러Martina Deuchler(1935~)가 서평에 이렇게 쓴 것을 보면 던컨의 대저는 찬사를 받고도 남는다: "던컨 교수의 대저는 이 시점에 오기까지의 모든 자료를 조합하여 시대의 변화상을 진실하게 그려놓았다." 나는 도이힐러 박사의 강의를 하바드에서 몇 번 들었는데 고려사회를 들여다보기 위해서는 조선왕조 태조~세종실록을 읽어라, 왕조의 변화가 금새 사회의 변화를 가져오지 않는다, 민중의 삶의 양식의 변화는 오랜 세월을 거친다, 등등의 매우 계발적인 언급을 통해 나를 일깨워주었다. 『한국의 유교화 과정The Confucian Transformation of Korea』이라는 도이힐러의 책은 한국에서도 시판되고 있다.

### 던컨이 소개한 『한국문화사서설』

그런데 지금 내가 던컨군과의 우정을 이야기하는 까닭은, 내가 던컨군을 고려대학 캠퍼스에서 처음 만났을 때 그의 손에 들려있던 책이 바로 조지훈이 지은 『한국문화사서설』이라는 책이었다는 사실에 있다. 당시 그 책은 탐구당신서로 나와있었는데 그의 손에 들린 신서는 하도 줄이 많이 쳐져 있어 너덜너덜했다.

"미스터 킴, 이 책 읽어봤나? 난 한국역사를 이 책을 통해 배웠네. 어떤 역사학자의 개론보다도 더 광범위하게 한국역사의 복합적

인 실상을 아르켜 주거든. 한국이라는 문명체 전체를 일관하는
데는 이만한 책이 없네. 조지훈은 단순히 시인이 아냐. 조지훈 선
생은 위대한 사상가일세!"

나는 좀 당황했다. 같은 캠퍼스 위에서 숨쉬고 있는 낯선 외국
인 학우로부터 내가 읽어보지도 못했고, 생각해보지도 못했던 조지
훈론을 듣는다는 것은 지극히 자존심이 상하는 사건이었다.

## 고려대학교 교수가 중심이 된 『한국사상』 운동

1950년대 말, 그때만 해도 천도교는 교단활동이 활발했고 동
학을 학문적으로 펼치기 위하여 다양한 활동을 했다. 고려대학교 철
학과는 민족주의적 사상연구활동의 주요거점이었고, 천도교 교단
은 고려대학 중심으로 한국사상연구회라는 것을 만들고, 『한국사상
韓國思想』이라는 잡지를 간행하였다. 그 창간호인 1·2호 합본이 단
기 4292년(1959) 8월에 나왔다. 내가 귀희의 승무를 보고 다음해 보
성중학교에 입학한 바로 그 시절이었다. 다행히 얻기 어려운 초판본
이 내 서재에 꽂혀 있는데 그 창간호의 창간사를 박종홍朴鍾鴻과 조
지훈, 두 사람이 썼다.

## 조지훈이 동학을 논함

조지훈은 힘차게 외치고 있다:

실학운동이 서학운동으로 변화되면서 민족 내부 자체에서
일어난 커다란 사상이 있었다. 외래의 종교와 외래의 사상을

종합하여 하나의 자체적인 종교사회사상을 이루었으니 실實로 그 사상이 민족적 의의와 사회적 의의에 있어서는 한국사상 사상韓國思想史上 세종 때의 사상적 흐름에 비견할 바가 있었다 할 것이다. 이는 최제우가 창도한 것이다.

그는 한국종교사의 거인 원효와 마찬가지로 신라의 서울 경주에서 출생하였다 …… 그는 유교는 명절名節에 구니拘泥하여 현묘玄妙의 역域을 모르고, 불교는 적멸하여 인륜人倫을 끊고, 도교는 자연에 유적悠適하여 치평治平의 술을 모르니, 이 삼교의 단소短所를 버리고 장점을 취하지 않으면 안 된다고 생각하였다 ……

이들은 지상천국의 건설에 3대개벽을 전제한다. 첫째, 미신, 우상, 편견, 이기利己 등, 개성個性의 해악害惡과 정신적 질병의 퇴치인 정신개벽, 둘째, 민족은 전 인류사회의 집단적 단위이므로 지상천국의 건설은 과정상 민족생활에서부터 개선된다. 그러므로 민족해방의 개벽. 셋째, 개성과 민족의 해방은 인류평화 상호부조의 사회개벽에 이른다. 사회개벽은 곧 최제우가 말하는 지상천국의 완성이다.

그 교리의 출발이 한국에서 받은 천명天命이므로 한국민족 의식이 강렬하였기 때문에 우리역사상 잊지 못할 3·1혁명 (3·1운동이라는 말을 쓰지 않았다)을 주도한 세력이 천도교였고, 그 중심인물이 교주 손병희였음은 다만 우연한 일이 아니다. 최제우는 한국사상사에 있어서 최대의 인물이라 할 것이니, 그 사상은 이 민족정신문화 수천 년에 걸쳐 형성된 주체를 발양한 것이기 때문이다. 이 민족을 위한 바른 이상理想의 싹을 지니고 있으며, 우리 현실에 직접 연결된 살아있는 사상이기 때문이다. 그러므로 동학의 연구는 현대 한국사상연구에 중요한 과제가 된다. 천도교는 비종교非宗敎라고도 하고 사상단체思想團體라고도 말하는 이가 있다. 그러나 이러한 규정에 대한 그들의 대답은 이러하다. 종교는 인간생활의 전체다. 감정생활의 비현실적 자태의 일부면一部面이 아니다. 모든 문화를 혁신하는 운동이야말로 그 시대의 종교운동이다.

조지훈은 당대의 사상가 누구보다도 명료하게 동학의 역사적 의미를 파악하고 있었다. 동학이 출현하는 사회적·사상적 분위기를 세종조시기의 혁명적 사상흐름에 비교하였으며, 또 3·1운동을 "3·1혁명"으로 규정하고 그 혁명의 주체가 기독교가 아니라 동학을 계승한 천도교임을 밝히고 있다.

### 3·1혁명의 주체는 동학을 계승한 천도교이다

3·1운동은 단순한 만세사건이 아니다. 민족정신문화 수천 년에 걸쳐 형성된 주체가 거족적으로 발양된 결정적 사건이며, 그 사건의 주체는 바로 이 민족의 바른 이상을 구현하고자 하는 사상운동이 될 수밖에 없다. 최제우는 한국사상사의 최대의 인물이며, 동학의 연구는 현대한국사상연구의 가장 중요한 과제가 된다.

동학이 과연 종교운동이냐, 비종교운동이냐, 그냥 사상단체가 아니냐 하고 질문을 던지는 이도 있지만, 진정한 종교는 도그마의 선포로 이루어지는 것이 아니라 인간 삶의 모든 문화文化를 혁신함으로써 이루어지는 것이다. 예수, 불타, 마호메트와 같은 신종교의 창도자는 당대의 문화文化를 혁명革命한 사람들이었다. 최수운도 종교를 창조하기 위하여 활동한 것이 아니라, 조선의 제반생활을 혁신하고 구원하기 위하여 활동하였다.

**동학은 종교가 아니다. 종교라는 개념으로 규정할 수 없는 새로운 종교**

그러니까 동학은 하나의 종교가 아니라, 기존의 어떠한 종교라는 개념으로써 규정할 수 없는 새로운 종교라고 조지훈은 역설하고 있는 것이다.

1950년대의 조지훈으로부터 이러한 논지의 사상연설을 듣는다는 것은 놀라운 일이다. 그가 얼마나 앞서간 사상가인가, 동학에 대해서도 당대의 누구보다도 본질적인 사유를 감행하고, 그 핵심을 간파하고 있었는가, 참으로 외경의 심사를 감출 수 없다.

## 제3장

# 조지훈과 만해, 나의 고려대학교 교수시절

## 고려대학교 문과대학 교수휴게실

내가 고려대학에 부교수로 부임한 1982년, 만약 조지훈 선생이 건강한 모습으로 살아계셨다면 나는 영광스럽게도 지훈 선생과 함께 같은 서관 돌건물 안에서 교수생활을 하였을 것이다. 내가 대학교 때 학부학생으로 배웠던 문과대학의 선생님들이 상당수 아직 재직중이셨다. 시계탑이 우뚝 서있는 서관 석조건물은 문과대학의 영역이었다. 나도 물론 그 건물 안에 교수연구실을 마련했다. 그런데 서관 1층 동남향 쪽으로 한 중간에 교수휴게실이라는 널찍한 방이 있었다. 교수들이 강의에 들어가기 전이나 강의를 마치고 들르는 곳인데 문과대학의 묵직한 분위기와 더불어 그곳에는 항상 아늑하고 여유로운 기운이 감돌았다. 나이 잡수신 단골 고객들이 계시기 때문이기도 한 것이다. 교수휴게실 다방(※ 차가 제공되거나 하지는 않는다)의 마담은 단연코 국문과의 정한숙鄭漢淑 교수였다. 정한숙 교수는 종종 이름만 듣는 사람들은 여류 소설가인 것처럼 착각하는데, 문자 그대로 주량이 말술인 걸쭉한 거물급 남성이다.

## 정한숙과 조성식, 그리고 영시의 대가 김종길

그 다음으로 꼽히는 마담은 영문과의 조성식趙成植 교수였다. 두 분은 동갑인데 정한숙 선생은 평북 영변 출신이고 조성식 교수는 황해도 해주사람이다. 조성식 교수는 영어학자인데(영문학이 아니다) 매우 깐깐한 실력자로서 학생들에게는 외경의 대상이었다. 영어학은 반드시 졸업을 위하여 거쳐야 하는 필수과목인데 조 교수는 학점이 짜기로 유명했다. 어찌나 짠지 조 교수 영어학 과목 학점을 못 얻어 고려대학교 영어영문학과 졸업장을 못 얻는 학생들도 꽤 있었다. 그런데도 조성식 교수는 학생들의 존경을 얻었다. 가르치는 과목의 두꺼운 영어학 텍스트를 매년 바꿔 가르치며 모든 텍스트에 통달할 정도로 완벽하게 교과내용을 장악했다. 나는 학부시절에 조성식 교수의 강의를 듣고 싶었지만 철학과 학점이 너무 **빡빡**해서(한 학기 23학점 수강) 들을 수 없었다. 그는 셰익스피어를 강의해도 셰익스피어의 희곡텍스트를 문법의 범주에 따라 용례를 광범위하게 분석하는 매우 치밀한 강의를 했다. 그는 위대한 학자였다.

엘리어트의 시를 강의하던 김종길金宗吉 교수도 의성김씨 지례 마을(안동군 임동면) 출신으로 한시를 줄줄 외우고 창작하는 고전의 대가였다. 항상 고려대학교 교실에서 강의하면서 파이프담배를 피워가며 강의를 했으니 요즈음 분위기로는 상상하기 어려운 일이다. 김종길 교수가 영시를 읊어대면 꼭 한시를 듣는 것처럼 구수했다고 한다.

정한숙 선생님은 나를 특별히 사랑해주시었다. 나는 대학교시절에 그 분의 국문학사강의를 학점신청하여 들었다. 말씀하시는 모든 것을 열심히 받아적고 한눈팔지 않는 나의 수업자세가 몹시 마음에 드셨던 모양이다. 정한숙 선생은 백철의 국문학사를 가혹하게 비판하셨다. 그리고 문학은 언어의 장난이 아니라, 가슴이며, 뚜렷한 가치창조에 대한 삶의 헌신이라고 역설하셨다. 픽션의 도덕성, 그리고 작품에 대한 작가의 책임을 매우 열렬하게 토로하셨다. 중간고사를 보고나서 철학과 김군의 답안지가 제일 명문이라고 학생들에게 자랑을 하셨다. 타과학생이 A+학점을 얻는 것은 드문 일이다.

### 쟤는 대학교 때부터 두루마기 입고 다녔어

교수로 부임했을 때도 나는 휴게실에서 선생님들께 인사를 드렸다. 어떤 노교수님은 "뭔 젊은 사람이 치렁치렁 한복 두루마기를 입고 다니나?" 하고 못마땅한 듯이 얘기하시는 분도 있었다. 그런 말씀을 대놓고 한다는 것 자체가 고려대학교 교수사회의 미덕이다. 그러면 교수휴게실 정한숙 마담께서 나를 옹호해주시곤 했다:

> "용옥이 쟤는 대학교 때부터 한복 두루마기 입고 고무신발 신고
> 다녔어요. 하루아침에 폼잡는 게 아니에요 ……"

### 나의 동양사상입문과 전통전승의 대가들

내가 고려대학교에 재직하고 있던 시절에 학생들에게 가장 큰 지적 자극과 영감을 준 강의는 "동양사상입문"이었다. 나는 전통사상이라는 것은 강의되어야 할 것이 아니라, 학생들이 직접 체험해야 하는 것이라고 생각했다. 당시만 해도 위대한 전승의 담지자들이 오리지날한 모습 그대로 활동하고 있었고, 현실사회의 주류로부터 비

켜져 있었지만 신비스러운 베일에 싸인 채 광채를 발휘하고 있었다. 그때만 해도 교단의 권위만으로도 그 분들을 모시는 데는 큰 어려움이 없었다. 정규 커리큘럼의 시간에 자기 강의교단을 내어드리겠다는 정예로운 젊은 학자의 제안은 그들에게도 가치있는 교감의 자리라고 판단되었을 것이다. 눈에 뜨이는 대로, 생각이 짚이는 대로 나는 사계의 대가들을 찾아갔다.

병신춤 공옥진, 황해도 만신 김금화, 판소리의 정통 정권진, 체질의학의 창시자 권도원, 풍수지리의 고전 『인자수지人子須知』(명나라 초기 서선계徐善繼, 서선술徐善述, 1353~1419 형제의 저작)의 역자이며 당대의 탁월한 지관인 취산翠山 김동규金東奎, 가야금 병창의 대가 박귀희, 가야금 산조의 명인 김죽파, 오리지날 사물놀이패(안타깝게도 김용배의 죽음으로 불발), 물리학자 김두철 등등 수없이 많은 보옥과도 같은 명인들이 초대되었는데 교실에는 학생들이 쇄도하여 복도에서 창문을 열고 듣는 등, 그 호기심과 교감의 열기는 형언키 어려운 것이었다.

나는 김동규 덕분에 "지리地理"의 본질이 "산수山水"라는 것을 알았다. 땅은 결국 산(山)과 하천(水)으로 구성된 것이다. 나는 취산 덕분에 『대동여지도』를 보는 눈을 갖게 되었다. 그리고 "역수逆數"의 의미를 깨달았다. 높은 산이 많은 곳에서는 낮은 산에 명당이 있고, 낮은 산이 많은 곳에서는 높은 산에서 명당을 찾으라는 것이다. 명당은 생生의 자리이며 여체의 음핵과도 같다.

만신 중의 만신 김금화의 명강

어떤 여학생이 김금화에게 물었다.

"작두 타면 베지 않아요? 그게 도대체 무슨 기술입니까?"

"때론 발바닥이 질척거리는 것을 느껴요. 어떤 때는 안 베고 훨훨 나르지만 어떤 때는 베어 피가 나요. 피가 난다고 멈출 수가 있 나요?"

"사람 미래가 보입니까?"

"젊은 날에는 매우 영적이었죠. 어느날 한강다리를 걷는데 어느 여 자가 스쳐 지나가는데 죽겠구나 했어요. 겉으로는 지극히 정상이 었죠. 그런데 조금 있다가 물에 빠져 죽었어요."

"왜 붙잡지 않았습니까?"

"개인의 운명에 관해 함부로 개입할 수 없습니다. 그것이 무녀의 한계일 수도 있구요."

"나이가 들면 그런 영끼가 사라집니까?"

"아무래도 그런 성향이 있습니다. 그래서 무녀에게는 무가巫歌가 중요한 것이죠. 제식을 통해 사람들에게 위안을 주지요. 인간은 고 독합니다. 자기 운명을 자기 스스로 개척해나갈 수밖에 없습니다. 그래서 여러분들은 대학에서 공부하는 것 아니겠어요?"

김금화의 강의는 학생들에게 매우 깊은 감명을 주었다. 나는 김금화가 "버선 벗은 발밑이 질척하게 느낄 때도 있다"고 말했을 때 너무도 끔찍하고 오금이 저릴 정도로 잔혹하게 느꼈다. 그래서 그 자리에서 한시를 한 수 지었다.

〈만신萬神〉


亂飛刀劍嫩巍影
난 비 도 검 눈 외 영


爾奈巫兮憤悱冷
이 내 무 혜 분 비 랭


慰泣韓魂生死機
위 읍 한 혼 생 사 기


誰知其道永憧憬
수 지 기 도 영 동 경


칼과 작두가 마구 휘날리는데

날렵하고 훤출한 그대의

그림자가 드리운다

그대는 어쩌자고 무당이 되었나

말하고 싶어도 말할 수 없는

그 냉가슴이 있었겠지

그대는 삶과 죽음의 기로에서

흐느끼는 한민족의 혼들을 위로하네

그 누가 그대의 세계를 알리

영원한 동경의 세계

강의가 끝나고 나는 이 시를 적은 종이쪽지를 김금화에게 선물했다. 고려대학에 와서 학생들과 훌륭한 대화를 나눈 것에 대한 보답이라고 했다.

김금화의 정성: 이승작별의 만년필

그 시에 담긴 정성을 금화는 충분히 감지했던 것 같다. 이 강의가 끝나고 얼마 안 있어 김금화는 나에게 내가 좋아하는 구닥다리 파커만년필21을 선물했다. 그 뒤로 나는 학교를 나왔고 저술에만 전념했는데 금화가 선물한 만년필로 나는 수십만 장의 원고를 긁었다. 더 이상 만년필을 쓸 수 없을 정도로 펜촉이 닳아버렸다. 금화의 신끼가 내 붓길에 담겨있었을지도 모른다.

그런데 나는 고려대학교 강의실에서 써서 금화에게 준 그 시를 잃어버렸다. 카피를 남겼는데 나에게서 사라진 것이다. 혹시 그 시를 가지고 있냐고 금화에게 물으니 금화는 비단핸드백 속에 오래 간직하고 있었던 시를 내주었다. 나는 이 시를 서도작품으로 만들어 남기었다.

얼마 전 갑자기 김금화가 나를 방문하였다. 얼굴이 좀 초췌했다. 마당에 선 채로 나에게 만년필을 건넨다.

"제가 드린 파커만년필이 다 닳아 못쓰신다는 소리를 누구한테선가 들었어요. 그래서 파커21를 사려고 수소문해도 더 이상 팔지를 않는대요. 지금은 다 몽블랑을 쓴대요. 그래서 몽블랑을 사왔어요. 쓰세요."

너무도 감사한 일언―言이었지만, 무엇을 어찌해야 할지를 알 수가 없었다. 내가 머뭇머뭇하는 사이에 금화는 가봐야겠다고 하며 사라졌다. 며칠 후에 김금화의 부고가 날아 들어왔다.

### 함석헌 선생의 고대 서관 왕림

동양사상입문특강과 관련하여 참으로 잊지 못할 후회스러운 사건 하나만 이야기하고 싶다. 내가 고대교수를 하던 시절은 전두환 독재정권의 극성시기였다. 그런데 특강강사로서 특이한 지사 한 분을 모시었다. 어떠한 압력에도 굴하지 아니하고 자유롭게 말씀하시는 해탈과 해방의 신앙인 함석헌 선생이었다. 천안 씨올농장을 지원하던 광제병원의 막내아들 용옥군이 고대교수가 되어 당신을 모시겠다는 청을 거절하지 않으셨다. 강의 당일 나는 선생님댁으로 가서 선생님께서 한복을 입으시는 것까지 다 살펴드리고 택시를 잡아 고려대학교로 왔다.

나는 참 순진한 아이였다. 그날 학교에 포스타만 붙이지 않고 조용히 진행시켰으면 함석헌 선생님의 역사적인 고려대학교강연이 이루어질 수 있었을지도 모른다. 나는 함 선생님의 유려한 강연, 유비, 고사, 즉흥적 고전인용의 달변이신 함 선생님의 강연을 한 명이라도 더 듣게 하기 위하여 아침에 조교를 시켜 문과대학 내의 게시판에 그 소식을 몇 장 붙였다. 그것이 화근이 된 것은 너무도 당연했다. 학생들이 교수휴게실 건너편에 있는 3-132 큰 교실로 새카맣게 모여들었고 서관의 1층 복도부터 심상치 않은 분위기였다. 한복 입은 두 명의 노인과 청년이 서관 교수휴게실에 나타났을 때 교수들은 침묵 속에 함 선생님과 나를 외면했다. 내가 참 무모하고 주책이 없는 것은 사실이었으나, 나는 내가 하고 있는 일이 떳떳치 못한 일이라는 생각은 추호도 없었다. 그래도 교수휴게실의 마담인 정한숙 선생이 와서 인사를 했다. 정 선생님은 평북 영변이 고향이고, 함석헌 선생님은 평북 용천사람이니까 둘 다 평북사람이다.

### 김준엽 총장의 간청

총장비서가 득달같이 달려왔다. 나는 김준엽 총장님께 불려갔다. 김준엽 총장은 나 보고 제발 함석헌 선생님 강연은 취소시켜달라고 간청을 했다. 내가 학교에서 하는 일을 자유롭게 감행할 수 있도록 모든 뒷바라지를 해주시는 총장선생님의 간곡한 부탁을 거절할 수가 없었다. 정보부에서 난리가 났다는 것이다. 계속해서 압력이 들어오는데, 취소해도 부작용이 클 것 아니냐고 항변을 해도, 소용없다는 것이다.

"알겠습니다."

나는 그 길로 문과대학 교수휴게실로 올라가 함 선생님께 사죄의 말씀을 드렸다. 학생들의 낙담과 실망은 말할 수도 없었다.

나는 함 선생님을 모시고 4·18탑 앞을 걸어 석탑대문으로 나아갔다. 택시를 잡아 드리고 사죄의 말씀만 드렸다. 함 선생님은 세태를 걱정하시며 대학의 강단에까지 미치는 권력의 작태에 관하여 몇마디 말씀을 남기시고 떠나셨다. 택시 안에서 나를 바라보시는 선생님의 눈빛을 잊을 수가 없다. 나는 그 순간에도, 서관 교수휴게실에서 바로 몇 발자국만 떼면 학생들이 운집한 132교실로 바로 직행할 수 있었을 텐데, 그리고 함 선생님의 유려한 언변이 터졌을 텐데, 선생님께서는 나의 입장을 고려해가면서 무리한 말씀은 하지 않으셨을 텐데, 당신의 나이 이미 84세의 고령인데 마지막 정의로운 언변을 토하셨을 텐데 …… 후회의 한숨만 푹푹 쉬고 있었다. 그렇게 그렇게 나의 교수시절은 흘러갔다.

## 조지훈이 없이 만해 한용운이 있을 수 없다!

내가 만해 한용운을 이야기하는 자리에서 나의 교수시절 얘기를 하게 된 것은 만해라는 인간은 조지훈의 인식체계를 통하여 접근하는 것이 가장 정확하고 포괄적이고 진실하기 때문이다. 조지훈의 만해선양 노력이 없었더라면 만해 한용운은 오늘과 같이 우리에게 알려질 수 없었을 것이다. 조지훈은 나의 고대교수시절의 이상향이었다. 많은 사람들이 당시 내가 고려대학에서 조지훈의 정신적 맥을 잇고 있다고 얘기하곤 했다. 정한숙 선생님이 언젠가 나에게 기발한 조지훈론을 들려준 적이 있다.

## 6·25 난리통 속 조지훈의 막걸리

"6·25전쟁이 터지고 모두 남하를 했을 때 우리 고려대학도 피난을 갔지. 대구 교외의 어느 집 마루에서 술 좋아하는 교수 몇 명이서 막걸리를 마시고 있었어. 마침 바둑판이 있어서 바둑을 두면서 말이야. 이 얘기 저 얘기 나누고 있는데 갑자기 따발총을 멘 인민군

병사 두 명이 쓰윽 마당으로 들어오는 거야. 우리는 그곳이 인민군 점령지역이라는 것을 알지 못했어. 우리는 모두 가슴이 섬뜩했지. 뭐가 어떻게 돌발할지 모르는 상황이야.

그때 갑자기 조지훈이 일어나더니 사발에 막걸리를 부으면서, '동무, 한 잔 하라우. 우린 대학교 선생님들이야, 좀 쉬고 있었지.'

생각할 틈도 없이 들이미는 막걸리잔을 받아든 인민군병사가 목이 몹시 말랐는지, 먼저 인사를 드리고 꿀꺽꿀꺽 마시는 게야. 두 명이 다 마셨지. 자세히 보니 10대 소년들인데 뼈대가 있는 자손들 같았어. '대학교 선생'이라는 말에 그냥 고개가 숙여진 것이겠지. 일상도덕에 남·북이 어디 있겠나? 조지훈은 순간의 재치와 담력이 이와 같았어. 큰 인물이었지!"

### 정지용의 편지

해방직후 때 같은데 조지훈이 정지용에게 보낸 편지에 답하는 지용의 편지가 민음사판『정지용전집』에 실려있다. 지훈이 주변 사람들에게 얼마나 외경스럽고 사랑스러운 인물로 비쳤는가, 그 인품을 지용의 격조를 통해 알 수 있다.

### < 조지훈趙芝薰에게 보내는 편지 >

모습도 글과 같이 옥이실가 하와 내처 그립든 차에 이제 글월 받자와 뵈오니 바로 앞에 앉으신듯, 길게 넛지 않으신 사연에 정이 도로혀 면면히 그치지 아니하시오며 나를 보고

스승이란 말씀이 만부당하오나 구지 스승이라 부르실 바에
야 스승 못지 않은 형노릇 마자 구타여 사양할 것이 아니오
매 이제로 내가 형이로라 거들거리며 그대를 공경하오리다.
지리한 장마에 아즉 근친 가시지 않으신듯 향댁안후 종종
들으시며 공부 날로 힘쓰시는지, 시詩가 공부중에도 낡은
공부에 부칠 것이오나 시詩도 청춘靑春에 병되기 쉬훈 것이
아닐수도 없을가 하오니 귀하신 몸도 마자 쇠를 고느실만치
튼튼하시기 바라오며 비개고 날들거든 엽서葉書 한장 띄워
날자 알리시고 놀러 나오시기 바라며 두어자로 총총 이만

지훈현제芝薰賢弟 전前

7월 25일

지용

## 조지훈 연보의 오류

조지훈의 연보를 만드는 사람들은 1938년조에 별 생각 없이

"한용운韓龍雲·홍로작洪露雀 선생 찾아봄."

이라고 써놓고 있다.『조지훈전집』「연보」에 한번 이렇게 무책
임한 정보가 실리면, 아무 생각 없이 이 말은 계속 반복되게 마련이다.
우선 "찾아봄"이라는 말이 심한 오해를 불러일으킨다. "찾아
봄"이라는 말은 "찾아보았다"의 준말이다. "찾아보았다"라는 말은

상식적으로 어린 아랫사람이 큰 어른을 찾아뵈온 사건에 대해서는 도저히 쓸 수 있는 말이 아니다. "한용운·홍로작을 찾아보았다"라는 말은 동년배의 사이에서, 같은 문인으로서 만났거나, 아랫사람을 찾아보았다는 뜻으로나 쓸 수 있는 말이다. 그리고 한용운에 대하여 호를 쓰지 않았으면 "홍로작"이라는 표현도 연표작가로서는 쓸 수 있는 호칭이 아니다. 홍로작의 이름은 홍사용洪思容, "노작"은 그의 호이다. 그렇다면 1938년조의 정보는

"만해 한용운·노작 홍사용 선생을 찾아뵘"

이라고 했어야 한다. 그러나 이렇게 써놓아도 매우 부정확한 연표가 되고 만다. 조지훈이 만해 한용운 선생을 찾아뵌 사건과 노작 홍사용 선생을 찾아뵌 사건은 전혀 별개의 성격의 것이며, 시점도 같은 해에 묶일 수 없다. 만해 한용운 선생을 찾아뵌 것은 1937년 4월의 사건이고, 노작 홍사용 선생을 찾아뵌 것은 1938년 봄의 사건이다. 그러니 이 두 사건은 한 연도에 묶일 수가 없다. 그리고 이 두 사건은 "찾아뵘"이라는 행위에 동질적인 성격으로서 묶일 수 있는 사건이 아니다. 전혀 성격을 달리하는 것이다. 만해에 관해서는 앞으로 설명이 될 것이므로, 우선 홍사용이라는 캐릭터에 관해 약간의 설명이 필요할 것 같다.

## 노작 홍사용은 지훈에게 지조의 대명사

조지훈전집에 "지조론"이라는 문집이 따로 있듯이 지훈은

"지조"를 매우 중시한다. 지조의 인간으로서 지울 수 없는 심상을 그의 가슴에 새겨놓은 두 사람이 바로 만해와 노작이다.

> 이 땅의 시인으로서 가난하고 한 많고 다정하고 예리함이 노작(露雀) 같은 이 몇 사람이 되랴만 가난해도 가난을 말하지 않으며, 괴로워도 괴로운 것 같지 않고, 술을 즐겨도 술 마시는 이 같지 않으며, 알아도 아는 것 없는 듯한 이가 바로 인간 노작(露雀)이다.

> 그의 씻은 듯한 청빈(淸貧), 서릿발 같은 지조(志操)는 언제나 옳은 선비의 거울이 되려니와 어둔 곳에서 모해(謀害)하고 권세에 아첨하며 의(義) 앞에 머뭇거리는 세속의 못된 선비에게 그는 또한 뼈아픈 채찍이 될 것이다. 세검정(洗劍停) 바윗가에서 뜨거운 향토애(鄕土愛)를 하소연하던 고결한 시인 노작(露雀)은 이제 심우장(尋牛莊) 속에서 민족정신을 봉갈(棒喝) 하던 고매한 선승(禪僧) 만해(萬海)와 함께 나의 가슴속에 길이 사라지지 않을 하나의 초상(肖像)이 되고 말았다(『조지훈전집』3, p.316).

## 노작 홍사용의 생애

노작露雀 홍사용洪思容은 남양홍씨 홍철유洪哲裕를 아버지로 하고 능성구씨綾城具氏를 어머니로 하여 경기도 기흥면器興面 농서리 農書里 용수골龍水에서 태어났다. 생후 100일만에 대한제국무관학교 1기생으로 합격한 생부生父를 따라 상경하여 8세까지 서울 재동齋洞에서 자라났다. 일제강점을 앞둔 1908년, 아버지는 관직을 사퇴하고 낙향하자 아버지를 따라 화성군華城郡 동탄리東灘里 돌모루石隅里로 이사하였다(돌모루는 용수골과 산등성이 하나 사이). 9세 때 백부의 양자로 들어가 17세까지 한문을 학습하였다. 출생한 것이 1900년 5월 17일이니까 나이로 보면 조지훈보다 스무 살이 연상이고, 조지훈으로 보면 아버지세대의 사람이다. 1919년 휘문의숙을 졸업하고 3·1만세혁명 때 학생운동에 가담하여 옥살이를 하였다. 그리고 『백조』라는 잡지를 창간하는 데 주도적 역할을 하였다(재종형 홍사중洪思中이 출자). 일제강점기 후반에 들어서면 거개 대부분의 시인들이 친일행각을 남기게 되는데, 홍사용은 일체 친일활동을 하지 않은 고결한 시인으로서 유명하다. 일제강점기 말기에는 자하문 밖 세검정 근처에서 한약방을 경영하면서 생계를 유지했는데, 지훈은 그 시절에 그의 작품을 연극으로 올리고 싶어 "자하문 밖 초옥"으로 나아가 찾아뵈었던 것이다.

나는 왕이로소이다

그의 작품「나는 왕王이로소이다」는 비교적 알려진 시이지만 지금은 막상 읽어본 사람이 별로 없는 것 같아 여기 소개하려 한다. 이 시는 아홉 개의 련으로 구성된 산문시인데 홍사용 본인의 자서전적 체험을 읊은 것으로 보인다. 시의 형식과 내용이 모두 현대시의 가능성을 체화한 자유시의 정상을 달리고 있다. 그리고 이 시는 『백조』3호에 실린 것인데, 1923년 9월의 작품이라는 것을 생각하면

3·1혁명 이후에 얼마나 많은 조선의 지성이 의분과 좌절과 고뇌와 해탈의 소용돌이 속에서 격정의 시경詩境을 헤매었는가 하는 것을 알 수 있다.

### < 나는 왕王이로소이다 >

나는 왕이로소이다. 나는 왕이로소이다. 어머님의 가장 어여쁜 아들, 나는 왕이로소이다. 가장 가난한 농군의 아들로서…….
그러나 시왕전十王殿에서도 쫓기어난 눈물의 왕이로소이다.

"맨 처음으로 내가 너에게 준 것이 무엇이냐?" 이렇게 어머니께서 물으시면은
"맨 처음으로 어머니께 받은 것은 사랑이었지요마는 그것은 눈물이더이다" 하겠나이다. 다른 것도 많지요마는…….
"맨 처음으로 네가 나에게 한 말이 무엇이냐?" 이렇게 어머니께서 물으시면은
"맨 처음으로 어머니께 드린 말씀은 '젖 주셔요' 하는 그 소리였지마는, 그것은 '으아!'하는 울음이었나이다" 하겠나이다. 다른 말씀도 많지요마는…….

이것은 노상 왕에게 들리어 주신 어머니의 말씀인데요
왕이 처음으로 이 세상에 올 때에는 어머니의 흘리신 피를 몸에다 휘감고 왔더랍니다.

그 날에 동네의 늙은이와 젊은이들은 모두 '무엇이냐?'고 쓸데 없는 물음질로 한창 바쁘게 오고 갈 때에도

어머니께서는 기꺼움보다도 아무 대답도 없이 속 아픈 눈물만 흘리셨답니다.
발거숭이 어린 왕 나도 어머니의 눈물을 따라서 발버둥질치며 '으아!' 소리쳐 울더랍니다.

그날 밤도 이렇게 달 있는 밤인데요,
으스름 달이 무리 서고 뒷동산에 부엉이 울음 울던 밤인데요,
어머니께서는 구슬픈 옛 이야기를 하시다가요, 일없이 한숨을 길게 쉬시며 웃으시는 듯한 얼굴을 얼른 숙이시더이다.
왕은 노상 버릇인 눈물이 나와서 그만 끝까지 섧게 울어 버렸소이다. 울음의 뜻은 도무지 모르면서도요.
어머니께서 조으실 때에는 왕만 혼자 울었소이다.
어머니의 지우시는 눈물이 젖 먹는 왕의 뺨에 떨어질 때이면, 왕도 따라서 시름없이 울었소이다.

열한 살 먹던 해 정월 열나흗날 밤, 맨재더미로 그림자를 보러 갔을 때인데요, 명命이나 긴가 짜른가 보랴고.
왕의 동무 장난꾼 아이들이 심술스러웁게 놀리더이다. 모가지 가 없는 그림자라고요.

왕은 소리쳐 울었소이다. 어머니께서 들으시도록, 죽을까 겁이
나서요.
나무꾼의 산타령을 따라가다가 건넛산 비탈로 지나가는 상두
꾼의 구슬픈 노래를 처음 들었소이다.
그 길로 옹달우물로 가자고 지름길로 들어서면은 찔레나무
가시 덤불에서 처량히 우는 한 마리 파랑새를 보았소이다.
그래 철없는 어린 왕 나는 동무라 하고 쫓아가다가, 돌부리에
걸리어 넘어져서 무릎을 비비며 울었소이다.


할머니 산소 앞에 꽃 심으러 가던 한식날 아침에
어머니께서는 왕에게 하얀 옷을 입히시더이다.
그리고 귀밑머리를 단단히 땋아 주시며
"오늘부터는 아무쪼록 울지 말아라."
아아, 그때부터 눈물의 왕은!
어머니 몰래 남 모르게 속 깊이 소리 없이 혼자 우는 그것이
버릇이 되었소이다.


누우런 떡갈나무 우거진 산길로 허물어진 봉화烽火 둑 앞으로
쫓긴 이의 노래를 부르며 어슬렁거릴 때에, 바위 밑에 돌부처는
모른 체하며 감중련坎中連하고 앉았더이다.
아아, 뒷동산 장군 바위에서 날마다 자고 가는 뜬구름은 얼마나
많이 왕의 눈물을 싣고 갔는지요.

나는 왕이로소이다. 어머니의 외아들, 나는 이렇게 왕이로소
이다.

그러나 그러나 눈물의 왕! 이 세상 어느 곳에든지 설움이 있는
땅은 모두 왕의 나라로소이다.

(『백조』 3호, 1923. 9.)

노작에 대한 오해

　무지한 평론가들이 1920년대 낭만주의문학의 감상적 성향이
니, 삶의 고통과 비애를 주제로 하고 있는 이 작품의 감성적 경향은
3·1운동의 좌절로 인한 민족적 패배감과 지식인으로서의 견딜 수
없는 무기력으로부터 비롯된 것이라느니, 병적이고 퇴폐적인 성향
의 정서가 저변에 깔려있다느니, 하는 무책임한 소리를 아무 생각
없이 늘어놓는다. 그러나 이 작품에는 그러한 퇴폐적이고 부정적인
성향이 없다. 아홉 련의 전개는 민족을 내세우기에 앞서 인간이라면
누구나 겪어야 하는 보편적 감성의 성장과정, 그 과정에서 피어나는
이성적 현실파악, 그 절망의 현실에서 시종일관 외치고 있는 것은
"내가 내 땅의 왕이라는 주체의식"이다.

　그 왕은 울음과 눈물의 세례를 받으며 태어나서 눈물의 상여
를 향해 성장해간다. 나는 눈물의 왕이다! 이 세상 어느 곳에든지
설움이 있는 땅은 모두 왕의 나라로소이다. 백아白啞 이상화李相和
(1901~1943)는 "빼앗긴 들"을 이야기했지만, 노작 홍사용은 조용하게
모든 사람이 이 땅의 왕이며, 앞으로도 왕이 될 수밖에 없다는 것을

존재의 내면으로부터 선포하고 있는 것이다. 왕이 눈물을 흘린다 해서 왕이 아닌 것은 아니다. 설움이 길어질수록 우리는 우리의 왕됨을 구현해가고 있는 것이다. 이 세상 어느곳에든지 설움이 있는 땅은 모두 왕의 나라로소이다.

### 연보의 오류, 지훈과 만해의 관계

다음에 "한용운 선생 찾아봄"이라는 연보의 기술은 극심한 오류에 속하는 것이다. 사람과 사람의 만남이란 구체적인 인연이 있는 것이요, 인격과 인격의 만남이란 그 두 인격체의 분위기를 충분히 감지한 후에야 만남의 성격을 구성해낼 수 있다. 사실 1937년의 조지훈은 독자적 인격체로서 한용운 선생을 찾아보고 지지고 할 수 있는 "군번"이 되질 않았다. 당시 조지훈은 만 17세의 소년이었고, 만 16세에 상경하여 영양사람이며 아버지의 친구인 시인 오일도吳一島의 시원사詩苑社에 머물렀다(※ 우리에게 낯익은 배우 오현경吳鉉京, 1936~2024, 서울고등학교, 연세대학교 국문과를 졸업하고 1961년 KBS-TV 개국 특채 탤런트로 데뷔하여 이순재, 이낙훈, 김동훈 등과 함께 활약한 연기파 배우 오현경은 오일도의 종손자이다).『조지훈전집』에 마침 오일도 선생 서세 직후 지훈이 쓴 추도사가 실려있어 그 일부분을 여기 옮겨 싣는다. 조헌영과 오희병吳熙秉(1901. 2. 24~1946. 2. 28. 희병이 본명이고 일도는 호이다) 두 사람이 각별한 친구사이였다는 것을 알 수 있다.

### < 오일도吳一島 선생 추도사 >

······ 세상이 모두 의義 아닌 권세에 팔려 병들 때에 삼간초

옥三間草室에 묻혀 서권書卷 속에 낙樂을 구한 이 선생이시며 핍박과 조소嘲笑 위에 초연히 앉아 시주詩酒로 벗 삼은 이 선생이시니 비단 마음 수놓은 창자에는 슬픔과 괴로움도 욕되지 않아 지는 꽃 부는 바람 속에 눈물로 티끌을 닦으며 선생은 호올로 가셨나이까. 어버이께서 출타出他하신 지 자여自餘에 치패置旆하지 못하시와 이 자리에 선생의 손길 어루만져 나노심을 뵈옵지 못하오니 두 분 평석平昔의 사립을 소자 아옵는지라 그 한스럼이 어떠리오만 소자의 슬픔이 더함은 다만 이와 같은 의리에 좋음만이 아니로소이다. ……

1946. 3. 2. 『조지훈전집』4. pp.452~3

서울에 온 지도 1년밖에 되지 않는, 아직 어리버리한 조지훈이 직접 성북동의 심우장에 살고 있는 한용운을 만나러 간다는 것은 쉽게 마음대로 이루어질 수 있는 일이 아니다.

### 한용운은 조지훈의 할아버지뻘

우선 나이를 보자. 조지훈은 1920년생이고, 그의 아버지 조헌영趙憲泳은 1901년생이다. 그런데 한용운은 1879년생이다. 할아버지 조인석과 동갑이다. 그러니까 지훈과 지훈의 아버지 나이 차보다, 아버지와 만해의 나이 차이가 더 벌어져 있다. 지훈의 입장에서 본다면 한용운은 한참 윗세대의, 할아버지뻘의 사람이었다. 같은 문인으로서 수작할 수 있는 상대가 아니었다.

연보에서 말하고 있는 "한용운 찾아봄"이라는 무책임한 기사는 실상 조지훈이 주체가 되어 한용운을 찾아간 사건이 아니었다. 그리고 한용운과 조지훈의 만남이란 조지훈의 생애에 있어서 이때의 사건, 단 한 건뿐이었다. 이 사건의 내막은 무엇일까?

## 만주벌 호랑이의 서대문형무소 옥사

결론부터 말하자면 이 사건의 내막에는 김동삼金東三의 옥사라는 슬픈 사연이 있었다. 김동삼은 독립운동사를 다루는 사람들에게는 "만주벌 호랑이"라는 별명으로 잘 알려져 있다. 의성김씨 양반 가문의 자손으로서 의협심이 강하고 모든 사람의 의견을 잘 포섭하고 정의로운 결론을 도출하는 큰 인격의 인물로서 알려져 있다.

## 안동의 협동학교, 신흥무관학교, 서로군정서의 참모장

1907년 유인식, 김후병 등과 함께 안동에 협동학교(보수적 유림 세력이 강한 지역에서 진보적 이념을 표방하고 실천한 3년제 중등학교)를 세워 계몽운동에 뛰어든다. 일제강점의 조약체결에 앞서 이미 김동삼은 해외에서 독립군을 양성하는 기지 설립을 기획하고, 1911년에 서간도로 망명하였다. 이시영, 이동녕, 이상룡, 윤기섭 등과 함께 간도 지방에 경학사와 신흥강습소를 설립하였고, 신흥강습소는 신흥무관학교로 발전하였다. 신흥무관학교는 청산리전투의 혁혁한 성과를 올리는 등, 무장투쟁의 중추로서 우리민족 독립운동사의 정의로운 페이지를 빛내주었다. 서로군정서의 참모장이 되었는가 하면, 길림의 무오독립선언(3·1운동보다 앞서는 독립선언)에 39인 대표의 일인으로서 적극 참여하였다. 상해에 내려가서는 신규식 임정총리의 권

한대행 역할도 담당하였다. 김동삼은 1931년 이원일李源一(안동 하계 마을 출신)과 함께 하얼빈에서 일본경찰에 체포되어 징역 10년형을 선고받고 복역하다가 1937년 4월 13일 서대문형무소에서 옥사獄死하였다.

## 김동삼 옥사사건 이후 시신처리에 관한 허언虛言들

이 옥사사건을 미무리하는 과정에서 시신의 저리에 관하여 매우 혼란스러운 기술이 많다. 조지훈도 이 문제에 관하여 약간의 혼선을 빚게 만든 책임이 있다. 보통 연보기술자들은, 김동삼이 옥사를 하자, 항일투쟁의 최거물인 김동삼과의 커넥션이 드러나는 것이 두려워 아무도 나타나지 않았고, 형무소에서는 쓰레기더미 같은 데에 버려두었는데, 심우장에 살고있던 의리파 만해 한용운이 어찌 그럴 수 있느냐 하고 서대문형무소로 달려가 시신을 걸머메고 성북동 자택에 모셔놓고 친지들을 불러모아 심우장 마당에서 다비식을 치루었다는 등등의 이야기를 아무 생각 없이 내뱉는다. 연보기술자들은 될 수 있는 대로 드라마틱하게, 한용운의 의리를 멋있게 드러나도록 이야기를 구성한다. 조지훈도 당시 너무 어렸기 때문에 정확한 정황을 파악하지 못했다.

## 시신은 걸머메고 갈 수 없다, 다비도 불가

나는 우선 이 얘기를 들었을 때, 한용운이 "김동삼의 시신을 걸머메고 성북동으로 왔다"는 식의 기술의 허구성에 우선 눈이 번쩍 뜨였다. 살아있는 사람을 업고는 백 미터 정도라도 갈 수 있는 것이지만 몸을 가누지 못하는 송장을 업고서는 몇 발자국도 떼지 못한다. 더구나 서대문형무소에서 성북동까지는 십리길이다. 갔다면 리어카래도 마련해서 여러 명이서 운구해갔을 것이다.

둘째, 과연 성북동 심우장 마당에서 다비식을 올린다는 것이 가한 일인가? 당시 심우장이 숲속의 후미진 곳이긴 했으나 역시 주택가였고, 송장을 태운다는 것은 불가능했다. 전혀 있을 법한 얘기가 아니다. 만해는 다비장작을 구할 만한 돈도 없었다.

셋째, 옥사를 한 마당에 아무리 일제라도 그렇지 가족이나 친지가 나타나는 것으로 정치적 박해를 가할 일은 없을 것이다. 더구나 김동삼의 집안은 안동 내앞(임하면 천전리川前里)의 뼈대 있는 의성 김씨 집안이요, 후손이 있는 마당에 조상 시신을 못본 체하는 후레자식은 있을 수가 없다. 의로운 행위를 위하여 목숨을 바친 선조를 위하여 그 후손이라면 목숨을 걸고라도 사람의 도리를 행할 것이다.

이 모든 이야기들이 말도 안되는 픽션이고, 의성김씨 가문을 욕되게 하는 망언임이 분명하다. 그 실상인즉 다음과 같다.

## 1937년 4월 15일자 신문기사

1937년 4월 15일자 『조선일보』에는 다음과 같은 기사가 실렸다.

> 正義府事件의 金東三獄死
> 十三日京城刑務所서
>
> 일즉 정의부(正義府)사건으로 징역십년의 판결언도를 밧고 경성형무소(京城刑務所)에서 복역중이든 경북안동(慶北安東) 출생의 김동삼(金東三)이는 십삼일오후세시쯤 옥사에서 병사하고 마럿다는데 고향에서

> 그의 아들 용묵(容黙)이가 래경하야 시체를 인수하였는데 부내 인사
> 정(仁寺町) 경일려관(京一旅館)에 림시 호상소를 두엇스며 십오일 고향
> 으로 운구(運柩)하게 되리라고 한다.

경성형무소(＝서대문형무소)는 1937년 4월 13일 오후 3시경 김동삼이 옥사를 하자, 곧바로 경북 안동 내앞 278번지 생가로 연락을 했다. 그러자 그의 아들 김용묵金容黙이 서울로 올라와 시신을 수습하였는데 바로 서대문고개를 넘으면 있는 인사동의 경일여관에서 시신을 염습하고 호상소護喪所(정식 상을 치르기 전단계의 모든 사무를 밟는 곳)를 차렸다.

서거한 다음다음날『조선일보』는 이 사실을 보도하였다. 아마도 이 사실이 보도되자마자 제일 먼저 달려간 사람이 만해 한용운이었을 것이다. 내 생각으로는 김동삼의 서거와 관련하여 모든 사태가 아름답게 진행될 수 있도록 가장 큰 기여를 한 사람은 경일여관 주인이라고 보아야 한다. 보통 여관 같으면 시신을 염습한다는 것 자체가 염기厭忌의 대상일 뿐더러 호상소를 차린다는 것은 금기사항일 것이다. 여관주인의 동포애, 아니면 김동삼에 대한 각별한 존경심이 있는 사람이었을 것이다.

## 김동삼 본인의 유서

15일 만해는 경일여관에 달려가 김동삼의 아들, 김용묵을 만나 상을 어떻게 치를까를 상의했다. 그런데 김용묵에게는 시신처리에 관한 김동삼 본인의 유서가 들려있었다. 그 유서의 내용인즉 참

으로 만주벌의 호랑이다웁고, 또 선열의 비통한 마음이 읽는 이 누구에게나 애잔하게 흐를 수밖에 없다. 이 내용은 훗날 "일송김동삼선생어록비一松金東三先生語錄碑"라 하여 안동댐에 세워졌다(2017년 11월 24일).

> 나라 없는 몸
> 무덤은 있어 무엇하느냐
> 내 죽거든 시신을 불살라
> 강물에 띄워라
> 혼이라도 바다를 떠돌면서
> 왜적이 망하고
> 조국이 광복되는 날을
> 지켜 보리라

**심우장 안방에 빈소를 차리자!**

　　김용묵은 서울에 지인이 별로 없었고 생소하기만 한지라 곧바로 고향으로 운구하려 하였다. 그러나 시신을 안동까지 모셔간다는 것은 여간 힘든 일이 아니다. 기차로 갈 수도 없고, 결국 트럭대절밖에는 없는데, 당시로 보면 보통의 여정이 아니다. 그 딱한 사정을 들은 만해는 훌륭한 아이디어를 냈다. 시신을 성북동 자기 집으로 옮겨 자기가 자는 안방을 내드릴 테니까, 그 아랫목에 빈소를 차리고 상례는 5일장으로 하자는 것이다. 그래야 김동삼 선생을 사모하는 자가 한둘이 아닌데, 그들이 대개 서울에 거주하고 있으니, 그나마 성북동에 빈소가 있으면 참례參禮할 수 있다는 것이다. 알려지는 것이 늦으니 5일장은 해야 한다 했다. 더구나 선생께서 직접 화장을 명하시고 뼛가루를 강물에 띄워 왜적이 망하는 날까지 지켜보게 해달라고 하셨으니 구태여 시신을 안동으로 모시는 것은 의미가 없다는 것이다. 5일장 후에 미아리 화장터에서 화장하고 뼛가루는 한강에 띄우면 서해안을 휘돌아 왜놈땅까지 흘러가리라고 하였다.

## 심우장을 간 주체는 조지훈의 부친, 조헌영

조지훈이 성북동 심우장을 간 것은 조지훈이 주체적으로 간 것이 아니었다. 김동삼은 안동 내앞사람이고, 조지훈 집안은 그곳에서 멀지않은 영양 주실마을의 호족이다. 대대로 안동과 영양·영해 일대는 통혼관계로 서로 얽혀있었다. 영양·영해 일대는 안동에 비해 삶의 하부구조가 탄탄했다.

심우장 빈소를 찾아간 것은 조지훈의 아버지 조헌영趙憲泳이었다. 조헌영은 만해와 같이 신간회 활동을 했다. 조지훈이 마침 서울에 올라와 있었기 때문에 조헌영은 아들에게 좋은 체험이 되리라 생각해서 데리고 간 것이다. 조지훈은 아버지 덕분에 당대 최고의 석학이며 종교인이며 시인인 만해를 두눈으로 쳐다볼 수 있는 절호의 기회를 얻은 것이다.

## 김동삼과 조지훈 할아버지 조인석

더구나 김동삼 선생은 조헌영의 아버지 조인석趙寅錫(1879~1950)과 왕래가 있는 친구지간이었다(김동삼이 조인석보다 한 살 위이다). 조인석은 사헌부 대간을 지낸 선비로서(※ 김인환의 조지훈론에 의거.

추증일 수도 있다) 사람과 글과 돈은 빌리지 말라는 "삼불차三不借"의
가훈을 관철시켰고, 단발령이 시행되기 이전에 단발을 한 매우 진취
적인 사람이었다. 창씨개명, 이중과세(설 두 번 쇠지 말라)를 반대하고
국한문혼용을 권장했으며 저서로는 농민을 위한 『농촌요람農村要
覽』을 남기었다. 이 조인석 할아버지의 생애에 있어서 놀라운 역사
役事는 6·25라는 동족상잔의 비극을 당하여 자정치명自靖致命하였
다는 사실이다.

## 6·25동란과 조인석의 자정치명, 선비의 기상

을미사변 이후에 유인석이 전국의 유생에게 반포한 "처변삼
사處變三事" 중의 한 방안으로 자정치명한 자는 많으나 6·25동란을
당하여 자정치명한 자는 들어보지 못했다. 그토록 어렵게 독립투쟁
을 하면서 지조를 지키고 험난한 삶의 고비를 넘긴 이 민족이 일제
강점으로부터 해방되고 나니까 서로 죽인다? 돌이켜 생각하면 끔찍
해도 너무나 끔찍한 결말이다. 조인석은 6·25전쟁이 난 그 해 7월
27일, 의분을 참지 못하고 자결하였다. 기실 조인석의 자정치명은
구례사람 황매천의 자결에 견주어 보아도 역사의식의 대의가 심각
하게 다가온다. 김동삼이 독립군 기지건설을 위해 만주로 망명할
때, 영양에 한양조씨가 70가구가 있었는데 그 중 7가구가 김동삼을
따라 같이 이주하였던 것이다.

## 조지훈의 만해 배알기拜謁記

조지훈과 만해 한용운의 관계에 관해 이야기하자면, 둘이 서로

만난 적은 김동삼의 장례식장에서의 인연밖에는 없다. 조지훈은 그때 만해 한용운을 아버지, 할아버지 덕분에 처음 보았고, 또 그때의 해후가 생애의 마지막 사건이었다. 지훈은 말한다:

…… 결연히 일어나 성북동 꼭대기 심우장(尋牛莊)까지 관을 옮겨다 모셔 놓고 장사를 치르시던 일은 필자도 그때 장례에 참례했기 때문에 잘 아는 일이지마는, 일제의 말기라 때가 때인 만큼 20명 안팎의 회장자(會葬者) 속에 묵묵히 저립(佇立)하여 초연(愀然)하시던 선생의 모습! 필자에게는 그것이 선생을 뵈온 마지막 모습이기 때문에 감회가 한층 깊은 바 있다.……

일대의 우국 지사 한용운 선생은 해방을 1년 남겨 놓고 1944년에 한많은 눈을 감으시고 입적(入寂)하셨다.

순간의 추억은 그것이 고귀한 것일 때 영원의 추억으로 남는다. 고귀한 추억은 나라는 개체를 넘어 타자에로 확산되어 나간다. 17세의 소년은 살아있는 성인聖人을 만난 것이다. 그리고 그 소년은 성인聖人으로 변모해갔다. 그것이 20세기 조선의 축복이었다.

만해는 단지 『님의 침묵』이라는 시집의 저자로 기억되어야 할까?

한국사람들에게 만해 한용운을 물어보면 대강 그 이름은 들어 안다. 그리고 「님의 침묵」이라는 시의 저자로서 안다. 1925년에 탈고하여 1926년 5월 20일 회동서관滙東書館(경성부 남대문통 1정목 17번지南大門通一丁目十七番地)에서 발행한『님의 침묵』이라는 시집은 발행 당시부터 화제작이었고, 문단의 사람이라면 누구든지 사보지 않은 사람이 없을 정도로 포퓰라했다. 전혀 시단에 등록도 된 적이 없고, 동인지에 가담한 적도 없고, 추천의 계보도 없었고, 일찍이 그 비슷한 짓을 해본 적이 없는 만해라는 인간에 의하여 갑자기 시집이 출간되었고, 출간되자마자 항간에 끊임없이 화제가 된 이 사건은 일차적으로 매우 정직한 이유가 있다.

우선 당시 우리나라에 신체시로부터 근대시에 이르는 우리말 시의 역사가 매우 일천日淺하였고, 그 희귀성 때문에 화제에 오르기가 좋은 환경이 있었다. 최초의 개인창작시집으로 김억의『해파리의 노래』(1923)를 비롯하여, 그 후로 주요한의『아름다운 새벽』(1924), 박종화朴鍾和의『흑방비곡黑房秘曲』(1924), 변영로의『조선의 마음』(1924), 김소월의『진달래꽃』(1925), 김동환金東煥의『국경의 밤』(1925), 김억의『봄의 노래』(1925), 김동환의『승천하는 청춘』(1925), 8권이 있었고, 번역시집으로는 김억의『오뇌의 무도』등 총 7권이 있었다(김춘식의 논문, "님의 시적표상과 타고르" 참고. 선학원 2021년 만해 한용운 추모 학술제 논문).

『님의 침묵』은 타시집과 비교를 절絕한다

이 몇 권 안되는 시집의 출현은 모두가 그 나름대로 한국근대시의 정체성과 조선의 근대적 시형詩形을 창안하고 있다는 측면에서 각기 자기위상이 있다. 그러나『님의 침묵』의 출현은, 김춘식의 평가대로 "초창기 시문학의 전개과정에서 갑작스럽게 나타난 도약에 해당할 만큼의 파격적인 성취"라고 평가되고 있다. 나는 차라리 1920년대 초반에 출현한 시집들과의 비교를 절絶하는 독보적 가치와 형식과 주제의식을 유有하고 있으면서도 또 동시에 초창기 시유형의 모든 가능성과의 연속성을 보유하는 특이한 위상을 지니고 있다고 말하겠다. 『님의 침묵』이야말로 조선인의 내면에 흐르는 시정詩情의 자연적 유로流露인 동시에 근대시의 독창적 아키타입을 형성하는 형이상학적 세계라는 좀 특이한 평어를 여기 남겨놓겠다. 1920년대의 어떠한 시들과도 『님의 침묵』은 비교될 수가 없다. 『님의 침묵』은 너무도 심오하기 때문이다. "님"이라는 추상적 주제를 원용한 척수脊髓로 하면서 거기서 뻗어나가는 88개의 신경조직은 수억만 개의 뉴론세포의 화장華藏세계를 이루고 있다. 그 화장세계의 케미스트리는 범용의 지력으로는 헤아릴 수 없다.

## 제4장

# 조지훈과 고려대학교 국문과 학생들이 주동이 된 『한용운전집』 발간

## 지훈과 만해의 랑데뷰, 침묵의 순간

　　연보작가들이 마치 지훈과 만해 사이에 수많은 왕래가 있었던 것처럼 기술하는데, 지훈은 만해를 단지 한 순간 만났을 뿐이다. 그것도 심우장에 모인 회장자會葬者 중에 섞여 먼발치로 "묵묵히 저립佇立하여 초연愀然하게 비치는 그 조용한 모습"이 망막을 스쳤을 뿐이다. 그러나 그것은 과거의 영상으로 사라지지 않고 영원의 활동活動으로 새겨졌다. 훗날 바로 이 소년이 『한용운전집』을 발간한 장본인이 되었고, 『전집』의 발간으로 만해는 비로소 단순한 스님으로서가 아닌, 고고한 시인으로서만이 아닌, 고적한 한학의 대가로서만이 아닌, 열렬한 독립투사로서만이 아닌, 심오한 종교사상가, 종교개혁론자로서만이 아닌, 저널리스트적 문필가로서만이 아닌, 시사적 논객으로서만이 아닌, 메이저 신문의 주요란을 장식하는 소설가로서만이 아닌, 이 모든 성취를 융합하고도 남는 대해大海, 만해萬海의 모습을 드러내게 된다. 니체는 초인(Übermensch)을 외쳤지만 만해는 초인이었다.

## 조지훈이야말로 만해의 전인적 모습을 우리에게 전한 일등공신

진실로 조지훈이야말로 만해의 진실한 전인적 모습이 우리에게 드러나게 만든 일등공신이다. 그런데 이 어마어마하게 중요한 사실도 우리 역사의 허세와 왜곡에 가려져 보이지 않는다. 최초의 1973년 신구문화사新丘文化社판『한용운전집』에는 만해한용운선생 전집간행위원회 대표로서 최범술崔凡述(1904~1979)이라는 이름만 올려져 있고, 그가 모두冒頭에 "간행사"를 썼는데, 조지훈의 이름은 가볍게 언급되고 있을 뿐이다. "편집위원"으로 당대의 명사들의 이름이 10명 올라있고, "간행위원"으로 최범술을 포함하여 9명 올라가 있는데 조지훈이라는 이름은 나타나지 않는다.

## 효당 최범술은 전집간행의 시동은 걸었으나 불발

효당曉堂 최범술은 만해가 아끼던 제자로서『전집』간행에 공로가 큰 사람이기는 하나, 그는 신익희와 함께 국민대학을 창설하고, 정치에 헌신하여 제헌국회의원에 당선되었고, 워낙 부산하게 사회 활동을 계속한 사람이기 때문에『전집』에 관한 행정적 지원은 할 수 있었다 해도『전집』을 직접 편찬할 수 있는 생활의 여백이 있었던 사람은 아니었다. 그리고 그가 만해의 대상大祥을 끝내고 만해의 훈도를 받은 문하생들과 함께 만해한용운 전집간행위원회를 조직(1948년 5월)하여 만해의 생전 간행본과 미발표 유고를 서둘러 모집한 것은 사실이나 그 노력은 6·25동란으로 무산되고 말았던 것이다.

## 최초의 5명: 임종국, 인권환, 이기서, 이화형, 박노준

조지훈은 1947년 10월에 이미 고려대학교 국문과에 강사로 초빙되었고, 1948년 10월에는 정식으로 고려대학교 문과대학 교수가 된다. 고려대학교 교수가 된지 10년 되던 해(1958) 4월, 조지훈은 자기가 신임하는 제자 5명을 성북동 자기집으로 부른다.『친일문학론』을 써서 세인의 반성을 촉구한 용감한 인물 임종국林鍾國(정외과 52학번)에게 먼저 연락하여, 임종국으로 하여금 고대문학회 회원으로서 총기가 있던 4명의 국문과 제자, 인권환印權煥(국문 56), 이기서李起墅(국문 56), 이화형李和珩(국문 56), 박노준朴魯埻(국문 56)을 오게 하였다. 이 4명은 국문과 동기로서 고대문학회 활동을 통하여 평소 친하게 지내는 사이였으나, 전혀 왜 오라 하시는지 감이 가질 않았다. 서재에서 5명의 20대 초반의 푸릇푸릇한 정예를 접견한 조지훈은 입을 열었다:

"만해 한용운 선생의 전집을 고대문학회高大文學會가 책임지고 편찬하여 출판하세! 인세로 만해시비를 건립하고 남는 돈으로 창간 이후 제2집을 발행하지 못하고 있는『고대문화』를 복간하세! 우리 시문학사에 비교될 수 없는 거대한 족적을 남긴 시인이며, 근세불교에 혁신적인 바람을 일으킨 고승이며, 33인의 한 분으로서 항일독립운동에 길이 그 순결한 이름을 남기신 지사의 글이 항간에 엄청나게 쌓여있으니 이걸 수집하여 전집을 내기만 하면 학계와 문단에 새바람을 일으킬 것이요, 여러분이 소문내지 말고 조용히 이 거대한 작업을 해내면 학교의 명예에 보탬이 될 것이요, 이일에 참여하는 그대들에게 큰 공부가 될 것이네."

당대의(1950년대) 출판계는 영세하기 짝이 없었다. 저명한 학자의 저작물 한 권 내는 것도 힘겨워 할 때였다. 그러나 지훈의 형안은 그러한 모든 현실적 여건을 돌파해 나갈 수 있는 만해 한용운 자신의 신비롭고도 정의로운 진리의 괴력을 꿰뚫어보고 있었다.

## 조지훈의 형안, 만해의 시는 좌·우의 이념을 초월

만해가 해방 한 해를 앞두고(1944년) 심우장에서 타계한 사건을 두고, 모든 사람이 그토록 바라던 해방을 못 보시고 돌아가셨다고 안타까워하지만, 실상인즉 그것은 고경高境의 시인 만해의 축복이다. 6·25동란을 맞아 의분을 못 이겨 자결하셨다는 지훈의 할아버지 얘기를 했지만, 해방이후의 정국이야말로 모든 이에게 감당하기 힘든 혼란이었다. 강점기에는 적이 뚜렷하게 나 주체 밖에 치립하고 있었지만, 해방 이후에는 모든 불의가 내 속에 있었다. 만해는 해방 이후의 혼란으로부터 면제되어 있었다. 만해는 일제강점기를 통하여 그 순결한 삶의 자세로 인하여(※ 어느 누구도 만해만큼의 고결한 항일투쟁의 지조를 지킨 사람이 없다) 꾸준하게 지성계나 종교계, 예술계의 지조 있는 지사들의 존경을 받았고, 또 민중의 사랑을 받았다.

## 만해 시의 높은 평가

그리고 미군정기의 교과서에도 만해의 시는 높게 평가되어 어린이들에게까지 읽혔다. 그때는 좌·우파의 문학 한계선이 부재했다. 그러나 6·25전쟁을 거치면서 좌파계열이나 월북작가의 작품들이 다 빠지게 되고, 문단이 텅 비어버리게 되자, 온갖 우파들, 그릇된

전통의 전승에 고지식하게 매달리는, 개기름 흐르는 친일후예들이 교과서를 장악해버린다. 이런 소란 속에서도 만해의 시는 소월의 시와 함께 높은 평가를 받았다. 우선 그것이 순 한글시라는 점, 그리고 항일의 민족정체성의 향기를 드높게 뿜어낸다는 점은 비교되기 어려운 가치였다. 이승만정권은 좌파 때려잡기에 열성이었다 해도, 항일에 있어서만은 자신의 정치적 입지를 위하여, 외면적이나마 철저한 반일의 얼굴을 유지했다. 만해의 시는 좌·우라는 이념을 초월해 있었다. 그의 "님"은 우리민족의 영원한 이상이었고 이데아였다.

### 만해의 친구, 박광

조지훈은 바로 이러한 만해의 고결성과 순수함, 그리고 비교될 수 없는 대중적 인기를 파악하고 있었다. 이 고대학생들이 조지훈 선생의 지시에 따라 제일 먼저 찾아간 곳이 종로구 견지동 남정南丁 박광朴洸 선생의 댁이었다. 당시 팔순의 남정은 생전 만해의 둘도 없는 친구였다. 전집을 만들겠다는 학생들의 손을 덥석 잡으며 우선 눈물을 흘리셨다. 그리고 만해가 당신에게 준 발표, 미발표의 자료를 다 모아서 간수하고 있다가 6·25를 거치면서도 잃어버리지 않았다고 증언했다. 그러나 죽을 나이가 되고보니 그 자료들을 지킬 수 없겠다 생각하여 만해의 제자인 효당 최범술에게 다 넘겼다는 것이다. 빨리 효당 집으로 가보라고 재촉하는 것이다. 그리고 당장에서 효당에게 전화를 걸어 큰일을 해낼 수 있는 학생들이 갈 것이라고, 안면을 터놓은 것이었다. 효당댁은 계수장桂水莊이라 했는데 계동 중앙고등학교 부근에 있었다. 효당 선생은 자료가 너무 많아 가지고 있는 자료조차 어떻게 정리를 하고 어떻게 편집을 해야할 지를 몰라 넣놓고 허송세월하던 차라 했다. 그러던 때에 고대학생들을 만나니 숨통이 트인다고 역으로 쾌재를 부르는 것이다.

## 한용운전집간행위원회의 성립

그렇게 하여 남정·효당·지훈 세 사람의 지도급 인사와 5명의 고대학생들, 그리고 통문관 주인 이겸로李謙魯(※ 애초에 이『전집』은 통문관에서 내기로 약정된 것인데 사정이 여의치않아 국학출판의 본산 중의 하나인 신구문화사新丘文化社로 옮겨졌다), 그리고 효당이 추천하는 사람들, 전부 15명 정도의 인원이 1958년 7월 중~하순 사이에 계수장에 모여 "한용운전집간행위원회"를 정식으로 발족시켰다. 위원장은 남정 박광 선생, 원고정리의 지도는 조지훈 선생, 재정적 지원과 출판에 관한 사무는 효당 선생이 맡았다. 그리고 그 해(1958년) 8월 5~6일 경, 고대문학회팀들은 효당의 자가용 지프차에 자료묶음과 "한용운전집간행위원회"라고 인쇄된 원고지 1만여 장을 싣고, 경남 사천군 泗川郡 곤명면昆明面 소재의 신라고찰 다솔사多率寺(효당이 이 사찰의 주지였다)로 내려갔다. 약 1개월 예정으로 원고정리에 들어갔다.

## 다솔사 정리팀과 도서관 복사팀

임종국·이기서는 서울에 남아, 남정·효당에게 들은 바 자료 뭉치에 없으리라고 예상되는 글을 도서관을 찾아가서 일일이 필사하는 작업에 착수하였다. 다솔사에서 자료묶음을 끌렀을 때에 터져 나온 함성은 보물섬에서 금은보화를 발견한 것보다 더 큰 함성이었다. 이렇게 시작된 자료정리, 우여곡절 끝에 1973년 7월에 이르러 신구문화사에서 초판본『전집』전6권이 상재되기까지의 이야기는 내가 여기 부연할 필요를 느끼지 않는다. 그러나『전집』6권이 상재되기 전에 남정 박광 선생과 지훈 조동탁 선생이 서세하셨다는 이유로 편집위원과 간행위원 명단 어느 쪽에도 두 분의 이름이 누락되었다는 사실은 변명의 여지가 없는 역사왜곡이다. 이것을 내 입으로 외치기보다는『전집』상재에 핵심적 역할을 한 당사자, 박노준朴魯埻(1938~ 한양대 국문과 명예교수) 선생의 호소를 여기 적어 놓는다:

### 박노준 교수의 호소, 전집출간의 공신은 조지훈

허나 전집이 나온 지 이미 30여 년의 세월이 흘러간 지금까지도 우리가 서운해 마지않는 것은 책 첫머리에서 별도로 처리해 놓은 편집위원과 간행위원 명단 어느 쪽에도 남정·지훈 두 분의 이름은 없다는 점이다. 책을 낼 당시에 이미 고인이 되었으므로 누락시킨 모양인데 말도 안 되는 소리, 그쯤의 출판상식은 우리도 안다.

만해전집이라면 이 두 분이 중심이요 핵심인물이었는데 세상을 떠났다는 이유로 이름을 넣지 않았다면 그것은 군색한 변명이 될 뿐이다. 원고정리 이후에도 출판단계에까지 개입할 수 없었던 우리의 제한된 권한을 거듭 탓할 수밖에 없었다.

이것이 아무 것도 아닌 것 같지만 세상사 모두 원칙과 경위(涇渭)가 있는 것이고, 중심이 되는 정체성은 지켜야 하는 것이 아닌가 싶어서『한용운전집』을 떠올릴 때마다 우리는 두 분께 죄를 지은 것 같아서 늘 불편한 마음으로 지내오고 있다.

작은 일 같지만 이러한 세태는 우리 지성계의 고질적 병폐 중의 하나요, 나에게는 뼈저린 기타棄唾되어야 할 오욕汚辱이다. 얼마나 많은 후학들이 나 도올의 학구적 창업에 도움을 입었음에도 불구하고 내 이름 한 글자를 밝히기를 두려워하는가? 학생들도 나의 사유에 힘입었음에도 불구하고 인용을 밝히기는커녕, 참고문헌에조차 나의 저술을 밝히기를 두려워한다. 고대 국문과 선배들의 울분을 삼키면서 시 한 수로 내 심정을 읊어놓는다.


萬海禪境極無比
만 해 선 경 극 무 비

渡極薰薰芝草香
도 극 훈 훈 지 초 향

全蒐海泡世恩雨
전 수 해 포 세 은 우

僧舞隱意到此彰
승 무 은 의 도 차 창


만해의 선경은 극極을 달리니

견줄 곳이 없네

그 극極 너머 훈훈한 지초의 향기

만해의 바다에서 거품을 전부 걷어내어

세상에 은혜의 단비를 내리니

나빌네라 승무여!

그 숨은 뜻 이에 이르러 빛나도다.

『한용운전집』은 당시 출판계 사정으로 볼 때 엄청나게 많은 부수가 팔렸고 1979년에 증보판이 나올 정도였다. 학계에 "만해학萬海學"이라는 학명이 생겨났고 연구의 붐이 생겨났다. 그러나 만해의 실상에 도달한다는 것은 너무도 가야할 길이 멀고 험난하다.

## 만해의 탄생과 그 족보

만해는 홍성洪城 사람이다. 만해가 태어날 때는 홍성은 홍주洪州라고 불렀다. 그는 1879년 8월 29일(음력 7월 12일), 충남 홍성군 결성면結城面 성곡리城谷里 491번지(박철부락)에서 청주한씨 응준應俊과 온양방씨溫陽方氏 사이의 차남으로 태어났다. 아버지 한응준은 이양공夷襄公 한명진韓明溍의 19대손이다. 한명진은 가형 한명회韓明澮(1415~1487)와 함께 세조의 친위쿠데타인 계유정난에 가담, 이때 세운 공으로 좌명공신佐命功臣에 봉해진 인물이다. 만해는 홍주에 자리잡은 이양공파의 한 지손枝孫으로서 엄연한 사족이다.

## 만해는 조선왕조의 일류사족이 거치는 모든 교양을 어려서부터 훈습

만해가 부유한 집안에서 자라나지는 않았기 때문에 만해의 젊은 날에 관하여, 그리고 그 집안사정에 관하여 폄하를 하는 전기기술이 대부분이다. 그러나 만해는 조선왕조 양반가문의 고등한 교육과 교양을 몸에 익힌 특출난 인물임에는 틀림이 없다. 그 사실은 그가 유년시절부터 십대에 걸쳐 습득한 한학의 기초소양의 수준을 규탐할 수 있는 능력이 있는 자라면 그냥 느낄 수 있는 것이다. 만해를 알기 전에 우리는 우리가 가지고 있는 부지불식간의 선입견을 회전시켜야 한다. 만해 하면, 만주벌판을 싸다니는 "중놈," 어쩌다 시집 한 권 내서 힛트친 "중놈" 이상의 고결한 이미지를 가지고 있지 않은 일반인식이 대부분이다. 그만큼 그에 관하여 진지한 이해노력이 없었기 때문이다.

## 명진스님의 일갈

명진 스님은 말한다:

"홍성의 만해생가를 가보아도 안내팻말에 '만해스님'이라는 말 한마디가 없습니다. 전부 '만해선생'이라고만 써놓았어요. 문학인들의 선생님이란 뜻이겠죠. 조계종은 만해가 일찍이 '불교유신'을 외치면서 그 방편으로 승려의 가취嫁娶(결혼허용)를 주장했기 때문에 해방 후 정화운동을 벌이면서 만해를 불교권에서 퇴출시키려고 안깐힘을 썼어요. 한국불교의 선禪중심의 대맥은 선말鮮末에 경허鏡虛(1849~1912)로 집결되어 그 대세가 수많은 고승들을 거느리게 되지만, 경허와는 또다른 대맥을 만해 한용운이 움켜쥐게 됩니다. 만해 없이는 조선불교는 그 태반을 잃어버려요. 경허는 선적인 무차별 경계의 고매한 극한을 추구했다면 만해는 민중불교·대중불교·사회불교의 평등한 밑바닥을 다졌습니다. 오늘날 한국불교가 만해를 배제했기 때문에 사회의식이 없고, 역사의식이 부족하고 정치의식이 부재합니다. 그나마 불교계에서는 선학원 법진法眞이가 만해를 제대로 알고 있어요. 선학원의 만해운동이 없었더라면 만해는 유실될 뻔 한 것이죠."

나는 국립극장에 모인 청중들에게 갑자기 이런 좀 황당한 질문을 던졌다.

"퇴계·율곡 같은 사람과 만해, 그 누가 더 한문실력이 좋을까요?"

갑작스러운 나의 질문에 청중은 좀 어리둥절한 것 같았다. 퇴율과 만해, 과연 누가 더 한문 작문실력이 좋을까? 내가 이런 질문을 던지는 이유는 바로 "인식의 전환"(epistemological turn)이라는 나의 주장과 관련되기 때문이다. 만해를 "보통 스님의 하나"로만 알고 있는 사람들은, 물론 어찌 감히 퇴·율 앞에서 만해의 한학을 논하랴 하고 호통을 칠 것이다. 물론 이 양자를 같은 차원에서 논하기는 좀 곤란한 측면이 많다. 한문은 같은 한자를 활용한다 하더라도 그 구성양식이 시간과 공간에 따라 달라지기 때문이다.

### 퇴율과 만해, 만해의 『음빙실문집』『영환지략』

퇴율은 조선문명 한가운데 있는 씨방 속에 갇혀있던 사람이고 만해는 붉은 석류가 터지듯이 문명의 경계에서 문화충돌을 경험하는 개방적 인간이다. 퇴율의 한문은 정통 송유宋儒(Song-Confucianism)의 한문이요, 그 중에서도 남송의 문장의 틀과 주제의식에 사로잡혀 있던 사람이요, 만해의 한학은 송유에 의하여 집대성된 주제의식을 포섭하면서도 개방적 세계관을 향해 뻗어가는 모험의 한학이다. 만해는 양계초梁啓超(1873~1929)의 『음빙실문집飮氷室文集』(1902)을 정독하여 "변법變法"의 사상을 익혔고, 서계여徐繼畬(1795~1873)의 세계인문지리서 『영환지략瀛寰志略』(1849)을 통독하여 세계지리와 서구의 다양한 종교, 그리고 민주제도·의회제도와 같은 정치조직을 깨달았다.

　들리는 바에 의하면 성곡리의 신동으로 일찍이 9세 때『서상기西廂記』를 해독하였다 하고,『자치통감』을 독파하였으며『서경書經』을 통달하였고,『대학大學』의 정자주程子註를 비판하였다고 한다(정이천은『대학』에 주를 달지 않았다. 아마도 주희가 정이천을 인용한 구절을 대상으로 한 말일 것이다). 이것은 모두 만해 소년시절의 한학의 깊이와 넓이를 말해주는 단편적 이야기들일 것이다. 퇴·율의 한문 속에 "임마누엘 칸트"는 없다. 그러나 만해의 한문 속에는 "임마누엘 칸트"가 있다. 그리고 만해의 한학은 퇴율이 섭렵한 대부분의 고전이 들어 있다. 그렇다면 객관적으로 만해의 한학의 범위가 퇴율을 뛰어넘는 그 무엇이라고 말해도 틀린 말은 아니다.

## 만해의 수계, 율곡의 금강산 입산수도

　더구나 19세에 1차 출가하여, 27세 때 백담사에서 수계하고, 29세 때 건봉사에서 정만화鄭萬化 대선사에게서 정식으로 인가를 받고 용운龍雲이라는 법명을, 만해萬海라는 법호를 받고, 31세(1909) 표훈사 강원의 강사가 되기까지 10여 년간 그가 몰두한,『대승기신론』,『능가경』,『원각경』,『화엄경』,『반야경』등 방대한 불경의 수학을 그의 한학범위에 포섭시키면 그가 동원할 수 있는 한문의 구성능력은 일반인의 상상을 초월하는 것이다. 율곡도 어머니가 돌아가신 후 시묘살이를 3년 한 후에, 금강산에 들어가 입산수도한 경력이 있는데, 그로 인하여 엄청난 비방을 평생 당하지만, 그 체험은 그의 리기설의 근본 스트럭쳐를 뒤바꾸어 놓는 해방론적 성격이 있다. 하물며 율곡과 같은 도통론의 구속이 부재한 만해의 사유에 끼친 도약의 범주는 쉽사리 헤아릴 수 없다.

## 만해의 문장의 성격

퇴율의 한문은 송학의 문제의식의 구속력을 벗어나지 않는다. 그러나 만해의 한문은 문어체이기는 하나, 우리말의 의미, 신택스, 그리고 백화적 표현이 막 뒤섞여 있다. 퇴율의 문장은 두고두고 고민하며 갈고닦은 글이지만, 만해의 문장은 생각이 떠오르는 대로 휘갈기는 속필의 활달한 방편이다. 한학의 소양이 깊은 지훈의 눈에는 만해가 단순히 스님이거나, 시인으로 보이기 전에, 범인이 범접하기 어려운 지식의 거목이었던 것이다.

1879년 8월 29일 홍성에서 태어나 1944년 6월 29일 서울 성북동 심우장에서 서세逝世하기까지 만해라는 오온五蘊 덩어리가 굴러다닌 족적의 역사는 지금 나 도올의 큰 관심의 대상이 아니다. 사람을 알려면 그 평전을 소상히 알아야 한다는 것은 상식에 속하는 이야기이겠지만, 평전에 입入하는 방편이 만해의 경우 너무 임의적이라 결코 명징한 사태에 도달할 수가 없다. 전기를 쓰는 사람들이 만해의 작품과 삶, 그 전체의 실상에 도달하지 못하고 있는 경우가 많기 때문이다.

## 만해의 출가의 원인

출가出家의 원인에 대해서도 매우 복잡한 논의들이 얽혀있으나 무근거한 인상론적 추론이 대부분이다. 조성면趙城勉은 "한용운 재론"이라는 논문을 통하여 매우 진지하게 출가이유를 추정推定하고 있다(『민족문학사연구』 7집, 1995). 한용운 아버지 한응준이 동학혁명시기에 홍주아문 소속의 관리로서 동학농민군을 진압한 장교였고, 동학군을 혹독하게 취조하고 처형했다는 것이다. 그렇게 혹독하게 다룬 이유는 이러한 기회를 틈타 공을 세워 당당한 양반가문으로 복귀하고자 하는 강한 욕망이 있었기 때문이라는 것이다. 한용운의 출가는 이러한 아버지에 대한 죄의식에서 출발한다는 것이다. 그래서 한용운의 출가는 "아버지 지우기"라는 심리적 고투의 결과라는 것이다. 조성면은 말한다: "만해는 수천수백 명의 양민을 학살한 중심인물 가운데 하나가 바로 자신의 아버지였다는 사실로 인해 평생을 극심한 정신적 고통과 죄책감에 시달리며 살아야 했던 것이다."

## 허무개그적 심리추론

진실로 과도한 추리요, 과격한 언어구사요, 허무개그적인 심리추론이라 할 것이다. 아버지 한응준은 양반이지 양반이 아닌 사람이 아니다. 양반이 되기 위해 동학군을 혹독하게 처형해야 할 아무런 이유가 없다. 그리고 한응준이 혹독했다고 하는 것은 전혀 사실적 근거가 없다. 이러한 논의는 프로이드 심리학이 말하는 싸이코아날리시스의 한 유형을 무리하게 전개하고 있는 허구적 드라마에 불과하다. 일차적으로 만해의 문학問學의 수준과 해탈의 경지와 선승으로서의 초일한 삶의 자세를 전혀 이해하지 못하는 저급한 인식에 그치고 있을 뿐이다. 만해는 "극심한 정신적 고통과 죄책감에 시달리며 산" 사람이 아니다. 만해는 무전제적으로 놓여진(放下) 사람이지 무엇에 사로잡힌 사람이 아니다. 아버지에 대한 추억도 소박한 가치의 근원으로서의 감사의 념이 있을 뿐, 심리적 다이내믹스 속의 강렬한 존재의 극極이 아니다. 만해는 말한다:

내 고향은 충청도 홍주(洪州)이다. 지금은 세월이 변하여서 그 이름조차 충청남도 홍성(洪城)으로 되었다. 고향에 있을 때, 나는 선친에게서 조석으로 좋은 말씀을 들었으니, 선친은 서책을 보시다가 가끔 어린 나를 불러 세우시고 역사상에 빛나는 의인·걸사의 언행을 가르쳐 주시며 또한 세상 형편, 국가 사회의 모든 일을 알아듣도록 타일러 주시었다. 이러한 말씀을 한두 번 듣는 사이에 내 가슴에는 이상한 불길이 일어나고, 그리고 "나도 그 의인·걸사와 같은 훌륭한 사람이 되었으면……" 하는 숭배하는 생각이 바짝 났었다(『한용운전집』1, p.254).

## 제5장

# 만해의 정신세계: 한학과 불학의 융합

## 만해 자신의 어린시절 회상

만해가 자기 어린 시절을 회상한 글이 두 개가 있다. 1) 나는 왜 중이 되었나『전집』1, pp.410~412. 1930. 2) 시베리아 거쳐 서울로『전집』1, pp.254~255. 1933. 그런데 이 두 개의 글의 서두의 내용이 거의 일치한다. 두 번 다시 생각할 필요가 없이 자명했던 것이다. 만해는 가출의 동기에 관해서도 그냥 "세태가 어수선하여 조약이 체결되었다느니, 도무지 시골에 쑤셔박혀 공부만 할 수 있는 정황이 아니었다"는 사유가 그 전부다. 그만큼 세태에 적극적 관심이 있었다는 얘기다. 만해는 말한다:

> 그래서 나는 여러 날 두고 생각한 끝에, "지금 이렇게 산골에 파묻힐 때가 아니구나" 하는 결심을 품고 어떤 날 아침 담뱃대 하나만 들고 그야말로 문자 그대로의 폐포파립敝袍破笠으로 집을 나와서 서울길에 오르기를 시작하였다.

노자도 지닌 것이 없었다. 그래도 내 마음은 태연하였다. 서울 가는 길 방향도 몰랐다. 그러나 남이 가리켜 주겠거니 하고 퍽 태연하였다.


## 폐포파립이 전부

"나는 왜 중이 되었나?" 만해 스스로 밝힌다. 세상이 어수선해서…… 나라가 망할 지경에 이른 듯이 보여서…… 시골에 쑤셔박혀 있기만 해서는 안될 것 같아서…… 어느 날, 불현듯 담뱃대 하나만 들고, 폐포파립敝袍破笠으로 표연漂然히 집을 나와, 서울이 있다는 서북방면을 향하여 도보徒步하기 시작하였다. 부모에게 알린 바도 아니요, 노자도 일푼 지닌 것이 없는 몸이며, 한양을 가든지 말든지 심히 황당한 걸음이었으니 그때는 어쩐지 태연하였다.


## 인생이 무엇인지 그것부터 알고나 살자!

그러다가 오장五臟의 주림이 대단하게 되니 결국 절깐으로 갈 수밖에 없었고 그러다가 "에라! 인생이란 게 무엇인지 그것부터 알고나 살자!" 하고 참선생활을 하게 되었다, 운운.

이것이 "출가"라는 거창한 말도 쓸 건덕지 없는 "가출"의 이유다. 한용운은 정직하다. 꼬인 사람이 아니다. 있는 그대로 말한다. 그러나 평전의 작가들은 소박한 그의 독백을 꼬아서 다이내믹한 심리드라마를 만들어야만 하는 것이다.

"폐포파립으로 표연히" 이 한마디야말로 그의 인생의 출발이
자 종언이었다.

## 수준에 못미치는 고은의 평전

『한용운평전』을 쓴 고은高銀은 매우 자신 있고 폭력적인 언어
를 도처에서 쏟아놓는다. 고은에게 만해는 한 수 하급의 패배자이다.

> 그런 행동이 당대사적인 구속을 받고 있을 때 그는 교활하게도
> 헌신짝처럼 내버린 불교계로 돌아가는 불가피성을 확보한다. 그는
> 교활했다. 버린 여자에게 돌아가는 것이다.
> 한용운의 불교는 조선불교의 현실을 극단적으로 부정하는 사
> 상이다. 그의 불교는 그러므로 무기명의 불교 보수주의에 의해서
> 지탄을 받는다. 실지로 그와 가깝고 그를 격려해온 박한영에게까
> 지도 그의 승려 취처론은 "만해 그 사람 제정신이 아니로군"이라는
> 비판을 받은 것이다. 한용운에 대한 비판, 비난은 아주 많다. ……
> 그러면서도 그가 불교계에서 뛰쳐나가고 돌아올 수 있고 했던
> 것은 그의 응용應用, 체용體用의 교학 구사력과 함께 그가 자리 잡
> 고 있는 사회적 지도 계층의 자리 때문에 그럴 수 있었다. 한말에
> 이르는 동안의 불교는 늘 사회에 대한 열등감을 표현해 왔으며 사
> 회의 압력에 굴복했던 것이다. 이런 점에서 한용운이 불교를 대표
> 한다기보다 그가 불교를 지배했다고 볼 수 있다. 그는 불교 집단의
> 추앙을 받았다기보다 그가 불교 집단을 지배해온 것이다. 가장 진
> 부한 비정치 집단인 불교계에 정치적 선동 기능을 가진 그가 나타

났을 때 그는 거의 안하무인의 자유를 누린 것이다. 그보다 도력
이 높은 승려가 많아도 그것은 그들의 비정치적인 무능 때문에 한
용운의 배후에 가려질 수밖에 없었던 것이다.

　아무튼 한용운은 이러한 행복을 가지고 그의 사생활의 심우장과
그의 공직인 불교사 사이에서 위대한 패배자의 영광을 끝까지 버
리지 않고 살 수 있었다(고은 지음『한용운 평전』, p.368).


　나에게 고은의 투정은 자기가 누려야 할 특권을 만해가 독점
하고 있다는 식의 갈굼으로밖에 들리지 않는다. 그의 문장은 누구를
대하든지, 자기가 최고의 문학가라는 속세적 분별심이 드리워져 있다.

우선『전집』이나 다 읽고 말해라!

　성인의 자태는 성인에게만 나타난다. 나는 지금 편당적 발언
을 하려는 것이 아니다. 사실을 사실대로 읽어내야 한다. 평전의 이
야기들은 이미 작가의 평을 통과한 픽션이다. 일차적으로 전傳을 평
評하지 말고, 그냥 읽어야 한다. 나는 한용운을 오직『전집』의 언어
를 읽음으로써 깨달은 것이다. 현재 우리나라에서『한용운전집』을
다 읽은 사람은 극히 소수다.

　독자 여러분들은 이미 나의 해설을 통하여 조지훈이라는 사람
이 어떠한 인품과 어떠한 교양과 어떠한 지조를 지닌 석학인지를 잘
알았을 것이다. 그리고 그의 지조 높은 선비다운 성품에 주변사람이
나 역사적 인물에 대한 품평이 매우 엄격하리라는 것도 숙지하였을
것이다. 1958년, 조지훈은 고대 애제자 5명과 함께 방대한『한용운

전집』을 발간하려는 발심을 했을 때,『사조思潮』10월호에 "민족주의자民族主義者 한용운韓龍雲"이라는 제목의 한용운론을 발표한다.

## 조지훈의 만해론

상당한 분량의 글로서 한용운의 생애와 사상, 그 작품에 관한 자세한 논의를 담고 있다. 그가 바라보는 한용운의 모습이 잘 드러나있나. 우리는 지훈의 만해론을 통하여 만해를 접근하는 것이 가장 안전한 통로가 되리라고 확신한다. 전문을 소개할 수 없어 그 서두만을 여기 전재한다(『한용운전집』4, p.362).

> 만해萬海 한용운韓龍雲 선생은 근대 한국이 낳은 고사高士였다. 선생은 애국지사요 불학佛學의 석덕碩德이며 문단文壇의 거벽巨擘이었으며, 선생의 진면목은 이 세 가지 면을 아울러 보지 않고는 얻을 수 없는 것이다.
>
> 왜 그러냐 하면, 지사志士로서의 선생의 강직하던 기개氣槪, 고고한 절조節操는 불교의 온축蘊蓄과 문학 작품으로써 빛과 향기를 더했고, 선·교쌍수禪敎雙修의 종장宗匠으로서의 선생의 증득證得은 민족운동과 서정시抒情詩로써 표현되었으며, 선생의 문학을 일관하는 정신이 또한 민족과 불佛을 일체화一體化한 「님」에의 가없는 사모였기 때문이다. 그러므로 선생의 지조가 한갓 소극적인 은둔隱遁에 멈추지 않고, 항시 적극적 항쟁抗爭의 성격을 띠었던 것도 임제선臨濟禪의 종풍宗風을 방불케 하는 것이요, 선생의 불교가 또한 우원迂遠한 법문法門이 아니고 현실에 즉卽한 불교였

던 것도 호국불교護國佛教·대중불교大衆佛教가 그 염원이었기 때문이다. 선생의 문학은 주로 비분강개와, 기다리고 하소연하는 것과, 자연관조自然觀照의 세 가지로 나눌 수 있는데, 비분강개는 지조志操에서, 자연관조는 선禪에서 온 것이라 한다면, 그 두 면을 조화시켜 놓은 것이 사랑과 하소연의 정서라 할 수 있다. 선생의 문학은 이 사랑과 하소연의 정서에서 가장 높은 경지를 성취했던 것이다. **혁명가**와 **선승**禪僧과 **시인**의 일체화一體化 ─ 이것이 한용운 선생의 진면목이요, 선생이 지닌 바 이 세 가지 성격은 마치 정삼각형과 같아서 어느 것이나 다 다른 양자兩者를 저변低邊으로 한 정점頂點을 이루었으니, 그것들은 각기 독립한 면에서도 후세의 전범典範이 되었던 것이다.

## 고사高士＝성인聖人

지훈은 만해를 고사高士라는 어휘로써 규정하고 들어간다. 이것은 내가 만해를 처음부터 성인聖人이라 말한 것과 같다. "고사高士"라는 것은 범인의 상념을 넘어서는 고고한 경지를 추구하는 선비라는 뜻이니, 그것은 율곡이 『격몽요결擊蒙要訣』「입지장立志章」제1에서 "배운다는 것은 뜻을 세우는 것이요, 뜻을 세운다는 것은 성인이 되겠다는 것을 스스로 기약하는 것이다"라고 하여 사람은 누구든지 성인이 될 수 있다는 것을 말한 것과도 같다. 성인은 공자만이 성인이 아니요, 조선의 시인도 성인일 수 있고, 예수가 하나님의 아들이라면 우리 또한 하나님의 아들인 것이다. 이것은 만해를 이해하는 데 있어서 매우 중요한 논점이다. 만해는 석가모니도 역사에 존재하는 평범한 인간으로 본다. 미오迷悟의 차이는 있을지언정, 인간이 모두 평등하지 않다면 불교는 성립하지 않는다.

만해의 세 가지의 품성

만해라는 고사高士에게는 크게 다음 세 가지의 품성이 있다: 1) 지사志士 2) 석덕碩德 3) 거벽巨擘. 지사는 애국을 장場으로 하고, 식덕은 불학을, 거벽은 문단을 장場으로 한다.

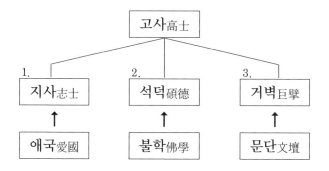

그러니까 한용운의 고사高士됨은 애국의 지사, 불학의 석덕, 문단의 거벽이라는 이 세 발의 기둥이 정鼎을 이루는 고고한 경지에 있는 것이다. 한 문명의 성립요건으로 보면 지사됨은 문명의 사회적, 정치적 측면(social and political aspect)을 담당하고, 석덕됨은 학문적, 정신적, 종교적 측면(spiritual and religious aspect)을 담당하고, 거벽됨은 예술적, 문학적 측면(artistic and literary aspect)을 담당한다. 만해는 이 세 측면에서 모두 지고의 경지를 이룩한 혼융의 거대한 인격체였다.

비분강개, 기다림과 하소연, 자연관조

　　조지훈은 만해의 종교적 경지를 임제선의 종풍에 비견하고, 만해의 문학을 또다시 세 가지 측면에서 분석한다: 1) 비분강개 2) 기다림과 하소연 3) 자연관조. 이 세 측면 중 지고의 경지는 기다림(사랑)과 하소연에 있다고 본다. 비분강개는 지조에서 오고, 자연관조는 선禪에서 온 것이라면, 그 두 면을 잘 조화시켜놓은 것이 사랑과 하소연의 정서라는 것이다.

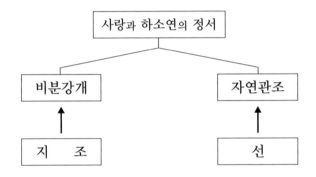

　　비분강개는 혁명가의 성품이요, 자연관조는 선승禪僧의 지향점이며, 사랑과 하소연의 정서는 시인의 품격이다. 만해에게 있어서, 혁명가, 선승, 시인이라는 이 세 가지 측면은 분리되는 법이 없다. 그러면서 어느 측면을 강조해도 나머지 두 측면이 항상 같은 무게로 치립한다. 이 삼자는 우열의 관계가 아닌 것이다.

만해의 지조, 강점기의 암흑 속에서 빛나는 유일한 진주

　　이 모든 논의를 리얼하고 신실하게 만드는 것은 만해의 삶의

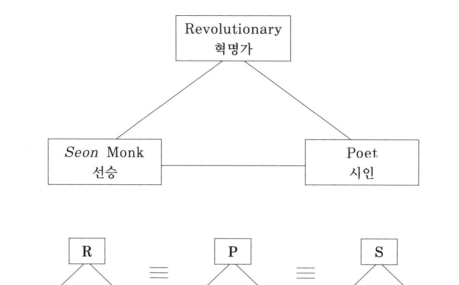

지조에 관한 것이다. 아무리 혁명에 투신하였고, 지고의 선의 경지를 증득하였고, 시인으로서 고매한 언어를 구사하였다 하더라도 단 한 번의 변절, 배신의 족적만 남겨도 위에 그린 삼각형들은 다 부서져 버린다. 멀리 산속으로 도망가 숨어 살면서 절개를 지키는 것은 혹 가할지 모르지만 서울 한복판에서 조선총독부를 등지고 살면서 호통을 치면서 당당한 지조와 타협 없는 절개를 유지하기란 매우 어렵다. 생과 사를 초월한 사람이 아니면 그 경지를 유지하기가 어렵다. 지훈은 만해의 절개가 그의 삶의 업적을 빛내고 있으며, 일제강점기의 암흑 속에서 빛나는 유일한 진주임을 확인한다. 지훈은 말한다:

포악한 일제의 발굽 아래 비틀어진 세상에 국내에서 끝까지 민족 정신의 지조를 지킨 이는 그리 많지 않다. 그 많지 않은 속에서도 진실로 매운 향내의 면에서 능히 선생과 어깨를 겨룰 수 있는 분은 없다. 해방을 위한 투쟁에 참가하신 분이 많지마는 일을 위해서 구구한 누累가 묻을 수도 있었고, 민족 정기를 지킨 지사도 많았지마는 보신保身을 위하여 숨어서 활약할 수도 있었으나 적나라하여 한 점의 누累를 용납하지 않고, 삼연森然한 광망光芒이 굽은 적 없는 분은 살신성인殺身成仁한 의열義烈의 사士를 두고는 선생으로써 그 첫손을 꼽지 않을 수밖에 없을 것이다. 무위無爲한 채로 민족정기의 지표가 되고, 강개慷慨하여도 방광放曠에 떨어지지 않고 정신의 기둥이 될 수 있었다는 이 하나만으로, 선생은 지사志士의 일생행적一生行蹟에 일말一抹의 의아를 허許하지 않고, 민족정기의 동정신童貞身으로 초발심初發心의 정과正果를 증득證得한 것이다.

조지훈은 만해를 논함에 있어서 그 정곡을 찌르고 있다.

## 매운 향내

여기 "매운 향내"라는 말이 나오고 있는데 이것은 만해가 심우장에서 세상을 떴을 때, 당대 국학의 종장宗匠인 담원薝園 정인보鄭寅普(생년은 만해보다 14살 어리다)가 남긴 시조에서 기인한다. 정인보의 이 시조는 해방 직후인 1945년 12월 중앙문화협회에서 발간한

『해방기념시집』에 기고되었다.

> 풍란화風蘭花 매운 향내 당신에야 **견줄손가.**
> 이 날에 님 계시면 별도 아니 더 빛날까.
> 불토佛土가 이외 없으니 혼魂아 돌아오소서.

정인보는 만해 말년에 사돈인 벽초 홍명희와 더불어 자주 심우장에 들렀다고 한다. 그리고 미아리 화장터까지 가서 만해의 다비를 받든 사람 중에 정인보의 이름이 있다. 이 시조의 의취가 너무 깊고 아름다워 만해의 서세逝世에 관하여 많은 문인들이 남긴 시 중에서도 으뜸으로 꼽힌다. 짧은 시조이지만 그 속에는 만해의 삶의 신조와 지조, 그리고 매서운 절개, 그리고 불토와 현세를 둘로 보지않는 만해의 사상이 잘 그려져 있다. 그리고 무엇보다도 당시 문인들이 만해에 대해 품고있던 소회의 진면을 드러내고 있다.

### 풍란화의 쏘는 향기, 만해의 장안 한복판의 삶

풍란은 문인화의 대표적인 주제이다. 풍란은 풍요로운 흙 속에 뿌리를 박지 못하고 바위 틈사이 같은 곳에 간신히 뿌리내리고 있어 그 뿌리가 노출되어 있는 것이 특징이다. 그래서 바람결의 양분을 취해 사는 아주 빈곤한 난이다. 그러나 그 난은 어김없이 꽃을 피운다. 그런데 그 향기는 천지를 진동시킨다. 풍란의 향기는 신선하고 매섭기로 유명하다.

풍란화의 톡 쏘는 듯한 향기가 매섭기로 유명하다지만 어찌 만해의 삶이 풍기는 향기에 비견할 수 있을쏘냐! 유격대에 몸담고 항일투쟁에 헌신하는 의사·열사들의 삶은 무한히 존경스럽지만, 장안 한복판에서 쓸 것 다 쓰고, 말할 것 다 말하고, 행할 것 다 행하면서 일론의 타협 없이 고결한 항일의 민족혼을 불태운다는 것은 신비에 가깝다.

### 만해라는 좌표를 통해 강점기의 변절자들의 덧없음을 깨닫는다

우리는 만해를 통해서 비로소, 『독립선언서』를 짓고도 자기 이름을 명단에서 **빼**달라고 비굴하게 요청한 육당이나, 창씨개명에 앞장서서 본인의 이름을 카야마 미쯔로오香山光郎로 바꾸고, 황민화운동, 대동아공영권을 지지하며 조선의 젊은이들이 일본군으로 나아가 싸울 것을 독려한 춘원이나, 타쯔시로 시즈오達城靜雄로 이름을 바꾸고 카미카제같은 전쟁범죄를 찬양하며 조선청년들의 전쟁참여를 독려한 미당 서정주徐廷柱(1915~2000) 등등의 민족지도자들의 삶이 얼마나 잘못된 것인가를 깨닫게 된다. 만해의 시가 오늘까지 살아있지 아니하면, 일본 식민지강점시대의 암울한 저류를 흐르던 우리민족의 정의감이 그 좌표를 잃고 증발해버릴 수도 있는 것이다.

### 평전의 제약성

나는 지금 여기서 한용운의 삶의 궤적을 따라가는 평전 작가들의 작업을 되풀이할 생각이 없다. 한 인간을 이해하는 데 평전의 도움은 절대적으로 필요하다. 그러나 평전의 정보가 만해를 이해하는 절대적 기준이 될 수는 없다. 사람에 관한 정보는 매우 부정확할 때가 많다. 그리고 한 인간의 고달픈 인생역정에서 우리가 취하는 정보는 지극히 제약적이다. 여태까지 만해에 관한 이해가 평전을 채우는 사건의 정보를 바탕으로 이루어졌기 때문에 한용운상이 극히 제한적인 것이 되었다는 것을 나는 언급치 않을 수 없다.

### 마저절위

그러면 만해를 어떻게 이해하는 것이 정도일까? 만해가 만해 자신에 관하여 이야기할 때에도 그 정보는 매우 부정확한 것일 수도 있다. 만해는 놀라운 기억력의 소유자였다. 그래서 그의 문장은 그의 기억력에 의존할 때가 많다. 그러나 기억이란 때로 부정확한 정보를 지어낸다. 만해의 서도작품 중에서 『전집』 제4권의 앞머리에 4글자 성어成語가 하나 실려있다: "磨杵絶葦. 龍雲." 제자인 최범술崔凡述 군의 타이쇼오대학大正大學(1885년에 창립. 1926년 대학으로 됨. 정토종·천태종·진언종 등 4종5파의 연합대학) 졸업을 축하하여 쓴 글씨라 한다.

1933년 3월에 최범술이 타이쇼오대학 불교학과를 졸업했으므로 그 즈음의 작품일 것이다. "마저磨杵"라는 것은 "마저성침磨杵成針"의 줄임말로서 여기 "저杵"는 보통 절굿공이의 뜻인데 나무 목 변이 되어있으므로 나무절굿공이를 의미할 것이다. 그러나 "침針"을 생각하면 이것은 굵은 쇠방망이, 즉 "철봉鐵棒"을 의미한다. "마저"는 "마저성침"의 줄임말이고, "마저성침"은 "쇠방망이를 숫돌에 갈아 바늘을 만든다"는 뜻이다. 이 고사는 이태백이 사천성 미주眉州 상이산象耳山에 입산하여 독서를 하는데 공부가 잘 이루어지지 않으니 포기하고 하산을 할 때 일이다. 소계小溪를 지나게 되었다.

개울가에서 한 노파가 쇠절굿공이를 숫돌에 갈고 있는 것이었다. 이 태백이 하도 이상하여, "게 무엇하고 있는 게요." 하고 물었다. 그 노파가 서슴없이 답한다: "쇠절굿공이를 갈아 바늘을 만들려 하오."

이태백은 그 뜻을 파악하고 다시 산중으로 들어가 소기하는 공부를 다 마쳤다고 한다. 학문이란 의력毅力이 있어야 하고 간난을 극복해야 이루어지는 것임을 말한 것이다.

"마저"는 문제가 없다. 그러나 다음에 병렬한 "절위絶韋"는 문제다. 이 서도작품에 관해서는, 만해가 최범술에게 준 서도작품이라는 해설만 있고, 그에 관한 뜻풀이는 보지 못했다. 뜻이 안 통하기 때문일 것이다. 그리고 "마저절위"라는 고사성어 자체가 없다. 이것은 만해가 순간적으로 지어낸 말인 것이다.

"절위"는 "위절"이라고 썼으면 많은 사람들이 추측을 해냈을 것이다. 그런데 절위라고 쓰는 바람에 해석이 더 어려워지고 말았다. 그러나 "마저"와 병치시키자니 "V+O"의 순서대로 "절위"가 된 것이다.

### 위편삼절의 두 차례 변형

"절위絶韋"는 사마천의 『사기』 공자세가에 나오는 "위편삼절韋編三絶"이라는 말이 변형된 것이다. 공자가 『역易』을 좋아하여, 말년에 『역』을 즐겨 읽었는데, 하도 열심히 읽어 그 『역』을 묶은 가죽끈이 세 번이나 끊어졌다는 것이다. 그리고 공자는 말한다: "몇 년만 더 살 날이 있었으면 『역』에 관하여 보다 성숙한 학문을 이룩할 수 있었을 텐데……" 그때는 책이 종이책이 아니라 죽간竹簡을 가죽끈으로 묶은 것이기 때문에 "위편韋編"이라는 표현이 여기 등장하게 된 것이다.

그런데 만해는 "위편삼절"에서 "절"과 "위," 두 글자를 끄집어 내면서 위韋 위에다가 초두를 가하는 오류를 범했다. 기억의 착오였을 것이다. 기존의 있는 이디엄을 인용하는 것이 아니라, 새로 조합하여 임의적으로 만든 이디엄이기 때문에 붓을 옮기는 순간 착오를 일으킨다는 것은 쉽사리 예상할 수 있는 것이다. 그런데 갈대(초두를 얹으면 갈대가 된다: 韋→葦)로써는 죽간을 묶을 수 있는 끈이 만들어지지 않는다. 그러나 만해는 순간 "위편葦編"을 우리말의 "노끈" 정도로 생각했을지도 모른다. 꼼꼼한 유자라면 "磨杵絶葦"를 결코 세상에 남기지 않았을 것이다. 찢어버리고 다시 썼거나, 종이가 없었다면 다음 기회를 기약하거나 했을 것이다.

그러나 만해는 루 쉰의 츠아뿌뚜어差不多 선생처럼, 그냥 "츠아뿌뚜어"라고 말하고 말았을 수도 있다. 선禪의 지고의 경지에 오른 만해로서는 가죽끈이나 갈대끈이나 츠아뿌뚜어(별 차이 없다)였을 수도 있다. 문자라는 방편을 보는 순간, "쇠절굿공이를 갈아 바늘을 만들듯이, 공자가 『역』에 심취하여 가죽끈을 세 번이나 끊어먹었듯이, 대학을 졸업했으니 이제 지금부터 열심히 공부해라"라는 의취만 깨달으면 될 것이 아니냐 하고 대수롭지 않게 넘겼을 수도 있다.

하여튼 이 작품은 만해의 삶의 중요한 한 단면이다. 무심한 성격, 해탈인의 자유로운 문자반야文字般若 등등을 이야기해 주고 있는 동시에, 반야주체의 불확실한 기억을 말해주고 있다. 기억은 어차피 시간의 거품이다.

### 만해를 이해하고 싶으면 『한용운전집』을 읽어라!

만해의 삶을 이해하는 가장 정확한 방법은 일차적으로 그가 남긴 글들을 읽고 삶의 연변演變에 따른 그의 생각(사상)의 변화를 추적하는 것이다. 시집이라 해서, 시집만을 그의 삶에서 떼어내어 문학사의 맥락에서 분석하는 것도 심한 오류를 일으킨다. 그의 시를 얘기하려면 우선 그의 시 그 자체를 얘기해야 한다. 그의 시에 관하여 문학비평적 "구라"를 피우는 것은 바람직하지 않다. 그의 시가 나오기까지의 그의 생각의 궤적을 충실히 따라가야 한다. 만해는 시인이기 전에 방대한 사유의 집적태이며, 인류사상사의 엄청난 사유체계들이 교차하고 있는 사상시장 한복판이다.

만해의 사유세계를 성격 지우는 아주 명백한 사실 중의 하나는 기나긴 유교전통이 가르치는 한학의 세계와 순도·아도로 시작되어 원효·의천·보조·서산을 거쳐 구한말에 이르기까지 세계불교사의 한 중심축을 이루는 불학의 세계가 온전하게 융합되어 있다는 것이다. 한학의 세계란 구체적으로 13경이라는 유교경전체계를 말하고, 불학의 세계란 해인사 판전板殿에 보존되어 있는 세칭『팔만대장경八萬大藏經』을 일컫는 것이다. "온전하게 융합되어 있다"는 말을 하려면 만해는 13경과 대장경을 다 읽고 소화했다는 의미가 된다.

### 십삼경과 팔만대장경

과연 그럴까? 한 인간의 생애에서 과연 이 방대한 문헌에 눈을 다 스친다는 것이 가능할까? 이 의구심에 대해 "아무렴" 하고 고개를 끄덕일 수 있는 사람은 우리나라에서 만해 한 사람이 있을 뿐이다. 퇴·율은 이런 과업을 수행하고 싶어도 할 수가 없다. 이념적으로 제약된 환경에서 살았기 때문이다. 불경은 이단이었다. 생애의 시간을『팔만대장경』독파에 쏟는다는 것은 있을 수 없는 이단행위였다. 그리고 유교경전이라고 해봤자 13경을 다 읽는 것도 아니고, 그 중에서 주희가 편찬한 "4서" 그리고『시』·『서』·『역』의 3경 정도였다. 물론 공부를 제대로 한다 하는 사람들은 삼례三禮와『춘추』3전을 읽을 것이다.

## 『불교대전』의 미스테리

그러나 만해의 지식세계는 우선 이념적 제한이 없었고, 단시간 내에 어느 누구도 상상할 수 없는 양의 문헌을 소화해냈다. 그는 1912년 초부터 양산 통도사에 틀어박혀 그곳에 해인사 장판藏板을 종이로 찍어 선장線裝 제본한 서책자書冊子『팔만대장경』1,511부, 6,802권 전체를 통람通覽하고 그것을 요약한 단권의『불교대전佛敎大典』을 그 이태 후인 1914년 4월 30일 범어사에서 발행한다.

현존하는 만해 저著『불교대전』을 통독해보면 만해가 이태도 되지 않는 짧은 시간 안에『팔만대장경』전체를 읽고 그것의 다이제스트판을 출간했다는 어마어마한 사실을 확인할 수 있다. 이러한 그의 압도적인 지적 세계가 엄존했기에 그는 외경의 대상일 수밖에 없었고, 엄밀한 시경詩境을 넘나드는 지훈도 "근대 한국이 낳은 고사高士였다"라는 말로 만해론을 시작할 수밖에 없었던 것이다.

1932년 3월, 불교사佛敎社의 월간지『불교』(93호)는 "조선 불

교의 대표적 인물은 누구인가?"라는 제목을 걸고 투표를 시행한 적
이 있다. 피투표자는 조선인 승려에 한했으며, 누구든지 승려면 투
표할 수 있게 하였다. 만해가 422표, 방한암 18표, 박한영 13표, 김
태흡 8표, 이혼성 6표, 백용성 4표, 송종헌 3표, 백성욱 3표였다. 암
자에 고고하게 사시던 방한암方漢巖(1876~1951. 만해보다 3살 위) 스님이
같은 자리에 논의된 것은 부당한 일이지만, 당대 불교계에서의 만
해의 위상을 잘 말해준다.

### 산강재와 벽초의 촌철평어寸鐵評語

　　근세의 도가풍의 초일한 학자이며, 수주樹州 변영로卞榮魯의
큰형이기도 한 산강재山康齋 변영만卞榮晩(1889~1954)은 만해를 가리
켜 이런 평을 한 적이 있다: "龍雲一身, 都是膽也。" 만해 한용운의
한 몸뚱이를 구성하는 세포가 모두 초인적인 담력이라는 뜻이다.

　　충북 괴산사람이자, 소설『임꺽정』의 저자인, 벽초碧初 홍명희
洪命憙(1888~1968)는 만해를 두고 이런 말을 하곤 했다: "칠천 승려를
합쳐도 만해 한 사람을 당하지 못한다." "만해 한 사람을 아는 것이
다른 사람 만 명 아는 것보다 낫다."

　　앞서 아무개가 만해는 조선불교의 현실을 극단적으로 부정했
다라고 말했지만 그것은 만해의 본질을 이해하지 못한 데서 나온 말
이요, 공연한 악감정을 앞세운 췌언에 불과하다. 만해는 조선불교를
사랑했고 유신維新(새로워짐)을 통해 도약시키려 했다. 유신의 방편의
불급不及함 때문에 그가 지향하는 이상을 묵살하는 오류를 범해서는
아니 된다.

한학과 불학의 융합, 술부와 주부의 융합

　한학과 불학의 융합이라는 테마는 매우 어려운 주제인 듯이 들리지만, 만해의 생애에 있어서 그러한 융합은 삶의 역易에 있어서 자연적으로 일어나는 착종錯綜의 한 계기일 뿐이다. 만해가 태어나기 3년 전에 병자수호조약이 맺어졌고, 조선의 개항이 이루어졌다. 그 후로 만해가 심우장에서 서세할 때까지 벌어진 조선의 역사는 가장 비극적이면서 가장 복잡하며 가장 많은 새로운 요소가 밀려들어 오는 신묘한 역사의 전변轉變이었다. 이러한 상마相摩, 상탕相盪의 혼돈 속에서 한학과 불학의 경계는 무너질 수밖에 없다.

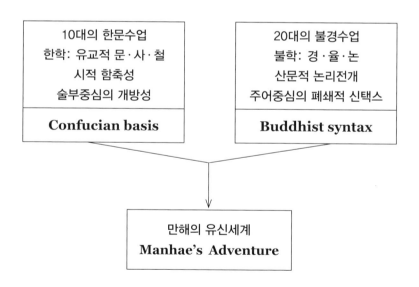

10대의 한문수업
한학: 유교적 문·사·철
시적 함축성
술부중심의 개방성

**Confucian basis**

20대의 불경수업
불학: 경·율·논
산문적 논리전개
주어중심의 폐쇄적 신택스

**Buddhist syntax**

만해의 유신세계
**Manhae's Adventure**

## 제6장

# 만해의 감성세계

## 9살 때 『서상기』 통독

만해의 한학수업을 운운하는 데 기묘한 소리가 하나 있다. 평전작가들이 만해가 9살 때 『서상기西廂記』를 통독하였다고 쓰고 있는 것이다. 한학이라면 당연히 9살 때쯤 사서삼경을 마스타하였다는 소리가 먼저 나와야 하는데 『서상기』라는 엉뚱한 책이름이 나오는 것이다. "『서상기』는 음란을 가르치고 『수호전』은 도둑질을 가르친다" 하여 유학의 세계에서는 극도로 금기시되었던 책이다. 그런데 조선의 시골 홍성에서 아홉 살짜리 소년이 『서상기』를 읽고 앉아있었다니 그 무슨 해괴망칙한 소리인가?

그런데 이런 소리가 무근거한 뜬소문이 아니라는 것은 만해 자신의 글에 의하여 입증이 된다. "아홉 살―서상기"의 언급은 「시베리아 거쳐 서울로」라는 글과 「나는 왜 중이 되었나」에 같은 맥락에서 언급되고 있다. 「시베리아」에서는 다음과 같이 기술되고 있다:

출가한답시고 무작정 떠나기는 떠났는데, 해는 이미 기울고, 발에서는 노독路毒이 나고, 오장이 주리어 차마 촌보를 더 옮기어 디딜 수 없기에 길가에 있는 어떤 주막집에 들어가 팔베개를 베고 하룻밤 지내느라니, 그제야 이번 걸음이 너무도 무모하였구나 하는 생각이 났다. 큰뜻을 이룬다니, 한학漢學의 소양밖에 없는 내가 무슨 지식으로 큰뜻을 이루나! 이러한 생각 끝에 나는 아홉 살 때 읽었던 『서상기西廂記』의 통곡痛哭 일장에 문득 마음이 쏠려졌다.

인생이란 덧없는 것이 아닌가. 밤낮 근근 살자 하다가 생명이 가면 무엇이 남는가, 명예인가 부귀인가, 모두 다 아쉬운 것이 아닌가. 결국 모든 것이 공空이 되고 무색無色하고 무형無形한 것이 되어버리지 않는가. 나의 회의는 점점 커져갔다. 나는 이 회의 때문에 머리가 끝없이 혼란하여짐을 깨달았다. "에라, 인생이란 무엇인지 그것부터 알고 일하자" 하는 결론을 얻고, 나는 그제는 서울 가던 길을 버리고 강원도 오대산五臺山의 백담사百潭寺에 이름 높은 도사道士가 있다는 말을 듣고 산골 길을 여러 날 패이어 그곳으로 갔었다. 그래서 곧 동냥중이 되어 물욕物欲, 색욕色欲을 모두 버리고, 한갓 염불念佛 외며 도道를 닦기에 몇 해를 보내었다. …… 운운.

「나는 왜 중이 되었나」라는 글 속에서도 『서상기』가 언급되는 맥락은 대동소이하다:

"적수공권赤手空拳으로 어떻게 나랏일을 돕고 또한 한학漢學의 소양素養 이외에 아무 교육이 없는 내가 어떻게 소지素志를 이루나. 그날 밤 야심토록 전전반측輾轉反側 하며 사고思考 수십회數十回에 이를 때에 문득 나의 아홉 살 때 일이 유연油然히 떠오른다. 그 것은 구九 세 때 『서상기西廂記』의 통기 1장을 보다가 이 인생이 덧없어 회의懷疑하던 일이라. 영영일야營營日夜(※ 밤낮으로 휴식을 모르고 일함) 하다가 죽으면 인생에 무엇이 남나. 명예냐, 부귀냐? 그것이 모두 아쉬운 것으로 생명이 끊어짐과 동시에 모두다가 일 체 공空이 되지 않느냐. 무색하고 무형한 것이 아니냐. 무엇 때문 에 내가 글을 읽고 무엇 때문에 의식衣食을 입자고 이 애를 쓰는 가 ……"

## 『서상기』, 회의의 심연

만해에게 『서상기』는 인생의 기로에 섰을 때 계속 떠오르는 질문을 제공하는 회의의 심연深淵 같은 것임에 틀림이 없다. 분명 만해는 『서상기』를 아홉 살 어린 시절에 읽었고, 그 서물에서 받은 사유 혹은 감정의 충격은 그의 생애를 내내 지배했다고 보아야 할 것이다.

## 유교는 예악

조선왕조의 문화를 생각할 때 유교적 적통론이 전면에 부상하 지만, 유교는 본시 예악禮樂을 떠나서 존재할 수 없는 것이고, 예악 은 정악正樂적 측면만 있는 것이 아니라 속악俗樂적 측면이 공재共在 하는 것이다. 경학經學에 대한 진지함을 문명의 가장 고귀한 가치로 서 존숭할 줄 아는 사람이라면, 판소리를 창안하고 그 속악의 형성 에 헌신한 사람들의 공부의 진지함과 정교함은 사대부들의 경서 주해에 대한 헌신 못지않다는 것을 깨달아야 한다.

『주역』「계사전繫辭傳」의 첫머리가 "천존지비天尊地卑"라는 말로 시작하는데, "존비"가 가치어가 아니라 사실묘사어라는 것은 내가 나의 강론 속에서 수없이 강조하여왔다. 문명을 구성하는 문화라는 것도 존의 문화(High Culture)가 있고 비의 문화(Low Culture)가 있으나, 여기서 말하는 "하이High"와 "로우Low"는 결코 도덕적 포폄이 될 수가 없는 것이다.

## 당시, 송사, 원곡

송나라의 도학道學이 자리를 잡아갈 때에도 같은 시기에 사詞가 흥성했다. "시詩"라고 하는 것은 당나라문화를 기준으로 하는 것이다. 그래서 시는 "당시唐詩"라고 한다. 그 다음에 소동파가 쓴 시를 시라고 부르지 않는다. 송나라 때에는 사패詞牌에 맞추어 다양한 리듬의 신체시를 노래로 불렀기 때문에 그것을 "사詞"라고 한다. 그것이 "송사宋詞"다. 그런데 송나라가 망하고 원나라가 들어서면서 생겨난 문학장르는 "곡曲"이라고 한다. 그래서 중국문학의 홍류鴻流는 1) 당시唐詩 2) 송사宋詞 3) 원곡元曲이라는 사실을 명료하게 인식해야 한다.

## 원나라 문화

원나라 때에는 지배자 몽골인에 비해 중국인의 처우는 저급한 것이었고, 과거도 폐지되었고, 도학적인 국가비전도 흐릿한 것이 되고 말았다. 그래서 중국의 지성인들은 삶의 좌표를 잃고 기방을 출입하거나, 기생들과 더불어 노래를 짓고 연극을 창안하는 것으로 삶의 시간을 보내었다. 그런데 이것은 좌절, 낭패, 타락, 허비의 세월이 아니라 오히려 중국문명에 새로운 문화를 도입하는 창조적 계기가 되었다. 지성인들이 과거시험의 협애한 가치관에서 해방되어 자유로운 문학활동을 하게 되었고, 책상머리의 지성인이 아니라, 시정市井의 무대를 연출하면서 대중과 밀착되어 가는 현장의 예술가가 되었다.

## 원곡=잡극

원곡元曲은 보통 "잡극雜劇"이라고 말한다. 그것은 우리가 생각하는 드라마의 요소를 다 갖추고 있는데, 그 구성방식이 "잡雜"하기 때문이다. "잡"이라는 것은 잡스럽다는 얘기가 아니고, 과거에는 춤추는 사람과 노래부르는 사람이 분리되어 있었는데 그 기능이 한 사람에게 집중되었다는 것이다. 그리고 역할이나 극본의 전개양식도 매우 콤플렉스한 것이 되었다. 그래서 잡극이라 하는 것이다. 이 잡극 중에서 가장 고귀한 지위를 점하고 있는 것이 바로 한용운이 아홉 살 때 읽었다는 『서상기』이다. 김성탄金聖嘆(1608~1661, 명말청초의 문학비평가로서 그 방면에 최고의 경지에 이른 사상가이다)은 『서상기』를 『장자』, 『이소離騷』, 『사기史記』, 『두시杜詩』, 『수호전』과 더불어 "육재자서六才子書"(여섯 천재의 작품)라고 불렀으니 『서상기』가 얼마나 대단한 취급을 받았는가 하는 것을 알 수가 있다. 『장자』나 『사기』, 두보의 시 전체와 맞먹는 독자적인 성취로 간주했던 것이다. 그만큼 문명의 틀을 바꾼 거대한 작위作爲로서 존숭되었던 것이다.

## 나의 대만대학 시절, 잡극써클

나도『서상기』를 정독하면서, 작作의 에포크적 성격을 인정하지 않을 수가 없었다. 내가 대만대학을 다닐 때만 해도 학생자치활동으로서 잡극써클이 있었다. 나와 같은 기숙사(제9숙사)에 있는 대학원생 하나가 잡극에 지극히 열심인 자가 있어서 그를 따라가 연습하는 것을 여러 번 보았는데 많은 것을 배울 수 있었다. 피상적으로 볼 때는 다 비슷하게 보이지만, 알고 그 내면을 볼 때에는 한 스텝 한 스텝이 정교하기 그지없다. 사詞의 경우는 사패詞牌가 있듯이 곡曲에는 곡패曲牌가 있다. 곡패는 창자가 읊는 시가詩歌의 분위기에 따라 바뀐다.

## 『서상기』의 저자, 왕실보

『서상기』의 저자는 왕실보王實甫로 알려져 있는데, 대도大都(지금의 뻬이징北京)사람으로 잡극 13편을 창작했다는 정도만 알려져 있고, 그에 관한 평전 정보는 전무하다.『서상기』는 대체로 원정元貞, 대덕大德 연간(1295~1307)의 작품으로 본다. 그러니까 주희가 죽고 나서 꼭 100년이 지났을 때 즈음에 성립한 것이다. 주희로부터 왕실보에 이르기까지의 변화도 동아시아역사의 거대한 전변을 말해주는 것이다. 세계문학사에서『서상기』는 셰익스피어의 작품과 잘 비교되는데, 내가 보기에『서상기』의 내용은 셰익스피어의 4대비극의 수준을 뛰어넘는 깊이와 섬세함이 있다. 그리고 셰익스피어(1564~1616)보다 대략 300년을 앞선다.

## 꾸안정마빠이

　"원곡사대가元曲四大家"라 하면, 관한경關漢卿, 정광조鄭光祖, 마치원馬致遠, 백박白朴 4명을 꼽는데, 재미있게도 왕실보는 사대가 즉 꾸안關·정鄭·마馬·빠이白의 리스트에 들어가 있지 않다. 왕실보의 생애가 알려져 있지 않다는 뜻은, 그의 계보가 단절되었다는 뜻이고, 잡극류파를 형성치 않았다는 뜻이 될 터인데, 무엇보다도 결정적인 이유는 원대 잡극의 여하한 작품도 왕실보의『서상기』와 같은 차원에서 논의될 수 없다는 데 있다. 그만큼『서상기』는 시대적 가치관의 억압과 무관한 인간 보편의 내면적 가치, 그 갈등을 심도 있게 다루고 있는 것이다.

　지금 우리는 원대의 잡극雜劇 그 자체의 논의에 너무 깊숙이 들어와 있다. 그러나 실은 우리의 관심은 만해 그 자신이 아홉 살 때『서상기』를 읽었고, 그 후 10년쯤 지나 인생이 곤궁한 극한상황 Grenzsituation에 처했을 때『서상기』의 어느 부분이 생각났다는 사실에 관한 것이다. 이 사실에 대한 만해 본인의 기술의 정확한 실체를 규명하려는 것이다.

## 만해의 한학수업 속에『서상기』가 있었다

　만해가『서상기』를 어렸을 때 읽었다는 것은 어김없는 사실이다. 그리고 "한학漢學의 소양素養 이외에 아무 교육이 없는 나"라는 자기 모습을 독백하는 것을 보면, 어렸을 때부터 한학의 수업은 누구 못지않게 정통으로 받았다는 것을 암시하고 있다. 4서5경을 독파하고 있는 와중에『서상기』를 읽을 여유가 있었다는 것도 또한 사실이다. 만해는 어렸을 때 이미 『서상기』의 영향을 깊게 받았고, 고난이나 시련이 닥치면 『서상기』의 구절들이 떠올라 마음의 위로를 얻었다는 것 또한 어김없는 사실이다.

그런데 나의 질문은 이런 것이다. 그는 「나는 왜 중이 되었나」에서는 "『서상기』의 통기 1장"이라 했고, 「시베리아 거쳐 서울로」에서는 "『서상기』의 통곡痛哭 1장에"라 했는데 이는 과연 『서상기』의 어느 부분일까? 내가 보기에는 "통기" "통곡"이 모두 부정확한 기억에 의존하여 나온 말같이 여겨진다. 원곡에는 "장章"이라는 말은 쓰이지 않는다. 요즈음 우리말로 "몇 막幕 몇 장場"에 해당되는 드라마의 개념은 잡극에서는 "본本과 절折"이라는 말로 표현한다. 보통 잡극은 1본本 4절折로 이루어지는데 『서상기』는 예외적으로 5본 20절(21절의 판본도 있다. 제2본 제5절)로 이루어진 대작이다. 본에는 제목이 있는데 절에는 없다.

제1본: 張君瑞鬧道場 장군서 절깐 도량을 떠들썩하게 만들다

제2본: 崔鶯鶯夜聽琴 최앵앵은 밤에 거문고 소리를 듣다

제3본: 張君瑞害相思 장군서, 상사병을 앓는다

제4본: 草橋店夢鶯鶯 주막에서 앵앵을 꿈꾸다

제5본: 張君瑞慶團圞 장군서, 드디어 하나된 것을 경하하다

이 전체를 자세히 검토해보아도 "통곡"이라고 제목을 달 만한 내용은 보이지 않는다. 아무래도 만해의 기억의 정밀한 해당처를 찾는 것보다는 이 작품의 전체적 성격을 규명해야 할 것 같다. 이 작품의

전개는 통곡의 여지가 없다. 좌절의 멈춤을 삽입할 틈이 없다. 운명의 극복과 눈물의 전진이 있을 뿐이다. 『서상기』는 불가항력적인 운명(모이라)을 내세우는 비극이 아니라, 비극적 운명을 극복해 나가는 승리의 찬가이다.

## 잡극의 주제

잡극의 주제는 대체로 1) 유교적 테마, 2) 도가·불가적 테마, 3) 은자의 테마, 4) 사회정의에 관한 테마, 그리고 5) 사랑의 테마로 나뉠 수 있다.

한번 생각해보라! 드라마에는 수없이 많은 인간의 과제상황이 등장할 수 있지만 과연 사랑처럼 리얼하고 강렬한 것이 있을 수 있겠는가? 사랑 중에서도 가장 강렬한 것은 청순한 남녀간의 사랑이다. 조국에 대한 사랑 때문에 목숨을 바치는 용감한 젊은이들이 있지만, 그들은 특별한 가치관의 세뇌를 거쳤다. 그러나 사랑에 헌신하는 순결한 남녀는 사랑을 거부당했을 때는 카미카제보다도 더 용감하게 목숨을 바친다. 그들의 상열지사는 순결한 몸의 감성적 발로이며 어떤 도덕적 이념성의 지배를 거부하는 것이다. 왕실보는 인간존재의 존재 그 자체가 사랑이라고 본다. 이것은 유·불·도의 이념보다도 더 원초적인 것이고, 탈이념적인 것이다.

## 당의 근원설화

『서상기』라는 원대의 희곡은 이미 당나라 때 그 근원설화에 해당되는 『앵앵전鶯鶯傳』이라는 작품이 있었다. 『앵앵전』의 작가는 원진元稹(779~831)으로 알려져 있다. 그는 하남성 낙양사람으로 과거에 급제하여 재상으로까지 승진한 천재적 인물인데, 평소 백낙천과 절친하게 지냈다. 이 두 사람의 시풍을 "원백체元白體"라고 부르기도 한다. 원진의 『앵앵전』은 일명 『회진기會眞記』라고도 불리기도 하는데, 일종의 전기傳奇문학으로 『서상기』의 원시소재가 되었다. 이 『앵앵전』은 금金나라에 이르러, 우리나라의 판소리와도 비슷한 강창문학講唱文學으로 발전한다. 금의 동해원董解元(생평정보가 미비하다. 장종章宗, 1190~1208 때 활약)은 강창문학으로서 『서상기제궁조西廂記諸宮調』를 지었다.

그러나 『앵앵전』이나 『서상기제궁조』는 모본적 스토리를 가지고 있기는 하나 왕실보의 『서상기』와는 줄거리 핵심의 구조가 다르고, 문학적 정신이 판이하다. 『서상기』는 『앵앵전』이나 『제궁조』에 깔려있는 가치관을 근원적으로 혁명시켰다. 그것은 실로 "다시 개벽"적인 회전이었다.

## 『서상기』와 『앵앵전』의 근원적 차이

『서상기』는 아주 단순하게 말하자면 장생張生과 최앵앵崔鶯鶯의 사랑이야기이다. 보통 사랑이야기라는 것은 철없는 젊은이들의 무모한 돌진이나 성인들의 불륜에서 시작하여 결국 그들을 둘러싼 세파의 억압을 이겨내지 못하고 비극적 결말을 초래하는 것이 대강의 드라마적 구성을 이루게 마련이다. 당대의 『앵앵전』이나 금대의 『제궁조』는 두 남녀가 고난을 극복해가면서 순결한 운우지정雲雨之情을 나누기까지 하였으나 앵앵의 모친이 내건 최후의 혼약조건인

과거시험에 불합격함으로써, 서로에게 닥칠 불리한 미래진로를 걱정하면서 위장된 사랑의 감정 속에서 서로를 위로하면서 헤어지게 된다. 즉 전체 스토리가 결국 남자중심으로 짜여져 있고, 한때의 철없는 불장난으로 귀결되고 마는 것이다. 사랑이 적당한 타협 속에 이기적인 진로로 나아가는 것이다.

## 여자의 주체적 선택

그러나 『서상기』에서는 최초의 무산지몽巫山之夢에 관한 기술에 있어서도 남자중심의 기술이 아니라 여자의 주체적인 선택을 나타내고 있다. 여자는 더이상 남자에게 "따먹히는" 존재가 아니다. 버지니아 울프가 말하는 "자기만의 방"보다 더 주체적이고 적극적이다. 앵앵은 여러가지 방편을 통해 장생을 시험한다. 그의 상사병이 진실한 사랑에서 우러나오는 위태로운 증세임을 확인하고 스스로 이불과 베개를 먼저 보내고 장생이 누워있는 서상西廂(큰 건물의 서쪽 회랑)으로 나아간다. 앵앵의 모습은 연약하지만 모든 것을 비우는 듯한 극도의 아름다움을 나타내고 있다. 그 자태는 곡패 "원화령元和令"의 운을 밟는 시로써 표현되고 있다.

### 繡鞋兒剛半折 수혜아강반절
**비단실로 수놓은 어여쁜 신발은**

꼭 반 趷(※ 달빛 아래 디딤돌 위에 놓인 신발의 모습으로 이미 앵앵이 침실로 들어갔다는 것을 암시한다),

柳腰兒勾一搦 류요아구일낙

　　하늘거리는 능수버들과 같은 허리는

　　한 아름에 앵기는구나(※ 아름다운 처녀 앵앵이 이미 장생의 품

　　안에 안겼음을 나타낸다).


羞答答不肯把頭擡 수답답불긍파두대

　　부끄러워하면서도 모든 것을 받아들인 듯하지만

　　나를 향해 머리를 들려하지 않네(※ "수답답"은 원대의 구어).


只將鴛枕捱 지장원침애

　　원앙침으로 나를 막고 있을 뿐


雲鬟彷彿墜金釵 운환방불추금차

　　구름과도 같은 푸른 빛 도는 머리카락 숲 위로

　　금비녀가 떨어지려고 하고 있소(※ 부끄러워하는 여인을 유

　　혹하기 위하여 장난으로 던지는 말)


偏宜鬆髻兒歪 편의적계아왜

　　따올린 가발머리 삐뚤어지니

　　더욱 멋지구나(※ 가발을 올린 것은 고귀한 신분을 나타낸다. 전

　　조前朝 상국相國의 딸이다)

곡패가 상마교上馬嬌로 바뀐다.

我將這鈕扣兒鬆 <sup>아장저뉴고아송</sup>

이제 나는 그대 몸을 감싼 단추를 모두 풀어헤치고

縷帶兒解 <sup>루대아해</sup>

비단 허리띠를 크를 것이외다

蘭麝散幽齋 <sup>난사산유재</sup>

오~ 갑자기 난향과 사향이

이 선비의 그윽한 서재에 가득차는구려

不良會把人禁害 <sup>불량회파인금해</sup>

미운 놈이라고 사람마음을

병들게 할 줄도 아시는가

哈, 怎不肯回過臉兒來? <sup>해, 즘불긍회과렴아래</sup>

아! 어이하여 몸을 돌려 얼굴을 보여주지 않소?

〈승호로勝葫蘆〉

我這裏軟玉溫香抱滿懷 <sup>아저리연옥온향포만회</sup>

아~ 이제 나는 부드러운 옥, 따뜻한

향내음새 가슴 가득 껴안으니(※ 이미 성교가 시작되었음을 암

시한다)

呀, 恰便似阮肇到天台 하, 흡편사완조도천태

아~(환희에 놀란 듯한 감탄사) 마치 완조(한 명제明帝 5년, 천태
산에 선약을 구하러 들어간 전설적 인물, 완랑阮郎이라고도 한다)가
선약을 구하러 천태산에 들어간 것과도 같구나(※ 완조는
아름다운 선녀를 만나 신랑감이 되고 만다. 여기 천태산에 들어갔
다는 표현은 이미 장생의 양경이 앵앵의 음질 속을 헤매고 있음을
나타낸다)


春至人間花弄色 춘지인간화농색

봄이 두 사람 사이에 이르니

모든 꽃이 색깔이 짙어만 간다(※ 흥분이 클라이막스를 향해
진행중이다)


將柳腰欵擺 장류요관파

능수버들 가는 허리, 흐느적흐느적


花心輕拆 화심경탁

꽃술이 살짝 터지고


露滴牡丹開 로적모란개

이슬방울 떨어지니 모란꽃이 활짝

피는구나(※ 오르가즘의 엑스타시를 이렇게 표현했다)

〈요편么篇: 마무리 후곡後曲〉

但醮著些兒麻上來! <sup></sup> 단초저사아마상래

잠시 담그었을 뿐인데 온몸이 저려오누나!

魚水得和諧 어수득화해

물고기와 연못이 화락함을 얻었구나(※ 물고기는 장생의 음
경을 나타내고 연못은 질펀한 앵앵의 질 속을 나타낸다. "화해"는
사랑의 아름다운 표현이다. 집주에 화는 두 몸을 합치는 것이고, 해는
원하는 것을 이루는 것이라 했다).

嫩蕋嬌香蝶恣採 눈예교향접자채

새롭게 피어난 연한 꽃술, 자극적인 향내, 나비가 되어
마음껏 땄네

半推半就 반추반취

쑤욱 밀어넣으니
주욱 불어나오고(※ 성교의 표현)

又驚又愛 우경우애

경악스러운 환희를 느끼니
그만큼 아껴주고 싶도다

檀口搵香腮 단구온향시

　　아름다운 남성의 입으로

　　향기로운 그녀의 뺨을 문지른다(※ 집주에 성교의 여운을 즐기는 애무라고 했다).

장생은 앵앵 앞에 무릎을 꿇고서 서약한다: "아씨께서 소인을 버리지 않으시니 감사의 말씀을 무어라 드리오리까? 제가 이 밤에 아씨와 침석枕席(잠자리)을 함께 할 수 있다니! 이 은혜 두고두고 종복처럼 갚으리다!"

앵앵: "쇤네는 천금의 처녀 몸을 하루아침에 버렸나이다. 이 몸을 족하足下에 맡기노니, 훗날 실연의 노래를 부르게 마옵소서."
장군서: "소생이 어찌 감히 그리하오리이까!"

〈후정화後庭花〉

　　春羅元瑩白 춘라원형백

　　　봄빛 비단수건 본시 희고 희더니

　　早見紅香點嫩色 조견홍향점눈색

　　　향기로운 붉은 빛 부드럽게 비치는구나!

　　　(※ 처녀막의 파열까지 표현하고 있다).

### 『서상기』와『채털리 부인의 사랑』

　　세계문학사에서 그 많은 에로티시즘의 주제가 만발하고 있지만『서상기』처럼 성교장면을 적나라하고, 노골적으로, 그리고 사실적으로 표현한 유례를 찾기 어렵다. 로렌스의『채털리 부인의 사랑』에서도 여주인공 코니와 산지기 올리버 멜러즈의 첫 성교장면은 극단적으로 절제되어 있고 추상적으로 간결하게 그려져 있다.『채털리 부인의 사랑』은 금세기를 통하여 미국, 캐나다, 오스트랄리아, 인도, 일본에서 계속 금서목록에 갇혀 있었다. 그러나 동방문화권에서『서상기』는 이미 600년 전부터 자유롭게 공연되었다.

### 문언文言과 백화의 묘합

　　그것은 시가詩歌, 음악, 무도가 혼합되는 드라마의 형식을 취했고 "츠앙唱(노래) – 니엔念(음악적으로 말함), 쭈어做(무도화된 형체동작), 따打(무술적 기교)"라는 다양한 표연表演기법과 결합되었다. 그리고 외설이라고 생각되는 부분은 모두 정교하고 고결한 시詩로 이루어져 있기 때문에 전혀 비속한 느낌이 들지 않는다. 그리고 문언체(고투)와 구어체(백화문)를 교묘하게 섞어 썼기 때문에 전체적으로 무게감이 있다. 당대의 관객들에게 뜻전달이 잘 되었을 것이나 오늘 우리가 해석하기에는 난감한 구석이 많다.

### 관한경의『두아원』

　　원대 잡극의 가장 포퓰라한 대표작으로서 우리는 보통 관한경의『두아원竇娥寃』을 꼽는다. 효부 두아가 너무도 터무니없이 억울한 죄를 뒤집어쓰고 결국 참수를 당하기 위해 형장으로 끌려가서 죽는데, 참수되기 전에 세 가지 소원을 말할 것을 허락받는다: 1) 나의 피는 죄가 없기에 모두 하늘로 솟구쳐 흰 비단에 스며들 것이오 2) 오뉴월에 서리가 내릴 것이오 3) 삼 년 동안 가뭄이 들 것이오. 두아의 원한의 징표는 문자 그대로 실현되고, 결국 두아의 혼령은 과거시험에 합격한 아버지와 재회하게 된다. 그 장면들의 설정이 매우 핍절하고, 억울함에 분노가 들끓는가 하면, 또 결국 사필귀정의 원한이 풀리면서 카타르시스를 얻는다. 두아의 통곡장면은 비장하고 격렬하다. 암흑사회에 대한 작자의 비판의식이 매우 절실하게 표현되어 있다.

## 『서상기』는 리얼하다

그러나 『서상기』는 이러한 가상문학의 허구적 설정과는 무관하다. 『서상기』에는 오직 한 남자와 한 여자간의 현실적 사랑이 있을 뿐이다. 이 사랑을 실천하기 위해서 두 사람은 모든 합리적 수단을 동원하여 밀려오는 압박·압제·압억壓抑을 돌파해야 한다. 다시 말해서 『서상기』에는 일체의 초자연적인 픽션의 개입이나, 우연의 행운이나, 불행한 결말을 초래하는 햄릿의 실수 같은 것이 없다. 오직 불합리한 시대적 가치의 예속을 박차고 나가려는 젊은이들의 자유로운 애정의 추구만 있을 뿐이다. 과거도 사랑의 달성을 위한 방편으로 추구되는 것이다. 과거에 합격하였기 때문에 결혼하고 불합격하였기 때문에 헤어지는 것이 아니다.

## 장생과 앵앵의 주체적 노력

장생은 최앵앵 집안의 불운을 제거하기 위한 최선의 노력을 다한다. 실제로 장생은 친구의 힘을 빌어 도적 손비호의 떼거리를 물리치고 앵앵집안을 구출해낸다. 앵앵의 엄마는 도적을 물리치는 자에게 딸을 주겠다고 선언한 바가 있다. 그렇다면 당연히 앵앵과 장생의 결합은 이루어져야 한다. 그러나 앵앵의 엄마는 약속을 어긴다. 약속을 어긴 엄마의 가치관에 항거하여 앵앵은 서상에 있는 장생張生(장군서張君瑞)의 품을 찾아가 운우雲雨의 열락을 과시한다.

## 사랑하면 곧 가족이고 혈통이다

이 작품에서 부닥치는 가장 근원적인 주제는 "가족" "혈통" "신분의 고하"와 같은 말이다. "쥐앤수眷屬" 즉 "권속"이라는 말이 계속 나오는데, 이 두 청춘남녀의 철학은 두 사람이 만나 진정으로 사랑하여 결합하면 그것이 곧 가정이요, 권속이 된다는 것이다. 사랑 이외의 어떠한 요소도 이들의 성혼을 막는 요소가 될 수 없다. 이 작품에서는 이 두 사람의 진실한 사랑을 가슴속 깊이 인지하고 지혜를 짜는 앵앵의 몸종, 홍랑紅娘의 역할이 매우 돋보인다. 진실로 사랑하는 사람들은 여하한 사회적·신분적 압제와 관계 없이 가정을 이룰 수 있다는 것이 『서상기』의 철학이다. 이 작품의 대단원 마지막 창에서 극작가 왕실보는 이와같이 외치고 있다.

< 청강인淸江引 >

고마워라 하느님께서

부부되라 천명을 내려 주시니

늙어 죽도록 헤어지지 말고

천년만년 늘 함께하라

온 천하의 사랑하는 사람들이여!

모두 다 가정을 이루소서.

願普天下有情的都成了眷屬。

### 주희로부터 백년, 가치관의 거대변화, 순결사랑의 보편화

주희의 죽음으로부터 왕실보의 저작에 이르기까지 백년의 세월의 변화는 몽골지배의 압제가 개입되고 있지만, 그 압제는 압제로서만 그치는 것이 아니라 중국인의 영혼을 기존의 가치관으로부터 풀려나게 만드는 해방론적 전변이기도 했던 것이다. 『서상기』의 영향으로 실제로 순결한 사랑을 추구하는 젊은이들이 많이 생겨났다고 한다.

### 홍성의 선진문화

홍성에서 태어나서 자란 한용운에게 유교문명이란 단순히 주자학적 경학을 의미하는 것이 아니었다. 한용운보다 10년 뒤늦게 홍성에서 김좌진金佐鎭(1889~1930)이 태어난다. 그리고 승무, 태평무, 살풀이춤을 창안한 한성준韓成俊(1875~1941)은 홍주골 갈미리에서 태어났는데, 한용운의 아버지 한응준韓應俊과 같은 청주한씨 집안사람들이다. 그리고 예산지역의 거유, 추사 김정희가 『서상기』를 읽고 감동을 받아 우리말로 번역하였다는 이야기가 전한다(『후탄선생정정주해後歎先生訂正註解』, 「책머리에」, 서울: 국학자료원, 2015). 현물이 없기 때문에 상론할 수는 없으나 추사와 같이 새로운 문물에 호기심이 강한 인물이라면 충분히 『서상기』의 독자적인 가치를 인정하고 번역을 시도했을 수도 있다.

### 남평문씨 한명의 『서상기』 주석

그리고 놀라운 것은 『서상기』에 대한 매우 종합적인 주석이 영남지역에 살던 이름없는 소설가 남평문씨 문한명文漢命(1839~1894)에 의하여 시도되었다는 사실도 놀랍다. 그 주석의 장관이 예사스러운 수준을 뛰어넘는다. 그리고 1913년 서울의 유일서관唯一書館에서 『현토주해懸吐註解 서상기西廂記』가 발간되었다.

나는 "통곡 일장"이라는 말의 실체를 규명할 수는 없다. 상기의 연결되지 않은 듯한 사건들의 분위기 속에서 조선왕조시대의 유교문명의 복합적 구조를 헤아려 볼 수 있다고 생각한다. 홍성에서 태어나 훌륭한 아버지 밑에서 자라난 만해는 아홉 살 때 이미 유교경전에 통달했을 뿐 아니라, 『서상기』의 로만티시즘의 본질에 정통하였다고 볼 수 있다.

『서상기』는 비극도 아니고 희극도 아니다. 그것은 치열한 낙관이요, 사랑의 찬가요, 비애로운 인생의 자유로운 측면이요, 진실의 승리요, 존재의 발견이다. 만해가 굶주렸을 때, 가야 할 곳을 잃었을 때, 비견이 보이지 않는 절망 속에서 『서상기』를 생각했다는 것은 님의 침묵을 발견했다는 의미일 것이다. 앵앵과 장생의 용감한 전진 속에서 인생의 궁극적 진리를 발견할 수 있다는 낙관적 신념이 만해를 감쌌던 것이다. 우리가 이제 만나려고 하는 만해의 삶은 이렇게 시작된 것이다.

## 제7장

# 만해의 불교수업

## 사실을 만난 기억

최근에 나의 제자 오항녕 군(전주대 사학과 교수)이 기축옥사의
이해를 둘러싼 문제들을 평론하면서 『사실을 만난 기억』이라는 책
을 발간했는데, 언뜻 책제목이 잘 이해가 가질 않는다. 아주 평범하
게 말하자면, 그 책이 소기한 바는 "사실에 대한 사람들의 다양한 기
억들" 정도의 의미가 될 것 같다. 그런데 정여립의 모반이라는 사실
그 자체가 확정적이질 않고(사태가 판결나기도 전에 정여립은 자결하였다),
사람들이 과연 "사실"을 만났는가 하는 것 자체가 불확정적인 상태
에서 사료적 사실에 의거하여 당파적으로 해석된 모든 스토리들을
단죄할 수 있는가 하는 것은 좀 심각하게 고려해 볼 문제이다. 그러
나 오 교수는 보다 엄밀하게 사실에 접근하는 방편으로서 사료를 세
밀하게 그리고 광범위하게 읽을 필요가 있다는 테제를 한국의 사학
계에 요청하고 있는 것이다.

## 제1차 출가

만해가 자기 삶의 궤적을 회상할 때에도 비슷한 문제가 있다. 어느 특정한 사건을 말할 때 당시의 만해가 그 사건을 회상하는 실존적 환경에 따라 화제話題의 맥락이 달라지기 때문에 기억 자체가 불확정적일 때가 많다. 만해는 1897년(19세)에 제1차 출가를 하였다. 앞서 인용한 두 문장에서도 최초로 출가하여 정확하게 어디로 갔는지에 대한 기술이 애매하다. 제1차 출가 시에 여차여차한 절을 경과하여 강원도 백담사, 그리고 오세암까지 간 것은 명확한 것 같으나 그는 1901년, 그러니까 4년 후에는 일단 홍성의 집으로 다시 돌아온다.

## 제2차 출가

홍성 향리에서 생활하다 보니 도저히 돌아가는 망국亡國의 세태가 사적인 생활공간에 엉덩이를 붙이고 살 수만은 없다고 생각되어, 그간에 외지에서 생활해본 경험을 살려 제대로 출가할 각오를 세우게 된다. 만해는 1903년 25세 때 제2차 출가를 단행하는데, 요번에는 보은 속리사로 간다. 그리고 다시 오대산 월정사月精寺에 젊은이들이 많이 모여서 공부하는 좋은 강원이 있다 하여, 오대산 월정사를 찾아가 그곳에서 강원에 들어가 공부를 하게 되었다. 본인의 회고에 의하면 최초로 잡념 없이 불경공부에 전념할 수 있었고 여름이면 울창한 솔밭, 겨울이면 한결같이 눈 속에 잠긴 천봉만학을 바라보면서 속세와 단절된 스님의 삶을 느껴볼 수 있었고, 하루의 스케줄이 너무도 타이트하여 불경공부 외에 딴 생각을 할 틈이 없었다고 했다.

월정사 1년의 강원생활은 승려로서 살 수 있는 삶의 루틴을 만든 시기였다고 말할 수 있다. 월정사에서 만해는 소정의 수학을 마친 후에 본격적인 스님이 되기 위하여 걸음을 내설악 백담사로 향한다.

만해는 백담사에 적을 두면서 탁발승托鉢僧, 즉 동냥중 노릇을 해가면서 불도佛道에 전념한다:

> 물욕物慾, 색욕色慾에 움직일 청춘의 봄이 한갓 도포道袍자락을 감고, 고깔 쓰고, 염불을 외우게 되매 완전히 현세現世를 초탈한 행위인 듯이 보이나, 아마 내 자신으로 생각하기에도 그렇게 철저한 도승道僧이 아니었을 것이다.

## 백담사에서 정식 수계, 은사 김연곡

1905년 1월 26일, 나이 27세에 드디어 백담사에서 정식스님으로서의 계戒를 받는다(수계受戒: 스님으로서 지켜야 할 계율을 엄숙하게 서약하는 예식. 이 예식을 거치면 비구로서 인정을 받는다). 계사는 전영제全泳濟, 은사는 김연곡金蓮谷이었다. 그가 구도의 심정으로 무작정 집을 나선 지 8년 만에 격을 갖춘 스님이 된 것이다. 어찌 되었든, 행운의 일로였다. 당시 백담사는 건봉사乾鳳寺(고성군 거진읍 금강산에 있다. 520년, 법흥왕 7년, 고구려의 승려 아도阿道가 창건. 신라말에 도선道詵이 중수. 1358년, 공민왕 7년 나옹懶翁이 중건하면서 건봉사라 이름하였다)의 말사였다.

건봉사는 역대로 많은 인물들을 배출하였으며, 걸출한 학승들이 건봉사에서 나왔다. 건봉사는 당나라 현수법장賢首法藏에게서 화엄학을 배우고 귀국한 승전勝詮(통일신라시기의 화엄학에 정통한 승려. 한중불교교류에 크게 공헌한 큰스님이나 생평정보는 불상不詳. 현수법장[643~712]과 동시대)이 『화엄경』을 강설한 대찰이며, 우리나라 화엄학의 본산 중의 하나이다. 만해가 은사로 모신 김연곡은 건봉사 출신의 학승이며, 동시에 참선에도 주력하여 선·교가 일체가 된 융회融會의 불교관을 지닌 매우 진보적인 승려였다. 연곡 스님 밑에서 만해가 공부할 수 있었다는 것은 참으로 큰 행운이었다. 연곡은 불교의 혁신을 주장했고 개화의 흐름을 긍정적으로 수용하였다.

## 오세암의 내력

그리고 오세암 관음전에 라이브러리를 만들어 불교서적뿐만 아니라 개화기의 많은 사상전적을 모아놓았다(五歲庵: 인제군 북면 설악산 만경대에 있는 암자. 백담사의 부속암자. 선덕여왕 12년, 643년에 창건, 관음암이라 하였다. 1548년[명종3] 보우普雨가 중건하였고, 1643년[인조21] 설정雪淨이 중건하였다. 설정은 고아가 된 형님의 아들을 이 절에 데려다 키우고 있었는데, 하루는 월동준비를 위해 양양의 물치장터로 떠난다. 이틀 동안 혼자 있을 4살짜리 조카를 위해 먹을 밥을 지어놓고, 조금씩 먹으며 관세음보살, 관세음보살 하고 부르면 법당 안의 보살님이 잘 보살펴주실 것이라는 말을 남기고 절을 떠났다. 그런데 장을 본 후 폭설이 내려 일체의 교통이 두절되어 속을 태웠지만 설정 스님은 이듬해 3월에 겨우 돌아올 수 있었다. 법당 안에서 목탁소리가 은은히 들려 달려가보니 죽은 줄만 알았던 아이가 목탁을 치면서 가늘게 관세음보살을 부르고 있었고, 방안은 훈훈한 기운과 함께 향기가 감돌고 있었다. 다섯 살의 동자가 관세음보살의 신력으로 살아난 것을 후세에 길이 전하기 위하여 관음암을 오세암으로 고쳐 불렀다. 다섯살 암자의 뜻이다. 그 뒤 1888년[고종25] 백하화상白下和尙이 중건하였다. 아늑한 맛으로 손꼽히는 도량이다).

만해는 이 오세암의 라이브러리를 마음껏 활용하여 승려로서 뿐만 아니라 개화기의 지사로서 필요한 자양분을 흡수하였던 것이다. 을사늑약으로 통감정치가 실시되고, 외교권이 박탈되고, 실제적으로 국체가 사라지는 통탄의 시기였지만, 만해는 어지러운 세태와 무관하게 백담사 - 오세암을 오가며 학문에 정진할 수 있었다.

## 교학의 대가 이학암 스님 밑에서

그리고 때마침, 1905년 4월부터는 건봉사 출신의 선지식으로서 금강산·설악산 일대에서 널리 알려진 교학의 대가 이학암李鶴菴 스님이 백담사에 머물게 되었다. 만해는 이 기회 놓칠세라, 학암 스님 밑에서 불교경전, 교리, 논저에 대한 본격적인 수업을 받게 된다. 만해가 27세의 나이에, 유교경전을 속속들이 파헤친 방대한 문·사·철의 지식을 바탕으로 당대 조선불교의, 소리 없이 공부하던 대가들 밑에서 불교의 핵심경전을 통람할 수 있었다는 것은 행운 중의 행운이었다.

## 『대승기신론』, 『능가경』, 『원각경』

이학암은 일제의 사찰령(1911년 6월 3일 공포. 전문 7조와 부칙으로 되어있다) 체제 아래 백담사가 건봉사의 말사로 편입된 직후, 1912년 백담사 주지가 된 인물이었다. 만해는 학암 아래서 『대승기신론』, 『능가경楞伽經』, 『원각경』(제대로 된 이름은, "대방광원각수다라료의경大方廣圓覺修多羅了義經"이다. 학계에서는 7세기말 중국에서 성립한 위경으로 본다. 『대승기신론』의 강한 영향하에서 성립)을 배웠다고 하는데, 이 세 경전은 서로가 밀접한 관련이 있다. 만해는 학암 밑에서 대승불교의 이론적 핵심을 파악하고, 선禪은 단순한 수행의 방편이 아니요, 유식唯識의 인식론적 바탕 위에서 전식성지轉識成智의 고차원적 지혜에 도달해야 그 경지가 달성된다는 것을 배웠을 것이다. 만해는 연곡 은사, 그리고 교학의 스승 이학암의 훈도 아래서 불교를 이론적으로 깊게 공부하면서도, 만해라는 실존태를 존립시키고 있는 세계에 대한 역사의식·사회의식을 깊게 천착해 들어가기 시작했다.

## 양계초, 서계여를 흡수

만해는 이 시기에 양계초의 『음빙실문집飮冰室文集』, 청나라 진보적 지식인 서계여徐繼畬가 저술한 세계인문지리학 책, 『영환지략瀛環志略』(※ 아시아, 유럽, 아프리카, 아메리카의 모든 나라의 풍토와 인정人情을 중국인의 편견을 벗어나 객관적으로 기술하고, 민주제도와 같은 정치제도를 소개했다. 1840년 아편전쟁 이후 세계를 알아야 한다는 개안의식[開眼看世界: 눈을 뜨고 세계를 보자!]에서 이런 지리서가 등장하게 되었는데, 『영환지략』은 그 최초의 저술이다. 많은 지도가 포함되어 있다. 1848년, 도광道光 28년 각본刻本) 같은 책을 읽었다. 양계초는 서양문화를 심층적으로 소개했으며 서양철학에 관해서도 심도 있는 논설을 폈다. 만해가 양계초에게서 배운 것은 사회진화론(Social Evolution)의 사상이다.

## 사회진화론, 찰스 다윈, 헉슬리, 엄복

사회진화론은 찰스 다윈Charles Darwin(1809~1882)의 생물학적 진화론evolutionary biology을 전제로 하지 않으면 성립하지 않는다. 이 양자가 융합된 철학적 사유를 중국인들은 엄복嚴復(Yan Fu, 1854~1921: 중국의 근대적 해군을 창설하는 데 크게 공헌한 사상가, 서양학문 번역가)의 번역서 『천연론天演論』을 통해서 처음 접했다. 『천연론』(1897년 12월 국문 휘편國聞汇編 간출)은 토마스 헉슬리Thomas Henry Huxley(1825~1895. 영국의 생물학자, 비교해부학을 전문으로 하는 인류학자. 찰스 다윈의 진화론을 철저히 옹호하였기 때문에 "다윈의 불독Darwin's Bulldog"이라는 별명까지 얻었다. 중국말로는 허쉬리赫胥黎라고 쓴다)가 쓴 *Evolution and Ethics And Other Essays*(『진화와 윤리』, Macmilan, 1894)라는 저술의 중국고문번역이다. 막상 원문인 『진화와 윤리』는 읽기 어려운 책이 아니다. 일상적 영어다. 그런데 그 번역이라고 하는 『천연론』은 엄청 난해한 책이다.

## 엄복의 『천연론』, 물경과 천택

팔고문八股文(과거시험용 문장)에 달통한 엄복은 영문을 난해한 고문으로 탈바꿈시켜 중국인들에게 선보였다. 그러니까 직역이 아니라 의역일 뿐 아니라, 체제에 변화를 주면서 제목을 달고 자기 나름대로의 주석을 달았다. 주석에는 다양한 진화론자의 생각이 기술되었다. 우선 "천연"이라는 제목 자체가 난해하다. "연演"은 연출한다, 연변演變한다, 시간의 흐름에 따라 다르게 드러난다는 뜻이다. 중국인들의 통속적인 "천天"의 관념은, 『주역』「계사전」에서 말하는 일음일양一陰一陽의 끊임없이 변화하는 도道라기보다는 공자가 『논어』에서 말하는 인격적인 천天에 가까웠다. 따라서 천天이 시간의 흐름에 연변한다는 생각은 기존의 통속적인 천天의 관념에 혁명적인 변화를 일으켰다. 천은 절대적인 존재일 수 없고 끊임없이 변화한다. 자연과 인간사회를 포함 천연의 세계는 끊임없이 변화하고 있으며, 그 변화는 물경物競("struggle for existence," 즉 생존경쟁을 번역한 개념)과 천택天擇("natural selection," 즉 자연선택을 번역한 개념)에 의하여 이루어진다는 것이다.

### 스펜서의 낙관론

이러한 천연天演에 대하여 우선 낙관적인 생각이 있다. 우주의 진화는 우주의 모습을 더 좋은 방향으로 이끌고 가리라는 낙관주의를 표방하는 것이다. 그 대표적인 사상가가 당대의 사회적 다윈주의(Social Darwinism)의 옹호자인 허버트 스펜서Herbert Spencer(1820~1903. 영국의 철학자, 생물학자, 사회학자, 인류학자. "적자생존survival of the fittest"이라는 말을 최초로 만들었다. 다윈의 『종의 기원』을 높게 평가하여 진화 즉 자연선택의 개념을 사회학에 적용하였다. 라마르키즘Lamarckism의 옹호자이기도 하다)이다. 그러나 헉슬리는 그러한 낙관주의에 회의감을 표현했다. 그의 책에 "윤리Ethics"라는 제목이 달린 것도 존재의 법칙이 당위를 보장하지 않는다는 뜻인 것이다.

### 최적자가 최선자는 아니다. 임천에 대한 승천

즉 적자생존의 살아남은 최적자(the fittest)가 반드시 윤리적으로 가장 좋은 자(the best)이지는 않다고 주장했다. 헉슬리의 책은 진화론과 더불어 인간사회의 윤리문제까지 언급하고 있다. 엄복은 헉슬리의 책이 중국인들에게 더 깊은 문제의식을 던져줄 수 있다고 생각했다. 엄복의 번역서에는 묘한 술어들이 등장하는데 "내주지술內

籥之術"(안에서 뽑아 올라가는 기술)은 귀납법을 의미하고, "외주지술外籥之術"은 연역법을 의미한다. 스펜서의 낙관주의는 "임천任天"이라고 중국식으로 표현하여 규정하였고, 헉슬리의 회의주의는 "승천勝天"이라고 표현했다. 엄복은 스펜서의 "임천"에 대하여 헉슬리의 "승천"을 주장함으로써 건괘의 「대상전大象傳」에서 말하는 역동적 우주의 "자강불식自强不息"론을 주장하려 했다. 조국의 운명을 가혹한 생존경쟁의 세계에 그대로 맡겨둘 수는 없다는 것이다. 자강불식을 통해 하늘天의 운명을 극복해야 한다는 것이다.

## 자강불식론

엄복이 『천연론』을 번역하고 있던 시기는 동아시아가 서양의 제국주의적 침략과 폭력에 시달리고 있던 시기였다. 힘에 의한 국제 질서의 길항이 완연히 드러나고 있었다. 중국은 약자며 부적자이다. 사회진화론은 강자와 적자의 승리를 정당화할 수 있는 논리를 껴안고 있었다. 『천연론』의 독자들에게 약자에 대한 강자의 승리는 자연의 법칙으로 수용될 수밖에 없었다. 약자로서의 중국이 가혹한 생존경쟁의 질서 속에서 살아남기 위해서는 진화의 질서에 안주하면 안된다. 『주역』에서 말하는 "자강불식"의 "자강"은 본시 군자 개인의 도덕적, 내면적 자기완성을 의미하는 말이었다. 이 "자강불식"이 『천연론』의 독자들에게는 "국가의 힘" 즉 전쟁에서 살아남을 수 있는 국력의 배양이라는 집단적 의미로 재해석되었다.

이러한 각성은 진화론적 세계관을 전제로 한 것이었다. "천연"이라는 말을 쓰는 박은식, 자강불식을 외치는 장지연이 모두 이런 세계관에 노출되었다. 루 쉰魯迅, 마오 쩌뚱毛澤東, 후 스胡適가 모두『천연론』을 사서 읽었다. "적자생존"의 "적適"을 이름에 집어넣은 호적(후스)은『천연론』을 읽고 영국의 학술사에 이바지한 헉슬리의 공헌을 이해했다기보다는, 국제정치에서 적자생존의 공식이 작동하는 냉혹한 현실을 깨달았다고 자술自述했다(※ 엄복 지음, 양일모·이종민·강중기 역주,『천연론』, 서울: 소명출판, 2008. "해제" 참고함. 매우 훌륭한 번역서임).

## 엄복, 북경대학 초대총장

엄복은 복건성의 선정학당船政學堂에서 학업을 시작하여 북경대학 초대총장의 자리에까지 올라갔다. 그는 근대적 중국해군의 인재를 길러내는 데 가장 큰 공헌을 하였지만, 청일전쟁의 시련은 그가 쌓아온 양무운동의 현실적 파산을 선고하는 것이다. 이 좌절 속에서 엄복은『천연론』을 집필한 것이다.『천연론』의 인기는 하늘을 찌르는 듯했고, 당대의 지성인이라면 누구든지 읽어야만 하는 책이 되었다.

## 양계초의 엄복해석

이러한 엄복의 진화론적 사유를 대중에게 보다 이론적으로 설득력 있게 펼친 사람이 바로 양계초梁啓超(1873~1929)였다. 양계초는 국학방면으로도 전문적이고 창조적인 업적을 방대하게 남겼다. 양계초는 신문이나 잡지를 통해 대중에게 중국이 당면한 과제상황을 열심히 알렸다. 그는 제국주의 침략을 설명하는 데 있어서도 그 핵심을 쉬운 언어로 전파하였다. 지금은 새로운 세계이며, 남의 나라를 멸망시키는 데도 신법新法이 있다는 것이다.

옛날에는 쳐서 정벌하는 것으로 갑자기 멸망시켰는데 지금의 신법은 남의 나라를 멸함에 가엾게 여기고 따뜻하게 해주면서 점진적으로 멸망시킨다는 것이다. 예전에는 드러나게 했는데 지금은 은밀하게 한다. 옛날에는 침략을 알아차리고 대비하게 했는데 지금은 친해져서 끌어당기게 한다는 것이다. 옛날에는 호랑이나 이리 같았는데 지금은 여우나 살쾡이 같다. 통상으로 멸망시키기도 하고, 빚을 놓아 멸하기도 하고, 군사를 대신 훈련시켜 주다가 멸하기도 하고, 정치고문을 두었다가 멸하기도 하고, 도로를 뚫어주고 멸하기도 하고, 당쟁을 부채질해 멸하기도 하고, 내란을 평정해 멸하기도 하고, 혁명을 도와주어 멸하기도 한다. 기회가 무르익으면 일거에 그 국명을 바꾸고 지도의 색깔을 바꾸어버린다. 그 나라의 이름을 이어가고 지도의 색깔을 그대로 두면 몇십 년, 몇백 년 후라도 본 모습을 회복할 수 있을 텐데…… 서구열강 중 이런 신법新法을 시행하는 나라가 몇 나라인지 모르겠다. 이 말을 믿지 못하겠는가?

## 양계초의 변법

양계초는 엄복의 『천연론』이 표방하는 사상의 핵심을 "변법變法"이라고 표현한다. 법이란 천하의 공기公器요, 변화란 천하의 공리公理다. 대륙이 소통하고 만국이 왕성하게 진보하고 있기 때문에 변하지 않을 수 없다. 변하려는 것도 변하고, 변하지 않으려는 것도 변한다. 변하려는 것을 변하게 하는 것은 변화의 권한이 자기에게 있어, 나라를 보존할 수 있고, 종족을 보존할 수 있고, 자신의 정신문화

를 보존할 수 있다. 변하지 않으려는데 변하는 것은 변화의 권한이
남에게 맡겨져, 속박되고 부러진다.

### 양계초, 강유위의 무술변법, 서태후의 무술정변

양계초는 강유위와 더불어 "백일유신百日維新, Hundred Days
Reform"이라 불리는 무술변법戊戌變法을 일으킨다. 강유위·양계초
를 비롯한 유신파 인물들이 광서제光緖帝와 연합하여 국가제도의 전
반적 모순을 새로운 방식으로 개혁하려 했다. 정부기구를 바꾸고,
용관冗官(쓸데없는 관리)을 재철裁撤하고, 유신인사를 등용하고, 사기
업, 공장의 설립을 고무하고, 신식학당을 창립하여 인재를 흡수·교
육시키고, 서양서적을 번역하여 새로운 사상을 전파하고, 신문을 발
간케 하여 언론을 개방하고, 신식 육군·해군을 훈련시키고, 과거고
시에서 팔고문을 없애버리고, 무용한 관직이나 남아돌아가는 아문
衙門을 폐지하는 등 매우 정의로운 변법의 기치를 내걸었다. 그러나
광서제는 권력기반이 약했고, 이런 개혁을 진행시킬 수 있는 민중기
반이 없었으며, 서태후와 결합한 수구파들의 강렬한 반발에 부딪히
게 되었다. 1898년 9월 21일, 서태후는 무술정변戊戌政變을 일으켜
광서제를 감금하고 담사동譚嗣同(1865~1898. 왕부지의 모계집안의 후손.
매우 정의로운 인물)을 비롯한 무술육군자戊戌六君子를 처형한다. 실패
한 "103일천하"였다.

### 살아남은 변법의 주체들이 모두 시대를 뒤따라 가지 못했다

이 무술변법은 중국근대사에서 최초의 정치개혁이었으며,
최초의 사상계몽운동이었으며, 최초의 애국구망愛國救亡의 변법유

신운동이었다. 무술정변 후에 강유위, 양계초는 일본으로 도망가는데, 그 이후의 행보는 매우 실망스러운 것이다. 중국의 근대의 과제상황은 단순히 왕권의 문제뿐 아니라, 만청滿淸의 지배를 처리하는 이중과제가 있었다. 즉 지배계급 자체가 한족과 이민족인 만주족으로 대립분할 되어 있었다. 강유위·양계초는 모두 개혁의 그림이 입헌군주제 정도에 멈추어 있었고, 손중산이 완벽한 민주공화정을 구상한 그 대로의 곁가지에 머물렀다. 엄복, 강유위, 양계초 모두 중국 근대정신의 상징이었지만 그들은 그들이 말하는 근대성의 핵심을 거부하는 인생행로를 걸었다. 모두 만청과 타협하고 원세개를 지원하는 등 반혁명적 노선을 취했다.

## 만해와 음빙실

이들 변법주의자들은 최남선·이광수가 보여준 변절의 추태에 비교할 수는 없겠지만 시대를 선도하는 새로운 비젼을 결하였다. 아마도 만해는 양계초의 후반인생행로에 관해서는 별 지식이 없었을 것이다. 양계초는 5·4운동시기로부터 죽을 때까지 그는 국학의 대가로서 저술을 계속했으며, 여전히 중국을 대표하는 자유주의자, 민주주의자로서 활약했다. 그러나 민중의 사랑을 얻지는 못했다. "음빙실飮冰室"이라는 그의 아호는 『장자』「인간세」에 나오는 "今吾朝受命而夕飮冰, 我其內熱與!"(지금 아침에 명을 받고 저녁에는 얼음을 먹어야 하니, 아마도 긴장 탓으로 속에서 열화가 치밀어 올랐기 때문인 것 같습니다)에서 따온 것이다. 그가 산 시대가 그에게 부여한 과제상황이 일으키는 내열에 못 견디어 얼음을 계속 먹는다는 뜻일 것이다. 우리가 이 시점에서 놓치지 말아야 할 중요한 사실은, 만해는 음빙실을 읽고 그의 사상의 훈도는 받았다고 하나 결코 음빙실처럼 변절을 하지 않았다는 것이다. 만해는 얼음을 깨먹을 필요가 없었다. 그것이 바로 그가 스님생활에서 얻은 도력과 지조였다. 만해가 스님생활을 총평하는 글귀를 남긴 것이 있어 여기 소개한다:

그러면 나는 승려 삼십三十년에 무엇을 얻었나? 서울 안국동安國洞의 법당法堂 곁에 부처님을 모시고 일석日夕 생각함에 나는 결국 영생永生 하나를 얻은 것을 느낀다. 어느날 육체는 사라져 우주의 적멸寂滅과 함께 그 자취를 감추기라도 하리라. 그러나 나의 마음은 끝없이 둥글고 마음 편한 것을 느낀다. 그럴더라도 남아일세男兒一世에서나 중僧으로 그 생애를 마치고만 말 것인가. 우리 앞에는 정치적 무대는 없는가? 그것이 없기에 나는 중이 된 것이 아닐까. 만일 우리도 …… 마지막으로 이 심경을 누가 알아 주랴. 오직 지자知者는 지부지자부지知不知者不知를 곡哭할 뿐이노라.

"정치적 무대"를 운운한 것을 보면 변화의 이치를 깨닫고 무술변법의 유신천하를 시도했던 임공任公(양계초의 호)의 삶을 연상하고 있는 듯하다. 그만큼 만해에게도 자신의 깨달음을 민중과 더불어 구현하고자 하는 열망이 강했다는 것을 알 수 있다. 그가 백담사에서 배운 『대승기신론』의 핵심은 "기신起信"(믿음을 일으킴)의 "신"이다. 신이 소기하는 바는 여래장如來藏의 현현顯現이다. 물들은(染) 중생과 청정한 여래가 본성本性에 있어서 평등하다는 믿음인 것이다. 여래장사상은 궁극적으로 여래의 입장에서는 여래중심의 불교인 것이다. 중생이 여래를 향해 가는 향상문向上門이 아니라, 여래가 오염에 찌든 중생의 정화를 위해 중생심으로 내려가는 향하문向下門인 것이다. 일체중생이 여래장인 것이다. 그것이 곧 여래의 자비업慈悲業인 것이다. 만해는 중생의 해탈이 없이 나 개인의 해탈이란 있을 수 없다는 것을 깨달았다.

## 마지막 구절

마지막 구문이 영 석연하게 해석되지 않는다. "지자知者는 지부지자부지知不知者不知를 곡哭한다"는 것이 과연 무슨 뜻인가?『노자도덕경』71장에 "知不知者, 上"이란 말이 있다. 알면서도 아는 것 같지 않은 것이 최상의 앎이다라는 뜻이다. 이것은 역시 앎과 알지 못함이 융합되는 무위의 경지를 말하는 것이다.『장자』「지북유知北遊」에 "孰知不知之知?"라는 말이 있다. 이것은 "누가 과연 알지 못함의 앎을 알고 있단 말인가!"라는 뜻인데 역시 "부지不知"의 높은 경지를 두고 한 말이다. 아무래도 이러한 도가적 어귀는 만해에 어울리지 않는다. 만해는『논어』「위정」편에 나오는 말을 정확히 인용치 않고 축약시킨 것으로 보인다.

공자가 무엇이든지 자신있게 대처하는 애제자 자로에게 한 말이 이런 말이 있다: "知之爲知之, 不知爲不知, 是知也。"(아는 것을 안다 하고, 모르는 것을 모른다 하는 것, 이것이 곧 아는 것이다).

## 만해는 배울수록 정직해졌다

만해는 불교의 수련을 통해 복잡한 유식의 경지까지도 섭렵하였다. 그런데 세상사람들은 너무도 아는 체를 하고 산다. 만해는 앎의 고경에 달하였지만 모르는 것이 너무도 많았다. 그래서 생각한다. 모르는 것을 그냥 모른다 하면, 그것이야말로 아는 것인데, 사람들이 그러한 앎에 미치지 못하고 있음이 애처롭게 느껴진다는 것이다. 만해는 배울수록 정직한 인간이 되어갔다. 만해는 위선이 제일 싫었다.

### 건봉사의 선방, 최초의 수선안거

만해는 1907년 4월 15일, 건봉사의 선방으로 들어간다. 당시 건봉사는 금강산의 남쪽에 위치하는 대찰로서 사찰건물이 6백여 칸이나 되었다. 재산이 방대했는데, 조선불교의 전환시기에 매우 선진적인 방향으로 절을 운영한 것으로 유명하다. 청년승려들을 가장 많이 일본에 유학시킨 절로서 근대화의 선두에 서 있었다. 만해는 이 건봉사에서 최초로 본격적인 선수행에 몰입하게 된다. 이전의 선수행과는 규모와 격식이 달랐다. 만해 스스로 건봉사 안거를 최초의 수선안거修禪安居(우리나라 전통적인 안거. 보조지눌이 제창한 선수행에서 비롯됨)라고 규정했다. 만해는 치열한 선수행에 의하여 어떠한 특별한 경지를 획득한 것으로 보인다. "선사禪師"라고 불릴 수 있는 자격을 획득한 것이다.

### 건봉사 선수행과 서대문형무소 용맹정진

만해의 건봉사 선수행은 궁극적으로 12년 후의 서대문형무소 수감생활 선수행으로 이어진다. 그에게는 3·1만세의거라는 거족적인 혁명투쟁을 순결한 자신의 실존적 결단에 의하여 참여하고 리드한 체험이야말로 청정한 여래장의 민중적 발현이었으며 생멸문과 진여문이 하나 되는 일심一心의 체험이었다. 두 달 못 미치는 만 3년 간(1919. 3. 1.~1921. 12. 22)의 형무소생활은 어느 누구도 범접하지 못하는 생불生佛 만해의 선수행이었던 것이다. 그 선수행의 기초는 건봉사의 수선안거에서 이루어진 것이다.

## 건봉사 큰스님 만화는 누구인가?

만해는 드디어 건봉사의 동량, 큰스님 만화萬化선사로부터 인가를 얻는다. 만화는 속성이 정씨鄭氏이며 정도전의 후예이다. 우리가 잘 알지 못하는 근세의 고승이며 보통 관준寬俊이라는 법명으로 알려져 있는데, 호가 만화당萬化堂이다. 관준은 1850년 11월 23일 강원도 간성 용포리에서 태어나 어려서 건봉사로 출가했다. 1874년 25세 때 승통이 되었고 3년 후(1877)에는 강화 전등사의 총섭이 되었다. 그러나 1879년 산불로 건봉사의 일부가 전소하자 돌아와 1천여 칸을 중창하였다. 1881년 32세에 만일염불회萬日念佛會를 설하여 1908년 59세에 회향하였다. 그동안 50여 소에서 화엄법회를 열었는데 단월檀越(시주施主를 말함)이 8천 명을 넘었다. 1918년 9월 13일 대중을 불러모아 임종게를 설하고, 세수 70, 법랍 58로 서방을 향해 좌탈입적하였다. 만화는 거구의 사나이로서 신장이 8척을 넘었고 호방한 성품의 인물로서 악사惡事를 당해도 웃음을 잃는 법이 없었다. 당대 스님들이 모두 그를 "대인호걸"이라 평하였다.

## 만해는 만화의 법통을 계승

만해는 바로 이 정만화 관준의 법의 적통을 계승하였다. 용운龍雲이라는 법명, 만해萬海라는 법호가 모두 만화 스님에게서 온 것이다. 그러니까 만해는 건봉사 만화 스님의 직계가 되는 것이다. 만해는 만화스님이 입적하신 직후에 장문의 『만화대선사행장萬化大禪師行狀』을 썼다. 그 후에 박한영이 만해가 쓴 『행장』에 힘입어 현재 건봉사 경내에 있는 『만화당대선사비명萬化堂大禪師碑銘』(1924)을 썼다. 그 비명에 새겨져 있는 법손의 명단에 "용운龍雲"이 새겨져 있다. 만해는 운이 좋은 사람이다. 스승을 잘 만나는 것은 함부로, 자의로만 이루어지는 것이 아니다. 만해의 호방한 성품, 꺾일 줄 모르는 호기豪氣, 만 가지 고통을 다 포용하면서도 정의로운 주체감을 잃지 않는 만해의 삶은 "만화당"이라는 거대한 인격체와의 해후를 떠나 생각할 수 없다.

## 만주벌판, 일본유학

만해는 건봉사 안거를 전후로 하여 만주벌판을 헤매기도 하였고, 일본에 유학하여 견문을 넓힌다. 특기할 사실은 1908년, 30세 때 현재 불교대학으로서 명문에 속하는 코마자와駒澤대학(현재 7개 학부 1만 4천 학생)의 전신인 조동종대학曹洞宗大學에 반년 가량 정식으로 입학하여 공부를 했다는 사실이다. 결국 이 시도는 학비의 부족, 그리고 고독감 속에서 조국에서 자기가 할 일을 찾아야겠다는 시대적 사명감이 솟구치면서 중단하기에 이르렀지만, 광대한 세계사의 홍류鴻流의 전위에 서있는 메이지유신 말년의 성숙한 문명의 모습을 체험하면서 풍전등화와 같은 조국의 운명을 고민하지 않을 수 없는 초라한 유학생의 비젼은 그의 사유와 학구적 열정을 혁명시키고도 남을 만큼 자극적이었고 회한적이었다.

　나는 지금 평전의 자세한 사건을 따라가지 않는다. 한용운의 생평에 관해서는 본서의 부록으로 실린 만해 한용운 연표를 참고하는 것이 정도일 것이다. 그 정보가 자세하고 문헌적 근거에 기초하고 있다.

　만해의 정신사에서 최초로 사회적 영향을 과시한 사건은 뭐니뭐니해도 만해가 1910년 12월 8일 백담사에서『조선불교유신론朝鮮佛敎維新論』을 탈고했다는 사실일 것이다.


## 『조선불교유신론』 백담사 탈고

　만해를 사랑하고 존숭하는 많은 사람들에게도 한국불교역사상 최초로 등장한 이 "불교유신론"은 "쥐약"과도 같은, 디펜드하기에 거북한 저작물처럼 느껴지게 마련이다. 우선 이 대작을 탈고한 것이 1910년 12월 8일 밤이다("서문序文"에 의거). 이미 왜놈들의 강점이 완료된 시점이긴 하나(대한제국을 조선으로 개칭하고, 조선총독부를 설치한 것이 경술국치 1910년 8월 29일 직후이다),『조선불교유신론』은 일제강점이나 1911년 6월 3일 공포된 사찰령과는 관계없이 만해 자신의 정신사적 맥락에서 필연적으로 탄생한 작품이라는 것을 인지해야 한다.


## 만해의 불교유신은 일본유신과 무관한 독자적 입론

　만해가 주장하는 "유신"은 일본의 정책이나 일본역사의 진보로 말미암은 것이라기보다는, 이미 배움의 길에 들어서면서 "민족의 생존"이라는 문제를 고민하지 않을 수 없었고, 특히 『음빙실문집』의 변법사상을 접하고서 그 사유의 배경이 되는 물경物競과 천택天擇의 사회적 다위니즘Social Darwinism의 진리를 조선의 역사에 윤리적으로 구현하기 위해서는 우리민족의 유신이 절대적으로 필요하다는 당위에서 나온 것이다. 그가 일본에서 유학하다가 도중하차하고 조선에 돌아와 『조선불교유신론』을 집필하게 된 것도 그만큼 불교의 유신이 절실한 문제라는 것을 선각先覺하였기 때문이다.

일본이 조선을 강탈하고 곧바로 다음해에 사찰령을 공포했다는 사실이 말해주는 것은 조선불교가 지니고 있는 민중적 역량을 일본제국주의자들이 파악하고 있었다는 것을 의미한다. 일본이 가장 무서워하는 것은 이순신이나 홍범도 같은 조직적 세력의 등장이다. 우리나라 사가들은 임진왜란을 민중이 참혹하게 당한 사례만을 들어 전반적으로 패배한 전쟁인 것처럼 기술하기 일쑤이지만, 실제로 세계의 전쟁사가들은 임진왜란은 이순신 해군의 제해전략과 민중이 자발적으로 일어선 의병의 활약에 의하여 토요토미 히데요시의 예상전략이 빗나간, 완벽한 일본의 패전으로 본다. 선조 본인이 의병의 활약을 인정하지 않았고 전쟁의 대세는 자기가 요청하여 온 천병天兵(명나라 군대)이 장악한 것이라 하여 자기 국민의 승리를 거부하였다(호성선무청난공신도감의궤扈聖宣武淸難功臣都監儀軌, 1601년 3월 13일).

20세기 일제강점은 히데요시 망상의 재현

20세기의 일제강점이라는 사건은 메이지시대의 권력다툼의

분규 속에서 태동한 사쯔마 계열의 정한론으로부터 시작되었지만 결국 알고보면 토요토미 히데요시의 망상의 재현일 수도 있다. 그 망상이 되풀이되지 않도록 퇴각하는 일본함대를 남김없이 섬멸하기 위하여 이순신은 목숨을 바쳤던 것이다. 이 땅에서 최후 일 척까지 대가를 치르도록 해야 한다는 역사적 사명이 있었던 것이다. 그런데 일본은 임란의 의병의 활약 중에서 가장 용맹스럽고 전투력이 출중한 부대가 승병조직이라는 것을 잘 알고 있었다. 스님들은 철학이 있었고 호국불교의 사명이 있었고, 무술에 능한 자가 많았고, 조직적 전투력이 있었다. 명령계통에 따라 일사불란하게 움직였다. 그리고 가장 중요한 사실은 자기네 불교와는 달리 대처가 아닌 비구의 순결한 전통을 지니고 있어 전투에 임하는 자세가 역易이 말하는 바, 이간易簡스러웠다는 것이다. 일본침략자들에게 승병은 공포였다.

## 조선승병공포와 사찰령, 조선불교를 조선총독부 체제내의 관청으로

1911년 6월 3일 공포된 사찰령은 전문 7조와 부칙으로 되어 있다. 이 사찰령은 사찰간에 하이어라키적인 조직과 운영자금이나 재산관리의 외부적 통제가 부재했던 조선의 불교를 조선총독부 행정체계 내로 편입시켜 관료조직화 하는 것을 골자로 한다. 조선불교는 유교를 건국이념으로 하는 왕조의 극심한 탄압하에 오히려 종파적 소속감이 없었고 사찰 단위의 자율적 운영체계가 잘 발달되어 있었다. 그러니까 매우 순결한 민중의 신앙심에 의지하여 소박하게 운영되는 종교조직이었다. 일제 침략자들이 공포한 사찰령은 사찰 전체를 총독부가 관리·통제한다는 전제하에, 사찰의 병합, 이전, 폐사는 물론 사원의 명칭을 변경하는 것까지도 총독의 허가를 받게 함으로써 조선인에 의한 사원의 관리가 불가하게 만들었다. 무엇보다도 중요한 것은 전국의 사찰을 30본산으로 나누어(※ 1924년 화엄사가 승격되어 31본산사로 됨) 본·말사 하이어라키 속에 모든 절을 분류·조직하고, 본사의 주지를 총독이 임명하는 시스템을 구축하였다. 그리고 본사의 주지가 말사들의 주지임명권을 갖게 되니, 결국 전국의 사찰 주지가 총독부의 눈치를 보게 된다.

### 대중공의제도를 주지전횡제도로!

전통적으로 절깐의 주요결정사항은 대중공의제도를 거쳤다. 대중공사 혹은 산중공사라 불렀다. 그것은 스님들이 모두 같이 논의하는 민주적인 방식이었다. 사찰령을 거치면서 대중공의제도는 주지전횡제도로 바뀌었다. 대중은 발언권이 없었다. 1911년에 이런 거국적인 새로운 제도를 안착시켰다는 것 자체가 19세기 말부터 이미 일본의 침략자들은 조선의 사찰제도에 관해 충분한 리서치를 해왔다는 것을 의미한다. 가장 결정적인 것은 조선의 승려들이 그렇게 고대하던 한양도성출입금지의 해제를 일본의 승려들이 달성시켰다는 것이다. 일본불교에 대해 호감을 갖게 만드는 데 이처럼 훌륭한 전략이 없었다.

### 일련종 사노 젠레이의 청원서: 조선승려 도성출입 가ㅁ

메이지시기의 니찌렌슈우日蓮宗(카마쿠라시대 중기, 니찌렌日蓮이라는 일본의 승려가 『묘법연화경』의 해석을 기초로 만든 종단. 법화종이라고도 한다.

중국의 천태법화종과 다르다. 창가학회도 이 계열)의 종무총감宗務總監인 사노 젠레이佐野前勵는 당시의 내각총리대신인 김홍집에게 왜 타국의 승려는 도성출입을 할 수 있는데 본국의 승려는 할 수 없는가라는 주제를 담은 청원서를 제출하여, 김홍집으로 하여금 고종의 재가를 받아내도록 하였다. 조선불교를 공략하고 조선사회에서 일본불교의 교세확장을 꾀하는 가장 좋은 방법은 우선 조선승려에 대한 사회적 지위가 향상되어야 한다고 생각한 것이다.

　　청일전쟁에서 승리한 일본은 내무대신 이노우에 카오루井上馨를 주조선공사로 임명하여 조선강탈을 진행시켰는데 이노우에도 불교에 깊은 신앙이 있었고, 외무대신 김윤식은 불전에 대한 이해가 깊었다. 내무대신 박영효도 불교에 우호적이었고, 갑신정변을 도모했던 서광범이 법부대신으로 등용되어 불교에 대해 우호적인 분위기가 조성되었다. 내각의 실무담당자인 이종원, 이정환, 김영문 등이 깊은 불교신앙을 지니고 있었다. 이러한 우호적 분위기 때문에 사노 젠레이佐野前勵(1859~1912. 에도 아사쿠사에서 태어남. 일련종의 개혁파. 종문의 인습을 타파, 평민주의를 주장. 조선포교에 앞장선 인물)의 청원은 성취되었고, 그것은 조선불교사의 획기적인 전환점이었다. 조선의 승려들은 그 해금을 충심으로 환영했다. 그것은 조선왕조 배불정책의 종결을 상징하고, 조선승려의 인격의 상승, 도심포교라는 종교 본연의 자세를 실천할 수 있는 기회를 가져다주었다. 1895년 4월 전후로 조선불교는 큰 변화를 맞이하게 된다. 사노 젠레이는 재빠르게 인천에 묘각사를 세워 일련종 포교의 기반을 닦는다. 이러한 역사의 진행에 대하여 불교계의 사람들은 큰 그림을 그리지를 못했다. 대체적으로 일본불교와 일본승려들에게 호감을 지녔고, 근원적으로 잘못되어가는 역사라는 것을 깨닫지 못했다.

## 대처화 과정

총독부 식민통치 초기에는 본사의 주지를 취처자娶妻者로 하지는 못했다. 대처帶妻라는 것이 인간사이고 보면 금방 달성되는 것은 아니다. 그러나 시간이 지나면서 총독은 본사의 주지들은 모두 대처승으로 임명하였다. 다시 말해서 대처를 하지 않으면 본사의 주지가 될 수 없다는 것을 의미한다. 본사의 주지가 대처승이면 자연스럽게 말사의 주지도 대처승이 그 자리를 차지하게 마련이다. 이렇게 해서 조선불교는 대처승들이 권력을 장악하는 시스템으로 바뀌어간다. 상대적으로 공부에 전념하는 비구승들은 박해를 받게 되고 사찰의 중심부에서 밀려나는 비운에 처하게 된다.

대처승이라 해서 반드시 도력이 낮다든가, 학식이 부족하다든가, 금권의 타락에 물들었다든가 하는 식의 편견을 가질 필요는 없지만, 아무래도 순결하고 깔끔한 느낌이 들지는 않는다. 그것은 조선불교의 감각에는 너무 낯선 것이다.

## 만해는 제도로서의 대처를 주장한 적이 없다.
### 불교 내의 혁신에 관한 발언일 뿐

그런데 만해는 왜 대처를 주장했나? 우선 만해는 『조선불교유신론』을 한문으로 썼다. 간간이 우리말스러운 신택스나 어휘가 보이기는 하지만 매우 유려한 문언문文言文이며 설득력을 높이기 위하여 고전의 고사나 이디엄을 풍부하게 인용하고 있다. 그의 한문을 주욱 따라 읽어가면, 빨려 들어가는 강렬한 힘이 있다. 거침없이 하고 싶은 말을 쏟아내고 있다는 느낌이 드는데, 폭포수가 떨어지듯 굉음을 내며 독자의 의식을 스쳐 흘러간다. 그가 한문으로『유신론』을 썼다는 것 자체가, 대중을 설득하기 위한 것이 아니라 당대의 지성인들에게 호소하기 위한 것이다. 그로서는 불교의 유신이 풍전등화와도 같이 껌뻑거리고 있는 조국의 운명을 갱신시킬 수 있는 거의 유일한 첩경이라고 믿을 수밖에 없었다.

그가 홍성의 거유巨儒로서 종풍을 장악한 자도 아니오, 더욱이 유교라는 것은 이미 그 힘을 제공하는 바탕 그 자체가 썩어 멸망하여 사회적 영향을 발휘할 수 없는 지경에 이르게 된 마당에(※ 기미독립선언서에 유교의 대표의 이름이 하나도 실리지 않았다. 거창居昌의 거유 면우俛宇 곽종석郭鍾錫[1846~1919]은 만해가 직접 내려가 설득하자 쾌히 승낙했는데 그만 병환으로 눕게 되어 참석치 못하고 아들을 보냈으나 아들은 제때에 만해를 만나지 못했다. 실제로 34인이라 함이 옳다), 만해로서는 우리민족 정신사의 대맥인 불교가 유신하여 앞장선다면 극일克日(일제를 극복하다)할 수 있다는 신념을 지니게 되었다.

## 유교적 신택스와 불교적 신택스

그가 1897년(19세) 일차출가로부터 1910년(32세)『조선불교유신론』을 탈고하는 13년간의 기간 동안에 한용운의 머릿속에는 유교적 신택스(syntax)와 불교적 신택스가 부지불식간에 충돌하고 융합했다. 유교적 신택스는 주부와 술부의 주종관계가 명료하지 않다.

술부가 주어의 속성이 아니며, 주어는 술부를 지배하는 실체로서 자리 잡지 못한다. 그런데 불교적 신택스는 주어와 술부의 신택스가 명료하다. 아무리 주어에 열반涅槃Nirvana이니, 공空이니 무無니 하는 것을 놓아도 그 자체가 개념화되고 실체화된다. 부정은 부정의 대상을 실체화한다.

## 만해의 선禪

이러한 문화적 충돌 속에서 만해의 사유는 자라났고, 당대의 범인凡人, 그 누구도 따라갈 수 없는 경지(※ 왕 꾸어웨이王國維, 그리고 일반 중국인들은 경지를 "경계境界"라고 표현한다)를 획득했다. 유교적 신택스와 불교적 신택스의 융합이 만해에게는 "선禪"이었다. 조선불교의 유신이란 선禪의 본모습으로 돌아가는 것이다. 소승의 발전이 대승이 아니요, 대승의 발전이 선이 아니다. 소승의 부정을 통하여 새로운 대승의 모험이 출발했고, 대승의 승화를 통하여 선의 꽃이 피었다. 선은 끊임없는 물음이요 깨달음이다. 선禪은 선이 아니요, 선을 끊임없이 초월하는 선외선禪外禪만이 있다.

> 나는 어느날 낙원동樂園洞의 어느 여관으로 시골 친구를 찾아갔다가 돌아오는 길에 마침 그 골목에서, "상치 사려, 양상치요" 하고 외치면서 지나가는 상치 장수가 있었다.
> "상치 장수!" 하고 부르면서 어느 여관집으로부터 빨리 나오는 중년 여자가 있었다.
> "예" 하면서 상치 짐을 받쳐 놓는 상치 장수는 상치 덮었던 부대 조각을 걷어 놓는다. 그 여자는 상치를 뒤적거려

보더니, "상치가 잘군" 하더니 뜨막하고 섰다. 상치 장수
는 껄껄 웃으면서, "예, 잘게 보면 잘고 크게 보면 크고 그
렇지요" 한다. 나는 그 광경을 보다가 상치 장수의 나중
말을 듣고 불각不覺 중에 점두點頭하였다. 그것은 그 말이
곧 일체유심一切唯心의 선어禪語가 되는 까닭이다.

(『전집』2. p.323)

선은 "이 뭐꼬是什麼"를 외치는 선승의 화두에만 있는 것이 아
니다. 지나치는 상치장수가 무심코 흘리는 말 속에도 선이 있는 것
이다. 또 말한다.

선(禪)은 선이라고 하면 곧 선이 아니다. 그러나 선이라고
하는 것을 여의고는 별로 선이 없는 것이다. 선이면서 곧
선이 아니오, 선이 아니면서 곧 선이 되는 것이 이른바 선
이다. 달빛이냐, 갈꽃이냐, 흰 모래 위의 갈매기냐.

(『전집』2, p.363)

달빛, 갈꽃, 흰 모래 위의 갈매기, 모두 흰 것이다. 그러나 흰 빛
이면서도 각기 다른 존재이다. 그것은 차별상差別相 속에서 평등平等
을 보는 깨달음의 경지를 말한 것이다. 만해가 말하는 승려대처론은
실로 유신론 전체 구상의 일부에 지나지 않는다.

『조선불교유신론』의 18항목

우선『조선불교유신론』의 18항목을 나열하여 보면 다음과
같다.

1) 序(서문)

2) 緖論(서론)

3) 論佛敎之性質(불교의 근본성격을 논함)

4) 論佛敎之主義(불교의 주의를 논함)

5) 論佛敎之維新이 宜先破壞(불교의 유신은 먼저 파괴로부터 시작
   함을 논함)

6) 論僧侶之敎育(승려의 교육을 논함)

7) 論參禪(참선을 논함)

8) 論廢念佛堂(염불당을 폐지할 것을 논함)

9) 論布敎(포교를 논함)

10) 論寺院位置(사원의 위치를 논함)

11) 論佛家崇拜之塑繪(불가에서 숭배하는 소상과 그림을 논함)

12) 論佛家之各種儀式(불가의 각종의식을 논함)

13) 論僧侶之克服人權이 必自生利始(승려가 인권을 회복하는 것은
    반드시 스스로 생산하는 것으로부터 시작함을 논함)

14) 論佛敎之前道가 關於僧尼嫁娶與否者(조선불교의 앞날이
    숭니의 가취 여부에 있음을 논함)

15) 論寺院住職選擧法(사원의 주지를 선거하는 법을 논함)

16) 論僧侶之團體(승려가 방관을 버리고 단결행동할 것을 논함)

17) 論寺院統轄(사원의 통합과 분할을 논함)

18) 結論(결어)

진실로 만해의 사유의 스케일은 범용한 인간의 한필閒筆이 미칠 수 없다. 그는 양계초와 강유위가 중국이라는 국가의 체제를 놓고 변법을 논한 것과 같은 스케일로 한국불교의 변법을 논한다. 변법이란 시스템(法)의 근원적인 변혁을 의미하는 것이다. 만해 자신이 자신의 입산을 을사乙巳년이라고 말한다(2-96:『전집』2권 96쪽을 이렇게 략한다). 그러니까 김연곡을 은사로 수계한 시점을 정식으로 스님이 된 기점起點으로 본다. 그렇다면 스님이 된 지 5년(근 6년: 1905. 1. 26~1910. 12. 8) 만에 조선불교 전반에 걸쳐 개벽을 논한다는 것은 참으로 대단한 담력이라 아니할 수 없다. 위당 정인보를 평하여 "면무식免無識"이라 했다는 변영만卞榮晩이 "용운일신龍雲一身, 도시담야都是膽也"라 말했다 하는 것도 이해가 간다. 만해에게는 쓰지 않고서는 못 배기게 만드는 조선역사, 아니 세계사의 하중이 그를 짓누르고 있었다: "내가 한가로이 일본에 앉아 일본어나 공부하고 개론서나 읽고 있을 때가 아니다! 결국 유학留學이란 세뇌당하는 것이다. 나는 지금 우리 조선불교를 개벽해야 한다!"

"유신"을 말하지 않으면 아니되는 만해의 속심정

　　만해는 『조선불교유신론』을 탈고할 즈음에 이런 말을 하고 있다:

　　蓋不欲言而自言者, 豈有私焉? 然則此論, 皆善乎, 皆不善乎? 善與不善, 非余之所敢知也。然則此言, 皆行乎, 不行乎? 行與不行, 非余之所敢知也。但我之心, 如是故, 如心而言。我之義務,

**如是故, 如義務而行。**

대저 유신에 관한 이야기들은 하고 싶은 이야기는 아니다. 그렇지만 내면의 충동을 못 이겨 할 수밖에 없어 저절로 쓰여진 것이 이 논문이다. 그러니 어찌 조금인들 사심私心이 섞였겠는가? 그렇다면 이 나의 논의가 다 옳다는 말인가? 그렇지 않으면 다 그르다는 말인가? 옳고 그름, 즉 좋음과 좋지못함은 내가 감히 판단할 문제는 아니다.

그렇다면 이 나의 개혁에 관한 말들은 행하여질 수 있을 것인가? 행하여 질 수 없을 것인가? 실천될 수 있음과 될 수 없음 또한 내가 감히 판단할 문제는 아니다. 단지 나의 마음이 이와 같이 흘러갔기 때문에 내 마음 그대로 말한 것이다. 내가 이 땅에 존재하는 의무가 이와 같기 때문에 내 의무감대로 행하였을 뿐이다.


## 평등주의와 보살행

천하의 명언이라 말하지 않을 수 없다. 승가에 든 지 불과 5년 만에(32세) 이런 말을 자신있게 내뱉는 만해의 담력에 경의를 표한다. 만해는 불교의 주의主義(현실적 이념)는 둘로 잡아 말할 수 있다고 말한다. 그 하나가 평등주의平等主義요, 하나가 구세주의救世主義라 말한다. 구세주의란 보살행을 말하는 것인데, 서구의 구세와 다른 것은, 구하는 자와 구함을 받는 자가 평등하다는 것이다. 즉 부처와 중생이 평등하다는 것이다.


## 키리시탄 박해와 일본의 불교, 후미에

만해가 승니僧尼의 가취嫁娶(※ "가취"를 말하는 것을 보면 만해는 비구와 비구니를 동등하게 논하고 있다)를 이야기하는 것은 이른바 일본불교의 "대처" 문제와는 차원을 달리하는 것이다. 일본은 불교 자체가 수행불교가 아니다. 토요토미 히데요시가 1587년 큐슈우원정을 나갔을 때, 하카타博多에 진을 차렸는데 그곳의 다이묘오 아리마有馬氏의 영내의 미녀들로 하여금 수청을 들게 하였다. 이 미녀들이 정결貞潔을 이유로 모두 수청을 거부했다. 일개 지역의 처녀가 최고 권력자의 수청들기를 거부하는 사태에 경악한 히데요시는 그들이 모두 "키리시탄切支丹"(Christian)이라는 것을 알고, 키리시탄을 철저히 탄압하기 시작한다(1587). 이 금지령은 매우 가혹했으며, 이 기독교탄압은 에도로 그대로 이어졌고 도쿠가와는 철저한 쇄국을 에도시대의 철칙으로 삼았다. 키리시탄의 박해를 상징하는 사건이 "후미에踏み絵"라는 것인데, 남대문과 같이 사람들이 드나들지 않을 수 없는 길목의 바닥에 아기예수를 가슴에 안은 성모마리아상 볼록조각동판을 깔아놓고 그것을 밟고 지나가면 통과시키고, 차마 밟지 못하는 사람들은 처형하는 것이다. 에도시대 초기, 1614년부터 1635년 사이에 처형된 자가 28만에 이른다. 대도살이라 할 것이다.

## 일본불교의 관공서화

이러한 시대적 흐름과 더불어 햐쿠쇼오百姓, 쵸오닌町人, 부시武士를 막론하고 모든 사람은 출생을 사찰에 등록해야 한다. 이것을 "테라우케증문寺請証文"이라고 하는데, 이 테라우케증문이 있어야 키리시탄이 아닌 것을 보장받을 수 있다. 그러니까 에도시대의 사찰은 종교수행의 터전이라기보다는 백성의 출생과 관혼상제를 관리하는 야쿠쇼役所(관공서)의 성격을 일차적으로 지니게 되었다. 이런 관공서의 관리가 결혼을 하든, 육식을 하든 별 문제될 것이 없었다. 사찰의 경내를 깨끗하게 유지만 하면 되었다. 이러한 관공서불교의 취약성에도 불구하고, 승려의 자식들 중에 세계적으로 저명한 탁월한 불교학자들이 배출되어 일본불교의 위상을 드높였다. 그러나 일본사찰의 모습이 불교의 정도는 아니다. 선수행의 불교는 자연 속에 던져져 있어야 한다. 인위를 거부하는 자연의 흐름 속에서 깨달음을 얻어야 한다. 한용운은 단지 불교유신의 매우 직접적이고도 효과적인 방편으로 승려의 결혼문제를 생각한 것이다.

## 유신이란 무엇인가?

유신이란 무엇인가? 만해는 말한다.

유신維新이란 무엇인가, 파괴의 자손이요. 파괴란 무엇인가, 유신의 어머니다. 세상에 어머니 없는 자식이 없다는 것은 대개 말들을 할 줄 알지만, 파괴 없는 유신이 없다는 점에 이르러서는 아는 사람이 없다. 어찌 비례比例의 학문에 있어서 추리推理해 이해함이 이리도 멀지 못한 것일까.

그러나 파괴라고 해서 모두를 무너뜨려 없애 버리는 것을 뜻하지는 않는다. 다만 구습舊習 중에서 시대에 맞지 않는 것을 고쳐서 이를 새로운 방향으로 나아가게 한다는 것뿐이다.

그러므로 이름은 파괴지만 사실은 파괴가 아니라고도 말할 수 있다. 그래서 좀더 유신을 잘 하는 사람은 좀더 파괴도 잘 하게 마련이다. 파괴가 느린 사람은 유신도 느리고, 파괴가 빠른 사람은 유신도 빠르며, 파괴가 작은 사람은 유신도 작고, 파괴가 큰 사람은 유신도 큰 것이니, 유신의 정도는 파괴의 정도와 정비례正比例한다고 할 수 있다. 유신에 있어서 가장 먼저 손대야 하는 것은 파괴임이 확실하다.

유신이란 적당한 타협일 수가 없다. 그것은 철저한 파괴다. 기존의 제도질서 중에서 시대의 정황에 적합하지 않은 것은 철저히 고쳐서 새로운 방향을 모색해야 한다. 승려의 존립이 지양하는 목적과 독신(celibacy)은 필연적 관계를 가질 수 없다. 물론 불교의 초기로부터 음행에 관한 계율이 있었으나 그것은 소승의 근기가 천박하여 욕망으로 흘러들어 돌이키기 어려운 자들을 상대해야만 했기에 사소한 계율을 설정하지 않을 수 없었던 방편에 불과한 것이다. 지금 조선불교의 대맥인 선이라고 하는 것은 사사무애事事無碍의 대승적 경지를 지향하는 것이다. 불교의 진리를 계율에서 구한다는 것은 찻잔에서 용을 낚고 개미집에서 호랑이를 찾는 우행에 불과하다. 과거칠불이 어느 한 분인들 결혼 안 한 분이 없고 아들이 없는 분이 없다.

## 독신의 해로움, 그러나 획일적인 제도화를 말하지 않았다

독신은 우선 가정윤리에 해롭다. 무후無後가 되니 불효不孝가 된다. 둘째, 국가에 해롭다. 모든 나라가 인구의 증가를 꾀하고 있는데 우리나라만 감소한다면 딱한 일이다. 셋째, 포교에 해롭다. 승려의 숫자가 줄 수밖에 없다. 넷째 교화에 해롭다. 거꾸로 쏟아지는 물은 막을수록 더 쏟아지고, 도망쳐 달리는 말은 조종하려 할수록 더욱 횡포하게 마련이다. 승려의 음행으로 불교 전체를 오손汚損시킨

예가 고려말부터 한두 건이 아니니, 무리한 억제에 매달리지 말고
평온한 부처님의 마음을 승려들의 마음으로 삼아야 할 것이다.

만해는 모든 승려가 획일적으로 결혼해야 한다는 생각을 피력
하지 않았다. 결혼을 원하는 경우에는 결혼할 수 있도록 하는 제도
를 만들어야 한다고 주장했을 뿐이다. 승니의 결혼여부는 자유에 맡
겨서 인류진화에 장애가 없도록 해야 한다는 것이다.

### 핵심은 승려의 교육

『조선불교유신론』이라는 방대한 논문(건의서)에서 가장 핵심
적인 논의는 승려의 혼인문제가 아니라, 승려의 교육문제였다(제6
항). 만해는 조동종대학에 유학하는 동안, 일반대학의 보편적 학문
의 틀 속에서 승려의 교육이 이루어지고 있는 모습에 충격을 받았
다. 아마도 그가 승려의 결혼이 자유선택이 되어야 한다는 생각의
모델은 프로테스탄트 신교의 목사모델이었을 것이다. 결혼하고 신
도와 똑같은 조건에서 살면서 시중에서 자유롭게 교회를 이끌어가
는 목사들과 같이, 승려도 불교를 그렇게 시중에서 이끌어나가야 한
다고 생각했다. 그러려면 제일 중요한 것이 특수한 제복이나 단발이
나 특수수련에 의한 것이기보다는, 탁월한 학식과 미래를 내다보는
예지가 필요하다고 생각했다.

### 승려는 보통학에 달통해야 한다

승려의 교육은(제6항) 불교학의 공부는 물론이고 우선 "보통학
普通學"에 달통해야 한다. "보통학"이란 문명의 이기를 지니고 사는

인간으로 갖추어야 할 일반교양 보편을 의미한다. 불교학은 보통학의 습득 위에서 습득되어야 한다. 둘째는 "사범학師範學"이다. 사범학이란 자연사범自然師範과 인사사범人事師範으로 나뉜다. 자연사범이란 자연에서 모범이 될 수 있는 것을 배운다는 뜻으로 현금으로 치자면 물리학이나 생물학 같은 것을 의미하는 것 같다. 인사사범은 인사를 모범적으로 이끌어갈 수 있는 도덕적 역량을 의미하는데 철학이나 윤리학을 가리키는 것 같다. 셋째로 중요시한 승려의 교육은 외국유학이다. 불교를 배워도 인도에 유학하여 그 발생한 현지의 지리와 문물과 연혁을 공부하면 그 근본을 터득할 수 있을 것이다. 미국이나 구라파의 문물을 직접 현지에서 터득함으로써 세계사적인 안목을 지닌 승려가 될 수 있도록 도와주어야 한다. 만해는 말한다:

> **大聲疾呼於僧侶同胞曰, "沮害敎育者, 必往地獄; 進興敎育者, 當成佛道!"**
>
> 나는 승려 형제들에게 큰소리로 이렇게 절규한다: "교육을 저해하는 자는 반드시 지옥에 떨어지고, 교육을 진보시키고 홍성케 만드는 자는 마땅히 불도佛道를 이룩하리라!"

## 래디칼한 합리주의, 이성주의의 포효

한용운의 『조선불교유신론』은 한마디로 요약하며 말하면 아주 래디칼한 합리주의, 이성주의radical rationalism의 포효라 할 수 있다. 보수세력이나, 종교가 합리적인 논리에 의하여 다 분해될 수 없는 것이라고 생각하는 사람들에게는 한용운의 『유신론』은 타기唾棄,

공포, 혹은 불쾌의 대상이겠지만, 현상現狀에 불만을 품거나 개혁을 지향하는 자들에게는 용기의 표상이요, 박수갈채의 대상이다. 래디칼리즘은 래디칼리즘에서 끝나지 않는다. 많은 온건한 생각들을 생산해낸다. 만해의 『유신』은 "뒤흔들음"(Shake-up)이었고, 역사의 프론티어였다.

## 박중빈의 『조선불교혁신론』

1920년경에 구상된 문장으로서 만해의 『유신론』과 매우 유사한 글이 있다. 『조선불교혁신론朝鮮佛敎革新論』이라는 글이다. 원불교를 개창한 박중빈朴重彬은 1891년생이니까 만해보다 12살이나 어리다. 같은 시대정신의 사람들이다. 박중빈은 어려서부터 유족한 집안에서 독서를 많이 했다든가 유경儒經의 훈습을 받았다든가 하는 사람이 아니다. 독자적으로 우주와 인간의 이치를 알고 싶어서 방황하는 외로운 영혼이었다. 그러기에 오히려 그의 사유는 오리지날한 토속적 성격을 지닌다고 말할 수 있다. 26세 되던 해, 1916년 3월 26일(음) 이른 아침, 그는 대각의 경지에 이른다. 그는 포효한다: "만유가 한 체성이며, 만법이 한 근원이로다. 이 가운데 생멸生滅 없는 도道와 인과응보因果應報되는 이치가 서로 바탕하여 한 뚜렷한 기틀을 지었도다."

원불교도 시작은 "불법연구회佛法硏究會"라는 명칭으로부터였다. 『조선불교혁신론』은 박중빈의 오리지날한 생각이 매우 간결하게 기술된 초기교서이다. 그것은 다음과 같이 구성되어 있다.

※ **총론總論**

1. 과거조선사회過去朝鮮社會의 불법佛法에 대對한 견해見解

2. 조선승려朝鮮僧侶의 실생활實生活

3. 세존世尊의 지혜智慧와 능력能力

4. 외방外邦의 불교佛敎를 조선朝鮮의 불교佛敎로

5. 소수인小數人의 불교佛敎를 대중大衆의 불교佛敎로

6. 분열分裂된 교화과목敎化科目을 통일統一하기로

7. 등상불숭배等像佛崇拜를 불성일원상佛性一圓相으로

※ 불성일원상佛性一圓相 조성법造成法

## 박중빈의 오리지날 구상

간략하기는 하나 불교의 역사를 논하고, 역사적 석가모니의 본질로 회귀할 것을 말하며, 외방의 불교를 조선의 불교로 만들며 (조선 명사와 숙어와 조선문자에 고유한 표현을 쓸 것), 고고한 체하는 소수인의 출세간적 불교를 입세간적 대중의 불교로 만들 것, 중구난방 분열된 교화과목을 통일하기로 하는 등, 그 내용의 요지는 한용운의 『조선불교유신론』과 대차가 없다. 상기 항목 중에서 위에 나열한 6개의 내용은 마지막 제7항의 불성일원상佛性一圓相이라는 테제로 다 수렴되는 것이다. 이 제7항의 내용이야말로 구체적으로 원불교의 탄생과 가장 직접적인 관련을 맺고 있다.

## 허수아비 등상불

나는 처음 이 대목을 읽었을 때, 무릎을 쳤다: "바로 이것이로구나!"

등상불等像佛을 숭배崇拜하는것이 교리발전敎理發展에 혹필요或必要는 잇스나 현재現在로붙어 미래사未來事를생각하면 필요必要는고사姑捨하고 발전發展에 장해障害가잇슬 것이다 그 증거証據를들어말하자면 농부農夫가농사農事를지여놓고 가을이되고보면 뭇-새를방지防止하기위爲하야 인형人形허수아비를만드러 몬은새오는곧에세워둔즉 그새들이 그인형人形허수아비를보고 놀내며 몇일동안은 오지않이하다가 저의들도 또한여러방면方面으로시험試驗을보왓는지? 각성覺醒을얻엇는지? 필경畢竟에는 달려들어 농작물農作物을작해作害하며 주서먹다가 그인형人形허수아비우에 올너앉어 쉬기도하고 혹或은똥도싸며 유희장遊戱場같이사용使用하니 이것을본다면 그런무식無識한새(鳥)즘생도 인형人形허수아비를 알거든 하물며 최령最靈한사람으로 저동작動作이없는 인형등상불人形等像佛을 근이천년近二千年뫼서보왓으니 어찌각성覺醒이 없으리요

## 만해의 소상논의

만해의『유신론』에도 제11항에 불가에서 숭배하는 소상塑像과 회화繪畵에 관한 논의가 있다. 만해는 없애버릴 것을 논하나 박중빈은 새로운 대안을 제시한다. 우리가 숭배하는 부처는 더이상 역사적 색신色身으로서의 한 남자가 아니요, 그 인간이 설설說한 법법法의 주체로서의 법신法身이니, 사람과 똑같이 생긴 조각, 등신불을 모셔놓고 예불을 할 이유가 없다는 것이다. 일체의 소회塑繪를 싹 쓸어버리고 일원상의 심볼로 하자! 이것은 실상 만해의 외침이었던 것이다. 그 진리를 참새와 허수아비의 관계를 통해 대중이 알아듣기 쉽게 논하는 소태산의 예지는 놀라웁다고 할 만하다.

만해의『유신론』은 소태산의『혁신론』에 깊은 영향을 주었다. 그것은 모두 동시대의 시대정신(*Zeitgeist*)의 발로였다. 이것은 나의 소견이 아니라,『혁신론』을 해설하고 있는 원불교 김혜광 교무의 논설이다("조선불교혁신론 해제,"『조선불교혁신론』익산: 원불교출판사, 2020, p.88).『원불교교사』에서는 이 부분을 이렇게 밝히고 있다: "이때 대종사 또한 밖으로 승려들과 교제하사 재래 사원의 모든 법도를 일일이 청취하시고 안으로 제자들로 하여금 더불어 새 회상 첫 교서 초안에 분망하시니『조선불교혁신론』과『수양연구요론』등이 차례로 초안되었다."

## 만해와 소태산

내가 생각컨대 실제 가능성은 희박해도 박중빈과 한용운이 만나 토론을 했을 수도 있다. 만해는 시대정신을 리드하고 있었다. 그런데 해방 후에 조계종을 만든 사람들은 정화에 매달리다 보니 만해를 대처 왜색불교의 주창자로 몰고 배척했으니 그 아니 한심할쏘냐! 그나마 만해가 해방 전에 유명을 달리한 것은 천운이라 하겠다.

『조선불교유신론』은 1910년 12월 8일 백담사에서 탈고했다. 그때 그의 나이 32세였다. 그리고 이 원고가 책으로서 일반인들에게 선보인 것은 3년이 지난 1913년 5월이었다. 그의 나이 35세였다. 1913년 5월 15일 동문관東文館에서 인쇄되고, 5월 25일 불교서관佛敎書館에서 발행되었다(국판 80페이지, 정가 35전錢, 특가 25전). 그런데 바로 1년 후에 그의 필생의 대작이라고 부를 수 있는『불교대전佛敎大典』을 범어사에서 출간한다. 1914년 4월의 일이다. 그렇다면 어떻게 800페이지나 되는 방대한 서물이 『유신론』 출간 후 불과 11 개월 만에 서책으로 출간될 수 있단 말인가?

## 『불교대전』의 미스테리

　　항상 만해에 관하여 "미스테리"라고 생각되는 것은 그의 놀라운 독서력(강기력强記力)과 스피디한 필력筆力이다. 『조선불교유신론』을 탈고한 것이 1910년 12월 8일이 확실한데, 바로 시작했다 해도 만 3년 만에 『불교대전』을 완성한다는 것은 잘 상상이 가질 않는다. 3년 기간 동안에 해낼 수 있는 작업이 아니기 때문이다. 그러므로 『유신론』을 탈고하고, 그 저작물에 대한 주변의 반응 때문에 『불교대전』의 구상을 했다는 것은 시간적으로 불가능한 추론이다. 『불교대전』은 8만대장경을 모조리 다 읽고 모조리 자기의 주관적 주제분류에 따라 재편집한 것이기 때문이다. 실제로 『고려대장경』은 전 세계에서 가장 우수한 대장경판본이다. 일본에서 타카쿠스 쥰지로오高楠順次郎가 주관하여 펴낸 『대정신수대장경大正新修大藏經』만 해도 1924년(타이쇼오 13년)에 착수하여 1934(쇼오와 9년)에 완성한 것으로 만해의 작업시기에는 존재하지 않았다. 물론 『대정대장경』은 우리나라 해인사 8만대장경을 저본으로 한 것이다. 그러니까 구독점이나 주해가 달린 텍스트도 없었다.

　　『고려대장경』의 선장본線裝本 거질이 경남 양산 통도사通度寺에 있다는 것을 안 만해는 1912년 어느 시점에 『고려대장경』을 열람하기 위하여 통도사로 내려갔다. 더군다나 신비로운 사실은 그가 이 해 7월에 독립운동현황을 시찰하기 위하여 만주 여러 곳을 다니다가 신흥무관학교 사관생도들에게 육혈포 3발을 맞고 거의 죽을 뻔 했다는 만해 자신의 엽서기록이 남아있다(만해가 범어사 진응震應 스님에게 보낸 엽서. 실물이 선학원에 남아있다. 만해가 보낸 날짜는 "十二月十七日"로 되어있고, 우체국직인은 1912년, 대정1년 12월 22일. "신흥무관학교 사관생도"라는 말은 나중에 알게 된 사실이고, 만해는 엽서에서 "路逢强盜"라는 표현을 썼다. 만해는 추천서 없이 무작정 방문했기 때문에 그런 봉변을 당한 것이다. 만해의 즉각적 인품·행동을 보여주는 좋은 사례이다. 2권 p.175 「만해 한용운 연표」를 볼 것).

양산 통도사에 비치된 『고려대장경』은 1,511부 6,802권이다(※ 현재 해인사에 보존되어 있는 경판의 수는 81,352장. 동국대학교 영인본에 의하여 계산하면 1,496종 6,568권. 한국불교연구원, 『해인사』에 의하면 1,516종, 6,815권). 『고려대장경』 6,802권을 하루에 20권씩 본다 해도 꼬박 1년 반은 족히 걸릴 것이다. 6,802권 중에서 그의 주제의식에 와닿는 1천여 권을 선택하고, 다시 그 1천여 권 한 권 한 권에서 1구 내지 2구를 초록한 경전의 말씀이 444부가 되었으니 이 과정에 들어간 한 인간의 노력의 시간의 양과 질은 도무지 헤아리기 어렵다. 그런데 최대한 3년의 기간 내에 또 만주벌판을 헤매다가 총을 맞아 죽을 뻔도 했는데, 여전히 『불교대전』의 원고작업은 계속되었다는 것이다. "초인"이라는 말로 덮어씌울 수 있는 사태의 진행일까? 나는 도무지 이해가 가질 않는다.

『불교대전』과 『불교성전』

앞서 말했듯이 『불교대전』은 『조선불교유신론』의 발행 이후에 여론의 향방에 따라 그 집필이 기획된 책일 수 없다.『유신론』과『대전』은 거의 동시에 기획된 것이다.『유신론』이 불교계 내의 인사이더 지도자들을 향한 개혁의 호소라 한다면,『불교대전』은 일반인들이 불교를 쉽게 이해할 수 있도록『팔만대장경』전체의 내용을 주제별로 재편집하여 간략하게 만든 것이다. 그가 일본유학을 갔을 때 정토진종淨土眞宗에서 발간한『불교성전佛敎聖典』(東京: 三省堂, 1905년)이라는, 불교경전을 알기 쉽게 다이제스트본화 한 책을 보고 감동을 받았다. 이 책은 메이지·타이쇼오 시기에 서양학을 마스타한 불교학자 난죠오 분유우南條文雄(1849~1927)와 정토진종 혼간지本願寺파의 학승 마에다 에운前田慧雲(1855~1930) 두 사람이 공저한 것이다.


『불교대전』은『유신론』의 구상과 조응된다

　　물론 만해는 이러한 책이 있다는 것에 자극을 받았을 뿐, 자신이 기획하는 책은 자신의『유신론』구상과 조응照應하는 것이 되어야 한다고 생각했다. 실제로『조선불교유신론』의 체제와『불교대전』체제는 상응하는 바가 있다. 전체가 아홉 개의 품品으로 되어있고, 각 품은 다시 장章으로 나뉘고, 장은 다시 절節로 나뉘어져 있다. 아홉 개의 품은 다음과 같다.


　　　　1. 서품 序品

　　　　2. 교리강령품 敎理綱領品

　　　　3. 불타품 佛陀品

　　　　4. 신앙품 信仰品

5. 업연품 業緣品

6. 자치품 自治品

7. 대치품 對治品

8. 포교품 布敎品

9. 구경품 究竟品


더 이상 깊은 논의로 진입하지 않는 것이 상책일 것 같다. 이 아홉 개의 품은 보통 "대장경"(삼장: 경經·율律·논論)을 분류하는 체계가 아니다. 이 아홉 품은 만해의 독창적인 분류방식이다. 각 경전에서 이 아홉 품의 체계에 맞는 내용을 골라내서 체계화하는 작업은 『대장경』 전체의 그림이 없으면 불가능하다. 다른 성격의 작업이지만 동국대학교에 부설된 동국역경원의 『한글대장경』 작업의 선구를 이루는 우리나라 불교계 자내의 작업이라고도 말할 수 있다. 만해는 『조선불교유신론』을 1913년 5월에, 『불교대전』을 그 다음해 4월에 잇달아 발간함으로써 세간에 충격을 주었고, 누구도 범접할 수 없는 경지와 권위를 획득했다고 말할 수 있다.


### 백낙청 선생과의 대화

나는 국립극장 강연을 앞두고, 도올tv 주역강해 강의가 끝나가는 마지막 단락에서 나는 만해론을 펼친 적이 있다. 그 뒤로 며칠 지나지 않아 나는 백낙청 선생님과 전화담론을 나눌 기회가 있었다. 선생님은 황공스럽게도 나의 역경강의를 주욱 따라오고 계셨다. 배울 것이 있다면 아무 편견 없이 수용하시는 선생님의 삶의 자세에 항상 나를 되돌아보게 된다.

"만해가 불경에 그토록 깊게 들어갔다는 것은 처음 들어봐요. 금시
  초문이에요."

"만해가 팔만대장경 경판 전체를 읽었다는 것은 거짓없는 사실입
  니다."

"도올이 그렇게 말한다면 틀림없는 사실이겠죠. 우리는 아무래도
  문학사적인 연관구조 중심으로 시인을 바라보니까 그러한 사상
  적 배경을 파볼 생각을 못해요."

"『님의 침묵』이라는 시집은 8만대장경을 재편집한 『불교대전』이
  발간된 지 11년 만에 나온 것입니다. 그러니 『님의 침묵』이라는
  언어의 배경에는 8만대장경 경판에 새겨진 언어의 격률格律과 신
  운神韻이 연기처럼 감돌고 있다고 보아야겠죠."

"만해가 그냥 어느 역사의 시점에 시집을 냈다는 것과 그 시집을
  내기 전에 8만대장경을 자기 삶의 정감情感으로 소화시키고 그 익
  은 감성으로 시를 쏟아냈다는 것은, 단순히 그의 시가 불교적인
  뉘앙스를 많이 풍긴다는 평론을 뛰어넘는 경지의 고양이랄까, 하
  여튼 만해를 다시 봐야겠다는 생각이 듭니다."

나는 백낙청 선생님의 솔직하고 담박한 말씀에 항상 고개가
숙여진다. 사실 우리는 너무도 한용운을 모른다. 세상의 용속庸俗한
평론에 갇혀 그의 시경詩境을 바라보는 시각이 감정지락埳井之樂(무
너진 우물 속에 사는 개구리가 보는 세상의 즐거움)에 불과할 수가 있다. 감정
지락의 경지에서 동해지오東海之鰲의 가없는 대락大樂을 헤아릴 길이
없는 것이다.

## 조선의 지성계를 대표하는 액티비스트

『조선불교유신론』과『불교대전』을 출간한 만해는 더 이상 옛
날의 청년 수도승이 아니었다. 조선의 지성계를 대표하는 액티비스
트였고, 확고한 필력과 담력을 지닌 정신적 리더였다. 그에게는 집
필의 기회가 많이 주어졌고 또 불교운동조직의 리더로서 활동도 활
발하게 할 수밖에 없었다. 그의 생애를 전관하면 그는 사회과학적
인 인간이라기보다는 철두철미 인문학적 인간이었다. 그를 위대하
게 만들기 위하여 그의 생애를 기술하면서 정치이념적 관련성을 삽
입하려는 노력이 많지만, 실제로 만해는 정치적 활동을 위해 태어난
인간이 아니었다. 정치활동이 나쁘다는 뜻이 아니라, 그는 기질적으
로 부귀와 거리가 먼, 세속적 공명을 다툴 필요가 없는 인간이었다.

## 만해의 인문학적 삶의 여로, 전명운과 장인환

출가를 한 것도 "폐포파립敝袍破笠을 걸치고 표연漂然히 집을
나섰다"는 그의 말 그대로였다. 동학과의 커넥션이 있는 것도 아니
요, 조선왕조의 멸망에 대한 우려가 깊었던 것도 아니다. 조선왕조

그 자체는 그에게 아무런 정념을 불러일으키질 못했다. 방황 속에 배가 고팠고, 굶주린 배를 채워줄 수 있는 곳은 그나마 절깐밖에 없었다. 그래서 입사하였고 운좋게 좋은 선생님들을 만나 부처님이라는 지고의 진리에 접하게 되었다. 1900년대의 만해가 을사늑약을 거쳐 병탄으로 가는 시점에 그가 "조선불교유신"에 몰두했다는 것은 그의 의식이 조선왕조의 멸망에 대한 정치적 해결을 꾀하는 의식상태는 아니었다는 것을 말해주는 것이다. 만해는 자신이 몸담고 있는 삶의 세계(*Lebenswelt*), 즉 불교만 혁신시켜도 나라의 우환이 해결될 수 있다는 신념에 가득차 있었다. 그의 불교혁신은 치열한 정진이었다. 일례를 들면 친일분자인 더럼 화이트 스티븐스Durham White Stevens(1851~1908)를 저격한 전명운田明雲(1884~1947)이나 장인환張仁煥(1876~1930)과 같은 마음상태를 가지고 있지는 않았다고 말할 수 있다. 오죽 국가를 사랑했으면 샌프란시스코의 여객선 선착장에서 사전에 공모한 적도 없는 두 사람이 동시에 나타나 "국가의 멸망을 조장하고 있는 나쁜 놈"을 저격하였겠는가?(1908년 3월 23일의 사건).

### 대한의군참모중장 안중근

만해가 『조선불교유신론』의 붓을 당기고 있을 때 동갑내기 안중근은 이토오 히로부미에게 세 발의 총알을 날렸다. 안중근은 군인으로서 효율적인 전쟁방식을 수행했다. 법정에서도 그는 당당히 외쳤다: "나는 대한의군참모중장이다. 대한의군참모중장으로서 전쟁을 수행했을 뿐이다. 나는 살인을 하지 않았다." 만해도 이와같은 기개가 있는 인간이지만 역사를 추진하는 방식을 달리했다. 안해주安

海州의 성공소식을 들은 만해는 이와 같은 추상 서린 시를 남겼다:

### < 안해주安海州 >

萬斛熱血十斗膽 만곡열혈십두담
만 섬의 뜨거운 피, 열 말의 담,

淬盡一劍霜有韜 쉬진일검상유도
붉은 한 칼을 담금질한지 오래, 칼집 속엔 서리가 가득.

霹靂忽破夜寂寞 벽력홀파야적막
벽력이 홀연히 어둠의 적막을 깨는구나

鐵花亂飛秋色高 철화란비추색고
총구에서 불꽃 어지럽게 나르니 가을 하늘만 드높아라!

만해는 일본불교가 조선불교를 삼켜먹기 위해 만든 원종圓宗
이라는 종단운동에도 처음에는 특별한 적개심을 가지고 대하지 않
았다. 그가 일본유학을 갈 수 있었던 것도 조동종에서 재정지원을
했기 때문이었다. 만해에게 철두철미한 항일의식이 싹트는 것은 그
야말로 사사무애법계와도 같은 순결한 마음에서, 일본의 조선침탈이
근원적으로 사악한 동기를 가지고 있고(조선의 병참기지화), 한 민족의
생존의지를 묵살하고, 병탄하고, 압제하려는 불순한 것이라는 자각
이 골수로부터 스며들었기 때문이었다. 그는 정치적인 사람이 아니
었기에 가장 정치적인 기준을 강렬하게 수립할 수 있었고, 인문학적
깊이가 있었기 때문에 그의 신념은 세월이 지날수록 강고強固해져
갔다. 그는 시종 순결한 인간이었기에 부정不正을 용납할 수 없었다.

## 근원적인 존재물음, 대오大悟

『불교대전』이 출간된 후 3년이 지나 심신을 추스르고, 다시 근원적인 존재물음을 던지기 위하여 설악산 백담사로 돌아간다 (1917년 가을, 이춘성李春城[1891~1977] 스님이 시봉). 그런데 백담사는 2년 전, 1915년의 화재로 160여 칸이나 되었던 건물이 거의 전소되었다. 만해는 오세암으로 올라갔다.

만해 스님의 삶에서 특별히 오도송이라 말할 것은 존재치 아니한다. 무슨 깨달음의 시를 지어서 타인에게 인가를 받고 지지고 할 그런 멘탈리티를 지니고 사는 사람이 아니다. 그에게 선禪이라는 것은, 처처處處가 다 선이요, 사사事事가 다 선이다. 계戒·정定·혜慧 삼학이 모두 상즉상입하여 원융무애한 인격을 형성해야 한다고 믿었다. 그러나 정사丁巳년(1917) 겨울, 오세암에서의 체험은 그의 삶에 특별한 의미를 지니고 있는 것 같다. 오세암에서는 음력 10월 16일부터 이듬해 1월 15일까지 동안거가 진행중이었다. 오세암은 눈속에 잠겨 속세와 격절된 정적의 느낌이 짙게 감돌았다. 우선 만해 자신이 기술한 체험을 있는 그대로 소개한다.

**丁巳十二月三日夜十時頃, 坐禪中忽聞風打墜物聲, 疑情頓釋, 仍得一詩。**

정사(1917)년 12월 3일 밤, 10시경이었다. 나는 좌선에 열중하고 있었는데 갑자기 거대한 강풍이 휘몰아치며 물건들을 땅바닥에 떨어뜨리는 쿵쾅소리가 들렸다. 이때 나를 둘러싸고 있던 존재의 의심들이 갑자기 시원하게 풀려나가는 것을 느꼈다. 그래서 이 시 한 수를 얻었다.

< 오도송 >

男兒到處是故鄉 <small>남아도처시고향</small>

幾人長在客愁中 <small>기인장재객수중</small>

一聲喝破三千界 <small>일성할파삼천계</small>

雪裡桃花片片紅 <small>설리도화편편홍</small>


남아가 진정 남아라고 한다면
발걸음 이르는 곳이 모두 고향이어야 할 텐데
나는 결코 그러한 경지에 이르지를 못했다.
이 세상에 몇 사람이나 나처럼 오래
고향에 이르지 못한 객손의 근심 속에서
살았으랴!
드디어 한 소리로 삼천계를 할파하여
버렸으니
눈보라 속 흘날리는 복사꽃닢이
온 우주를 붉게 물들인다


걸으로 보기에는 아주 평범한 시이다. 그러나 그 내면의 정감을
잘 살려보면 매우 복합적인 의미를 내포하고 있다. 나의 번역은 그
내면의 논리를 담아 풀어낸 것이다.

## 오도의 현실적 계기, 고향과 객수

이 시의 현실적 계기는, 갑자기 강풍이 휘몰아쳐서 사물이 바람에 흩날려 세찬 소리를 내면서 떨어졌다는 것이다. 그 소리를 듣는 동시에 그동안 자신을 감싸고 있던 의심이 갑자기 확 사라졌다는 것이다. 기나긴 점漸 이후의 돈頓의 체험이라고나 할까? 그 내용은 기실 우리가 정확히 알 수 있는 것은 아니다. 그런데 타추물성打墜物聲과 의정돈석疑情頓釋의 느낌을 받아 표현한 싯구를 보면 "남아도처시고향男兒到處是故鄕"이라는 말이다. 남아라고 한다면 남아의 발길이 닿는 곳, 그 모두가 고향이어야 한다는 것이다. "고향"이란 낯선 느낌이 없는 엄마의 자궁과도 같은 존재의 품이다. 이 "고향"이라는 말에 대치되는 말이 "객수客愁"이다. 즉 고향의 느낌이 없는 낯선 시공에서 느끼는 설움이다. 자기 인생을 회고해볼 때 너무도 오랫동안 자기는 객수 속에서 서럽게 살아왔다는 것이다. 고향 홍성에서도 나그네였지 주인이 아니었다. 뭔가 불안했다. 결혼을 했어도 제대로 된 가정을 이루지 못했다. 그만큼 사랑을 느끼지도 못했다. 그리고 또 방황 끝에 수계하고 스님이 되었다고는 하나 결코 객수의 느낌은 사라질 수 없었다.

조선불교유신의 개혁을 꿈꾸고, 또 개혁의 실현을 위하여 8만대장경을 재편집하는 웅장한 작업을 하였어도 그것은 문자의 장난이었지, 자기가 추구하던 진정한 존재의 자유에 도달하지 못했다. 존재의 자유는 생활의 자유로 표현되지만, 생활의 자유는 내면의 정신적 자유가 달성되지 않으면 이루어지지 않는다. 정신적 자유는 스스로를 속박한 자박自縛의 상태로부터 자기를 해방시키는 것이다.

이러한 자기해방의 소리를 해풍 속에 쓸려가 떨어지는 잡물의 추락성 속에서 들었던 것이다. 동시에 객수客愁의 어설픈 고뇌가 사라지고 나 만해는 삼천계를 향하여 할파하노라! 백설白雪과 도화桃花의 편편은 동시에 있을 수 없는 것이지만 그것이 우주의 실상일 때는 시공의 분별심을 초월하는 것이다. 복사꽃의 붉음이 흩날리는 백설을 붉게 물들이는 모습이야말로 객수客愁가 사라진 고향의 모습이리라. 그것은 존재의 자유인 동시에 기나긴 방황을 거친 자기 삶의 족적에 대한 자신감의 표현이었다.

## 종교적 각성＝대중의 구원, 유마힐의 호소

이 오도송에서 우리가 느끼는 것은 도를 깨우쳤다는 맥락의 종교적 심성의 고양을 의미하고 있을 뿐 아니라, 종교적 각성은 반드시 대중의 구원이라는 대승적 보살행과 융합되어야 한다는 것이다. "중생이 아프면 나도 아프다"는 유마힐 거사의 실천적 호소가 만해의 의정疑情을 돈석頓釋시켰던 것이다. 내가 현재 살고 있는 이곳이 바로 불국토라는 생각이 만해의 오세암 포효였던 것이다. 만해는 두 해 후에 3·1독립만세의거의 주역으로 돈석의 실천을 이어나간다.

## 제8장

# 3·1만세혁명, 여운형과 만해

## 3·1운동은 3·1만세혁명으로 명칭이 바뀌어야 한다

나는 "3·1운동"이니, "3·1만세사건"이니 하는 표현을 좋아하지 않는다. 3·1운동이 마치 "새마을운동"과도 같은 캠페인으로 인지되기 십상이기 때문이다. 제일 좋은 표현은 "3·1혁명"이나 "3·1만세독립혁명," 혹은 "3·1만세혁명"이고, 좀 마일드하게 표현하면 "3·1독립만세의거"까지는 양보할 수 있다.

3·1만세혁명이 혁명의 자격을 지니는 것은, 당시 세계사의 새로운 흐름인 민족국가(nation state)의식의 최전위를 과시한 사건이기 때문이다. 인류역사의 물줄기를 튼 사건이었다. 조선의 만세혁명은 전 세계의 ⅔가 식민지로 덮여있었던 제국주의 시대상에 신선한 충격으로 다가왔다. 그것은 20세기 민족해방운동의 선구적 봉화였다. 소복을 입은 한국민중이 일본에게 병탄되어 식민지로 전락된 지 9년 만에 전 국민이 한 명도 빼놓지 않고 일제히 전 세계를 향하여 이와 같이 외쳤다는 것은 유례를 보기 힘든 민족의식의 개벽사건이었다:

"일본사람들은 나쁜 놈들이올씨다. 이놈들은 강도놈들이올씨다. 평화롭게 살고 있는 우리를 우리의 의지와 무관하게 달려들어 우리 삶을 억압하고 나라를 빼앗았습니다. 우리의 모든 것을 강탈했습니다. 우리는 이놈들의 지배를 원하지 않습니다. 우리들은 우리들의 독립된 나라를 원합니다. 우리들은 자치의 능력이 있습니다. 세계의 사람들이시여! 일본놈들이 정말 나쁜 놈들이라는 것을 깨달으셔서 우리의 독립을 도와주소서! 만세! 만세! 만만세!"

### 3·1만세혁명과 간디의 사티야그라하

일제는 순결한 빈손의 평화시위의 민중을 7천 5백 명 이상 도륙하고, 1만 5천 명을 부상케 만들었다(※ 이것은 조선총독부 발표자료에 의거한 것이며 실제는 더 많았을 것임). 이 사건은 세계인들의 양심을 움직였다. 한 달 뒤에 인도 펀잡주 시크교도의 성스러운 수도인 암리차르Amritsar에서는 영국군이 약 1만 명의 비무장 평민들에게 발포를 하여 400~1,000명이 죽고 1,200명 가량이 부상당하는 대학살사건(The Amritsar massacre, 1919년 4월 13일)이 일어난다. 이에 새로운 전국적 정치지도자로 등장한 모한다스 카람찬드 간디(Mohandas Karamchand Gandhi, 1869~1948)는 그 유명한 비폭력저항운동, 사티야그라하(satyāgraha)를 전개시킨다. 사티야그라하는 "비폭력"에 액센트가 있는 것이 아니라 "저항"에 액센트가 있다. 힌두말을 그대로 옮기면 "진리를 꽉 붙잡는다"는 뜻이다. 이 사티야그라하라는 운동표어는 1919년 이전에는 존재하지 않았다. 간디는 소복 입은 조선인들의 비폭력적 만세시위에 깊은 감명을 받았다.

## 중국의 5·4운동과 3·1만세혁명

중국의 5·4운동도 독일이 산똥성에 대하여 가지고 있던 권익을 패전국이 되자 고스란히 승전국인 일본에게 전양轉讓한다고 하는 매우 굴욕적인 강화회의 결과에 대한 북경대학 학생들의 분노로 발화된 것인데, 중국이 근대적 주권국가로서의 의식을 갖게 만든 이 거대한 문화운동 역시 3·1운동의 영향 하에서 생겨난 것이다. 순박한 한국민중의 일본제국주의를 규탄하는 절규는 5·4운동시기의 중국의 지적 리더들의 심금을 울렸다. 전 중국에 막강한 영향력을 가지고 있었던 상해 발간의 『민국일보民國日報』는 1919년 3월 12일부터 5월 6일까지 3·1만세의거에 관한 보도와 논평을 20회 이상 게재하여 3·1의거를 찬양하고 중국인민들을 계몽하였다. 그 외로도 수없는 언론매체들이 조선 3·1만세의거를 격찬하는 해설을 게재했다. 중국 근세 지성의 대표적 인물 중의 하나인 진독수陳獨秀 (1879~1942)도 그가 창판創辦한 『매주평론每周評論』 제14호(1919년 3월 23일)에서 조선민족의 3·1의거를 중국의 반일제국주의, 반매국노투쟁에 연결시키면서, 조선민중이 민의를 사용하고 무력을 사용하지 않음으로써 세계혁명사의 신기원을 열었다고 격찬했다.

## 3·1만세혁명은 세계사의 흐름을 바꾼 대사건

하여튼 내가 얘기하고 싶은 것은 우리나라의 3·1만세혁명은 세계사의 흐름을 바꾼 대사건이며, 결코 국내의 저항운동으로 끝나는 로칼한 사건이 아니라는 것이다. 세계사의 대세흐름을 정확히 파악하였고 그 흐름 속에서 적시의 타이밍을 붙잡았으며 그것이 소수

지성의 항변에 그친 것이 아니라 전 민중이 평화적인 시위를 함으로써 전 세계인민에게 감동을 주었으며, 또 국제적으로도 언론매체를 타고 알려졌다는 것이다.

## 만해의 역사인식

이 대사건의 중심에 만해 한용운이 있었다. 만해는 이 세계사적 카이로스의 핵을 파악하고 있었다. 그리고 그것을 자기생애의 깨달음의 경지와 일치시키고 있었다. 3·1혁명이야말로 오세암 오도송에서 말하고 있는 타추물성打墜物聲이요, 의정돈석疑情頓釋이었다. 일제日帝가 조선을 병탄한지 9년 만에 이러한 범국민적 저항을 만났다는 것 자체가, 일본은 이미 이순신, 김시민, 곽재우, 각지의 의병군, 서산·사명·영규의 승병을 또 다시 만난 셈이다. 일본은 이미 패배를 안고 무리한 제국주의행진을 강행한 셈이다. 일제는 불과 26년 만에 패망한다. 만해는 이러한 대세를 파악하고 있었다. 따라서 그에게는 "변절"이란 있을 수 없는 우치愚癡였다.

## 3·1만세혁명은 윌슨의 민족자결주의로 일어난 사건이 아니다

3·1만세혁명에 관한 일반사가들의 기술을 보면 그 핵을 빠뜨리고 외곽만 훑고 있다는 느낌을 받는다. 3·1만세혁명 하면 미국의 윌슨 대통령이 "민족자결주의"(the Principle of National Self-determination)를 선포함에 따라 그에 자극받은 천도교, 기독교(카톨릭이 제외된 신교도들), 불교의 지도자들이 몰래 담합하여 일으킨 운동이라는 식으로 인식하고 있을 뿐이다. 그러나 윌슨의 민족자결주의라

는 것은 우리나라와 같은 약소국이 자기운명을 스스로 결정하는 권리(Self-determination)를 갖는다는 것을 의미하는 말이 아니다. 그것은 세계제1차대전(1914~1918)이 종료되고 나서, 패전국에 소속되어 있던 나라들이 민족국가로서 독립할 수 있다는 것을 선언함으로써 패전국의 국제역학 속에서의 위상을 약화시키기 위한 것이다. 그러니까 오스트리아 – 헝가리제국 내의 여러 민족이나 발칸반도의 여러 나라의 독립, 오스만투르크제국의 지배하에 있던 여러 민족의 자치를 보장하기 위한 것이지, 승전국가에 속하는 일본의 식민지가 된 조선에게는 전혀 해당되는 이야기가 아니다. 전 세계는 1차세계대전 후의 권력판도를 짜기에 바빴고 조선의 독립이라는 것은 전혀 논외의 일이었다.

### 3·1만세혁명의 진정한 마스터마인드

한국민중이 윌슨을 알 리도 없고, 그가 말하는 "민족자결"을 알 리도 없다. 언론매체가 민중의 일상적 삶에 부재했던 시절에 어떻게 그토록 신속하게, 그토록 국제적 네트워크를 동원해가며, 그토록 비밀이 보장되도록 진행되었으며, 그토록 전 국민이 한 시점에 만세의거를 할 수 있었던가? 이것은 실로 이순신의 한산대첩보다도 더 복합적인 과제상황이다. 이순신이라는 탁월한 캐릭터가 없이는 한산대첩은 있을 수 없다. 마찬가지로 3·1만세혁명과도 같은 세계사적인 거족적 사건은 그 사건을 총체적으로 조직하고 때맞게 진행시키는 마스터마인드master-mind가 없으면 성사될 수가 없다.

과연 누가 일으킨 것일까? 과연 누가 이 약소민족 조선을 위하여 세계사적 대사건을 마스터마인드한 것일까? 역사적 대사건은 근인近因과 원인遠因, 그리고 주체의 복합성 때문에 하나의 기점을 쪽집게집기 식으로 집어내기 곤란하다. 그러나 우리나라 3·1만세혁명의 경우 분명한 기점이 있다. 이 문제는 여태까지 너무 애매하게 기술되고 흐려져왔기 때문에 이제 명료하게 국민들이 재인식할 필요가 있다.

## 분명한 기점, 상해의 신한청년당

3·1만세혁명은 분명한 기점이 있다. 그것은 세계의 정세의 변화를 기민하게 따라가고 있었던, 상해의 청년지사들이 한국민족의 독립쟁취를 위하여 조직한 "신한청년당新韓青年黨"이라는 독립운동단체였다. 이 신한청년당은 세계사의 흐름을 예견하면서 때맞게 1918년 8월 20일에 결성되었다. 하나의 정당으로서 이념(당강黨綱)과 당헌黨憲을 구비하고 있었으니 이것은 근대적인 의미에서 우리나라 최초의 정당이라고 말할 수 있다(여운홍의 소견.『몽양 여운형』, p.26). 최초의 발기인은 여운형呂運亨, 장덕수張德秀, 김철金澈, 선우혁鮮于爀, 한진교韓鎭敎, 조동호趙東祜 6인이었다. 그 후 당원이 증가하였으나 50명 이내의 소규모를 넘지 못하였다(※ 나중에 입당한 당원들 중에, 김규식金奎植, 김순애金順愛[김규식의 부인], 이유필李裕弼, 신국권申國權, 김갑수金甲洙, 이광수李光洙, 서병호徐丙浩, 손정도孫貞道[김일성을 친자식처럼 키워준 휴머니스트 목사] 등의 이름이 눈에 띈다).

### 여운형의 카리스마, 신규식이라는 거목

거대한 세계사흐름의 카이로스를 탄 이 적시의 당조직은 세계사적 사명을 다하고 1922년 12월 중순 자진해산한다. 존속기간은 4년 4개월에 불과하였다. 이 신한청년당이야말로 3·1만세혁명을 추동시킨 진원震源이었다. 신한청년당이 국제도시 상해에서 활동할 수 있었던 데에는 신한청년당을 조직하고 운영해나간 여운형이라는 탁월한 인물의 카리스마를 들 수 있겠지만, 실상 여운형을 키우고 지속적으로 지원한 신규식申圭植(1879~1922)이라는 조선인 거목을 우리는 반드시 기억해야 한다.

### 뛰어난 인물 신규식의 삶과 비젼

신규식은 청주 출신의 고령신씨 문중의 사람으로 신채호의 삼촌뻘 되는 사람인데, 구한말 무관으로 한학에 능하였고 일찌기 뜻하는 바 있어, 관립한어학교官立漢語學校에 입학하여 중국말 구어를 익혔다. 그리고 1907년 대한제국의 군대가 해산되자 그는 군복을 벗고 금융회사와 도자기회사를 차려 큰 돈을 번다. 조선의 국운이 기우는 반면 대륙에 신기운이 감도는 것을 감지한 그는 중국의 혁명을 돕는 것이야말로 조선이 독립할 수 있는 유일한 길이라고 판단하고 대륙으로 건너가 중국동맹회中國同盟會에 가입하고, 신해혁명 관련자들에게 많은 기금을 희사한다. 송교인宋敎仁, 진기미陳其美 등과 깊은 우정을 맺고 무창봉기에 몸소 참여하여 신해혁명의 주류에 가담한 최초의 한국인이 되었다.

### 신규식은 손문의 친구, 진정한 상해의 한인 구심점

신규식은 손문孫文과의 돈독한 관계를 계속 유지했으며, 기실 대한민국임시정부가 상해의 조계에 자리잡을 수 있었던 것도 신규식이 오랫동안 닦아놓은 터전 위에서 가능한 일이었다. 신규식은 박달학원博達學院을 설립하여 조선청년이 중국의 대학에 입학하거나 군관학교에 입학하여 독립군 무관이 되는 것을 도와주었고, 또 중국의 저명인사들과 함께 조선의 독립을 돕는 "신아동제사新亞同濟社"라는 조직을 만들었고, 또 상해에 모여드는 조국광복에 뜻을 둔 조선청년들을 조직하여 "동제사同濟社"라는 비밀결사를 만들었다.

여운형은 신규식의 지도와 비호하에서 컸고, 동제사의 하부조직으로서 보다 기민하게 움직일 수 있는 신한청년당을 만든 것이다. 이 신한청년당이야말로 3·1만세혁명의 요람이요, 상해임시정부가 만들어지는 세계사적 사명을 다하였던 것이다.

### 크레인의 상해연설

1918년 11월 11일, 독일과 연합국 사이에 휴전협정이 체결되면서 제1차세계대전이 종료된다. 연합국의 설계자라 할 수 있는 미국대통령 우드로 윌슨Woodrow Wilson(1856~1924. 1913~1921 대통령재임)은 즉각 대통령 특사 크레인Charles Richard Crane(1858~1939)을 중국에 파견하여 파리강화회의에 대한 미국의 입장을 설명하고, 중국도 대표단을 파리강화회의에 파견하도록 종용하였다.

크레인이 상해上海에 도착한 뒤, 상해외교단上海外交團과 범태평양회汎太平洋會의 합동주최로, 상해 영파로寧波路에 있는 칼튼 카페Calton Café에서 크레인환영회가 개최되었는데, 이 자리에 1천여 명의 관계인사들이 참석하였다. 바로 이 자리에 범태평양회의 회원이었던 여운형은 신한청년당의 대표의 자격으로 참석하여 크레인의 연설을 듣는다. 여운형은 크레인의 연설에서 "약소민족의 해방"이라는 주제를 파악해내고 조선인민의 독립의지와 자치능력을 만방에 과시하고 크레인을 통하여 윌슨에게 조선인민의 갈망을 전달할 수 있겠다는 희망을 발견하였다.

### 여운형, 왕정연의 소개로 크레인 면담

연회가 해산된 후, 여운형은 중국인 친구 왕정연王正延(1882~1961. 절강성 봉화인奉化人. 유능한 정치가, 사회활동가, 중국 근대체육의 아버지, 파리강화회의에 참석한 중국대표단의 한 사람)의 중개를 통해 그날 저녁 크레인의 숙소로 찾아가 개별적으로 면담할 수 있는 기회를 얻는다.

"나는 조선인이다. 우리 조선은 일인들의 강압과 악랄한 간계하에 병탄倂呑을 당하고 말았다. 국민들은 결사코 이를 반대하여 유혈의 사투를 계속하고 있는데 일인들의 억압은 날로 심해만 가고 있다. 우리는 이 세계사의 전기轉機에 일제의 압박과 지배에서 해방되어야 하겠다. 그러기 위해서는 강화회의에 우리도 대표를 파견하여 민족의 참상과 일본의 야만적 침략성을 폭로해야 하겠는데 구체적인 방안이 서지 않는다. 당신의 원조를 요청하는 바이다."

여운형은 금릉대학 영문과 출신이기 때문에 영어를 유창하게 했다. 여운형의 자기소개 겸 호소는 크레인의 가슴을 움직이는 그 무엇이 있었다. 윌슨의 특사로 온 크레인은 매우 특이한 인물이었다. 중동과 동유럽에서 장사를 했던 큰 비지니스맨이었으며, 고미술의 전문가였고, 여행가였으며, 박애주의적 성향을 지닌 휴머니스트였다. 윌슨의 대통령선거 자금을 가장 많이 낸 개인으로서 정평이 있었으며 중동문제 전문가로서 피압박민족의 문제에 관하여 매우 리버럴한 비젼을 가지고 있었다. 러시아혁명을 지원했으며, 이스라엘의 탄생을 원하지 않았다. 중동에 있어서의 유대인국가는 오직 무력으로만 유지될 수 있기 때문에 결국 이스라엘은 세계평화를 해치게 될 것이라고 전망했다. 그는 아랍국가들의 독립을 열정적으로 대변했다. 크레인은 파리강화회의의 미국 섹션의 한 멤버였고 훗날 주중미국대사를 지냈다(1920. 3. 22~1921. 7. 2).

## 휴매니스트 크레인의 세계비젼

크레인은 반유대주의적 인물로 비쳐지기 때문에 미국역사에서 그의 평가는 높지 않다. 그러나 크레인은 세기가 전환하는 시대의 로맨티스트로서의 풍모를 지니는 큰 인물이었다. 하여튼 크레인과 여운형의 만남은 조선역사의 한 분수령이었다.

크레인은 여운형의 호소를 듣고, 여운형이 예기豫期하는 방식의 조선독립은 막막하기 그지없는 판타지에 불과하다며 미국은 한국문제를 언급하지 않을 것이라는 그 실태를 먼저 강력하게 이야기했다. 그러나 크레인은 여운형이 호소하는 조선민중의 소리를 못

들을 그런 사람은 아니었다.

> "파리강화회의(Paris Peace Conference)라는 것은 종전 이후에 승전
> 국인 영국, 프랑스, 미국, 이태리의 새로운 지정학적 판세짜기에
> 관한 것이고, 일본은 역시 승전국에 속해있기 때문에 조선문제를
> 거론할 이유가 없습니다. 미국이 조선문제에 관하여 파리강화회
> 의에서 어떤 입장을 표명한다는 것은 기대하기 어려운 문제입니
> 다. 그러나 파리강화회의에 대표단을 파견하는 것을 포기할 필요
> 는 없습니다. 대표단을 파견해놓고, 동시에 조선민중이 국제사회
> 에서 주목을 받을 만한 대대적인 독립시위를 한다면 대표단의 발
> 언권이 생길 수도 있습니다."

순간 여운형의 의식에선 새로운 신천지가 열리는 듯했다.

### 파리강화회의를 활용하는 독립호소 세계화 전략

자신의 역량을 발휘할 수 있는 세계사적 무대에 대한 연출비
젼이 번뜩였다. 크레인은 자기도 파리강화회의에 앉아있을 테니깐
한국을 도울 수 있는 대로 돕겠다고 약속했다. 그리고 우선 독립공
소장(=독립청원서)을 작성해서 주면 그것을 윌슨 대통령에게 전달하
겠다고 약속했다. 그리고 그는 이 모든 것이 자기 개인의 사적 견해
이며, 미국의 공식적 입장이 아니라는 것을 확실히 했다. 오직 민중
의 힘만이 이 기회를 혁명으로 만드느냐, 좌절로 끝내느냐, 그 갈림
매를 결정지울 것이다.

몽양은 그날 밤으로 장덕수를 만나 거사의 대강을 짰고 그 다음 날 몽양 자신의 숙소에서 신한청년당 회의를 소집하고 파리강화회의에서 한국대표로서 활약할 수 있는 인물은 당시 천진天津에 거주하고 있던 김규식金奎植(1881~1950)밖에는 없다는 데 의견을 모았다.

## 김규식이라는 어학천재

김규식은 뼈대 있는 청풍김씨 사족의 후손인데 일찍이 고아가 되어 언더우드의 양자로 자라났다. 미국 버지니아 살렘Salem에 있는 로아노크대학(Roanoke College)에서 학부를 마치고 프린스턴대학교(Princeton University: 신학대학이 아님) 영문학과에서 석사학위를 받고 (1904) 귀국하여 언더우드의 다양한 종교·교육활동을 도왔다. 일제의 기독교탄압이 심해지자 그는 중국으로 망명하여 대륙과 몽골을 누비며 다양한 무장투쟁과 상업활동을 펼쳤다. 김규식은 당대 세계 어느 누구에게도 뒤지지 않는 이디어매틱idiomatic 한 영어를 구사했다. 네이티브영어인 동시에 한학의 소양이 깊은 오묘한 어학재능을 지니고 있었다.

## 여운형의 독립청원서 작성, 피치의 교정

여운형은 프랑스조계에 있었던 장덕수 숙소에서 사흘 동안 두문불출하여 독립청원서 2통을 작성한다. 1통은 파리강화회의에 내는 것이고, 1통은 윌슨 대통령에게 보내는 것이다. 내용이 비슷하지만 맥락을 달리하고 있다. 원문은 일단 한문 고투의 한국어로 작성되었고 그것을 영어에 능통한 몽양 자신이 영역하였다. 그 영역한 문장을 다시 협화서국協和書局(Mission Book Company)의 사장이었던 미국인 목사 죠지 피치(George Ashmore Fitch, 1883~1979: 1937년의 남경대학살을 국제사회에 고발한 양심적 인물)에게 교정을 받아 타자를 쳤다. 1918년 11월 28일, 여운형은 신한청년당 대표의 자격으로 이 역사적 문서에 싸인하였다. 이 2통의 독립청원서는 크레인이 확실하게 미국대통령 윌슨에게 전달하였다.

### 미모의 여성 정육수의 헌신적 도움, 파리행 선표

여운형은 장덕수를 비밀리에 부산으로 파견하여 3천 원圓을 조달하여 왔고, 김규식은 천진에서 오면서 그동안 모았던 자금 2천원을 가지고 왔다. 파리에 가는 자금 5천 원이 아쉬운 대로 마련된 것이다. 그런데 파리 가는 선편이 초만원이었다. 상해로부터 프랑스로 가는 선편이 3월말까지 다 차있어 선표船票를 구할 길이 없었다. 여운형은 백방으로 선표를 알아보았으나 도무지 구할 길이 없었다. 그런데 여운형은 평소 중국인 지사들과의 교제범위가 넓었다. 파리 강화회의에 파견되는 중국대표단의 일원으로서 동맹회同盟會 회원이며 일본·프랑스에 유학한, 유능하고 미모의 여성이었던 정육수鄭毓秀(1891~1959. 광동 보안인寶安人)를 잘 알고 있었다. 여운형은 그녀에게 찾아가 조선민족 전체의 사활이 걸려있는 중대사태임을 호소했다. 이 여인은 자기는 다음 편으로 뚫어보겠으니 우선 자신의 좌석을 취하라고 선표를 양보했다. 대의大義 앞에는 이렇게 의로운 지사들이 나타난다. 중국과 또 여러 나라의 뜻있는 대인들이 소리없이 조선의 운명을 도왔다. 기맥힌 우여곡절 끝에 김규식은 상해부두에서 파리행 배에 올랐다. 1919년 2월 1일이었다.

## 신한청년당의 국제적 대활약

우리는 이 2월 1일 이후 한 달의 상황만을 가지고 3·1만세혁명의 시종始終을 말하지만 기실 김규식이 파리행 선편에 오르기까지의 기구한 인연들의 헌신은 조선민족이 반만년의 역사를 통하여 축적하여온 도덕의 힘, 그 끈질긴 저항정신이 아니면 설명이 되질 않는다. 신한청년당의 활약은 김규식의 파리행 이후로도 눈부신 것이다. 그들이 국제적 네트워크를 활용하여 전개한 만세혁명운동은 세계사에 유례를 보기 힘든 것이며, 약소민족의 국제적 대활약상의 모범적 사례라고 말할 수 있다.

## 장덕수, 조소앙, 이광수 일본파견

김규식이 떠난 후 신한청년당은 사방으로 흩어져 3·1혁명 거사계획을 알리고 고무하고 자금을 모은다. 신한청년당은 일본으로 조소앙(제1차 파견), 장덕수(제2차 파견), 이광수(제3차 파견)를 보내 2·8독립선언을 종용한다.

## 선우혁과 이승훈

선우혁鮮于爀을 평북 선천으로 보내 이승훈李昇薰, 양전백梁甸伯(신민회 동지, 신교목사, 예장 총회장)을 만난다. 정주의 거목인 이승훈은 대세를 파악하고 적극적인 참여의사를 밝힌다. 김철金澈을 서울에 파견하여 천도교天道敎측과 만나 거사자금의 약속을 받는다. 또

국내로 서병호徐丙浩, 김순애金順愛, 백남규白南圭를 파견하여 파리강
화회의에 파견하는 민족대표의 독립운동자금을 지원할 것과, 독립
운동의 거사를 준비할 것을 종용하였다. 이미 신한청년당 대표로서
김규식이 파리평화회의에 가있다는 사실의 전제가 독립운동시위를
전 민족적으로 전개해야만 하는 당위성의 근거가 되었고, 그를 지원
하는 신한청년당의 호소는 3·1만세혁명을 일으키는 데 주요한 동
기가 되었다는 것은 더 말할 나위가 없다.

### 여운형의 만주, 연해주 행보

여운형 본인은 만주(길림吉林, 장춘長春)를 거쳐, 노령 연해주의
블라디보스톡으로 가서 이동녕, 박은식, 조완구趙琬九 등과 회견하
고 독립운동의 전폭적 지지를 얻고, 자금 5만 원을 모집하여 그 중 3
만 원을 김규식에게 직접 보내고, 나머지 2만 원은 외국어 홍보잡지
를 발간하는 데 썼다. 여운형의 만주·노령에서의 활약은 3·1만세
혁명을 구조적으로 조직하는 데 결정적인 역할을 했다.

지금 3·1만세혁명의 세부적인 각론을 다 말할 수는 없다. 그
러나 3·1만세혁명을 촉발觸發시킨 주체세력은 여운형이 중심이 된
상해의 청년그룹이었고, 그 배후에는 신규식이라는 중후한 선각자
가 있었다는 사실과 그 촉발에 놀라웁게 빠른 속도로 호응하고, 조
직되고, 결사적으로 헌신한 감응感應의 주체는 조선의 민중이었다
는 사실, 이 하나의 진실만은 기억해야 한다는 것이다. 오늘날 우리
나라의 집권세력이 이 진실을 거부하고 3·1만세혁명과 그 혁명에서
필연적으로 도출되는 대한민국임시정부의 적통을 외면하려 한다는

것은 조선의 역사 그 자체를 거부하는 것이다.

우리가 쓰는 대한민국은 "대한민국임시정부"에서 온 말이다

　　오늘날 우리가 우리나라를 "대한민국"이라고 부르는 것도 "대한민국임시정부"의 성립을 기점으로 삼는 것이다. "대한민국"이라는 국호의 출처가 대한민국임시정부이고, 대한민국임시정부는 대한민국이 독립국가임을 선언한 3·1만세혁명의 필연적 산물이다. "조선의 독립국임과 조선인의 자주민임을 선언"한 그 선언의 주체로서 대한민국임시정부가 성립하게 된 것이다. "임시정부"의 성립은 이미 일본의 패망을 예견하는 역사의 진실이었다.

　　3·1만세혁명의 촉발의 주체가 여운형이라는 카리스마로 집약된다는 사실은, 그토록 많은 희생자를 낸 독립혁명 바로 그 당년, 그 혁명 주모자에게 일본제국의 위압적인 건물인 테이코쿠호테루(帝國ホテル) 컨퍼런스룸에서 국제적인 기자회견을 요청했다는 좀 오묘한 사실로 입증되는 것이다.

3·1만세혁명의 주체 여운형의 제국호텔 연설, 타이쇼오데모크라시

　　일제는 3·1만세혁명 후에 "문화통치"를 간판으로 내걸었고, 국제사회에서 입지가 좁아지는 것을 두려워하여, 그러한 기자회견을 너그럽게 허락하는 역발상의 제스쳐를 썼던 것이다. 그리고 그때는 일본이 "타이쇼오데모크라시"(大正Deomcracy: 1910년대로부터 1920년대에 이르는 민본주의, 자유주의적 성향이 보이던 시기. 일본의 역사학자·정치학자 시노부 세이자부로오信夫淸三郎가 1954년에 만들어낸 말)라고 말하는 좀

느슨한 분위기가 있을 때였다.

　　일본은 자기들이 주체적으로 초청하여 연설의 기회를 주면 분명 허술한 구멍이 있을 것이고, 그 허점을 붙잡아 세계에 일본의 너그러움을 과시하려 했던 것이다. 일본은 누가 와도 "자치청원自治請願"이상의 메시지는 발하지 못할 것이라고 자신하고 있었다. 당시 하라(原敬[1856~1921]: 제19대내각 총리대신) 내각은 여러 루트를 통하여 최적임자가 누구인가 하고 문의하였으나 그 루트의 종착역은 모두 여운형이라는 사나이였다. 우리쪽에서도 여운형의 동경행을 놓고 찬반의 양론이 팽팽했다. 임시정부 원로들은 반대를 했지만, 안창호, 이광수, 윤형진 등 시대감각이 있었던 사람들은 찬성했다. 안창호는 여비 3백 원까지 마련해주었다.

## 장덕수 통역지정, 의리지킴

　　여운형은 일본측 교섭단에게 1) 신변보장, 2) 언론과 행동의 자유, 3) 통역은 장덕수, 4) 귀로는 조선경유를 요청했다. 일본측은 이 네 가지 조건을 모두 수락했다. 장덕수를 통역으로 내세운 것은 그가 와세다대학 전교웅변대회에서 1등을 한 연설솜씨를 가지고 있다는 사실 이외로, 그가 신한청년당의 비밀활동 과정에서 일본 경찰에 검거되어 지금은 목포 앞바다의 하의도荷衣島(목포에서 남서쪽 50.76㎞)에 감금되어 있기 때문에, 이 기회에 그를 석방시키고자 하는 심산이었다. 여운형은 항상 주변 인물들에게 의리를 지켰다.

## 육군대신 타나카 상면

　　육군대신 타나카 기이찌田中義一는 조선군사령관 우쯔노미야宇都宮를 비롯하여 관동關東, 청도靑島, 대만 등지의 군사령관과 조선 총독부 정무총감 미즈노水野鍊太郎, 척식국拓殖局 장관 코가古賀廉造 등, 군계·정계의 거물들을 열석시켜 회의하는 자리에 여운형을 맞아들였다. 장내를 일별한 여운형도 응분의 기세를 갖추지 않을 수 없었다. 당당한 풍채, 준수한 용모, 빛나는 눈, 넓은 이마, 하늘을 찌르는 듯한 카이제르 수염, 여운형은 단신으로 세계최강국의 하나인 일본제국주의병풍을 대하고 앉았다. 먼저 타나카가 입을 열었다:

　　"우리 대일본제국은 천하무적인 막강한 3백만의 병력이 있다. 해
　　군함대는 사해를 휩쓸고 있다. 조선은 일전一戰의 용기가 있는가?
　　만일 조선인들이 끝까지 반항한다면 2천만 정도의 조선인쯤이야
　　일시에 없애버릴 수도 있다."

　　"그대도 글을 읽을 줄 안다면 삼군지수三軍之帥는 가탈可奪이언만
　　필부지지匹夫之志는 불가탈不可奪이라는 말의 뜻을 알 것이다. 2천
　　만 명을 일시에 다 죽일 수도 있고, 나 여운형의 목도 일순에 벨 수도
　　있을 것이다. 그러나 여운형의 마음은 벨 수 없다. 하물며 여운형이
　　지닌 굳은 조국애의 일편단심과 독립정신까지 벨 수야 있겠는가?"

　　"조선은 자치自治를 하여 일본과 제휴하는 것이 제일 현명한 일이
　　다. 나의 타나카플랜에 귀를 기울이는 것이 옳다. 조선이 일본과

제휴하면 부귀를 누릴 것이요, 그렇지 아니하면 무자비한 탄압이 있을 뿐이다. 만세를 불러서 조선이 독립될 줄 아는가? 일본이 조선의 독립을 허락하리라고 생각하는가?"

### 일본의 운명, 타이타닉호의 침몰
여운형은 자세를 가다듬고 단호하게 말했다:

"호화롭기 그지없는 세계최대의 여객선 타이타닉호가 얼마 전 대서양에서 침몰하였다(1912년 4월 15일 사건: 제임스 카메론James Cameron이 영화화한 그 사건, 디카프리오와 윈슬렛 주연). 물 위에 100분의 9밖에 보이지 않는 빙산덩이를 작다고 업수이 보고서 돌진하다가 배 전체가 침몰하고 만 것이다. 그대들은 이와같은 만용의 우를 타산지석으로 삼아야 할 것이다. 조선인이 부르짖는 독립만세는 물 위에 나온 소부분의 빙산이다. 모시侮視할 수 없는 것이다. 모시하면 세계인류의 정의에 부딪혀 일본은 멸망의 구렁텅이에 빠지고 말 것이다."

### 초가삼칸, 빈대 소사燒死
타나카는 발끈하여 내뱉는다:

"일본이 망하면 동양 전체가 망한다."

이에 몽양은 차분하고 냉랭한 목소리로 쏘아붙인다.

"조선 속담에 초가삼칸이 다 탄대도 빈대 죽는 것이 시원하다는 말이 있다. 동양이 다 망하여도 일본이 망하는 것을 통쾌히 생각하는 것이 우리 조선민족의 솔직한 심정이다."

압승이었다. 완승이었다. 3·1만세혁명의 세계사적 성과가 얼마나 중대하고 통쾌한 것인지는 바로 이 자리에서 증명된다. 이 대담은 실제로 제국호텔연설 이전에 있었던 사건이다.

몽양의 제국호텔 연설, 세계사적 사건, 그 내용요약

일본에 와있던 한국유학생들은 동경에 와있던 전 세계의 언론인·특파원에게 여운형의 제국호텔 연설을 알렸다. 일본이 이 사건을 조작할 수 없도록 만드는 것은 사실 그대로의 보도밖에는 없었다. 1919년 11월 27일 저녁 제국호텔, 500여 명의 세계각국의 특파원, 기자, 각계각층의 저명인사들 앞에서 조선독립의 절대성을 주장하는 몽양의 사자후는 전 세계로 퍼져나갔다.

장덕수의 통역은 일품이었다. 마지막 기자들과의 문답은 몽양 자신이 통역 없이 유려한 영어로 진행하였다. 전체 강연을 통하여 박수갈채가 끊이지 않았다.

"우리민족이 생명을 걸고 주야분투하는 한국 독립운동의 진상과 그 의의를 밝히려고 나는 이곳에 왔다. 지금 이 자리를 빌어 그 것을 말하게 된 것을 기쁘게 생각하는 바이다. …… 독립운동은 나의 사명이며 필생의 사업이다. …… 장래 한국민족은 신세계 창조의 역사적 한 페이지를 장식할 기회를 반드시 가지게 될 것이다. 세계의 대세의 조류와 함께 일어난 3·1독립만세가 그것을 입증하고 있다. …… 주린 자는 먹을 것을 구하고, 목마른 자는 마실 것을 찾는다. 그것은 자연의 이치가 아닌가? 그것은 곧 생존의 자연적인 발로이다. 일본인에게 생존권이 있다면 똑같이 우리 한민족에게도 생존권이 있을 것이다.

일본인에게 생존권이 있다는 것은 우리 한국인이 긍정하는 바요, 한국인이 민족적 자각으로 자유와 평등을 요구하는 것은 신이 허락하는 바이다. 일본정부는 이것을 방해할 무슨 권리가 있는가? 이제 세계는 약소민족 해방, 부인 해방, 노동자 해방 등 세계개조를 부르짖고 있다. 이것은 일본을 포함한 세계인의 보편적 운동이다. 조선의 독립운동은 세계의 대세요, 신의 뜻이요, 한민족의 각성이다. ……

한국의 독립은 오히려 일본에게 안전과 평화를 가져다줄 것이다. 일본은 조선의 독립을 승인하고 조력함으로써 동양의 평화를 확보하고 세계의 평화를 달성할 수 있을 것이다. 우리는 꼭 전쟁을 하여야 평화를 얻을 것인가? 싸우지 아니하고서는 인류가 자유와 평화를 누릴 수 없단 말인가? 일본 인사들은 깊게 사유하라! 새벽에 닭이 우는 것은 이웃집 닭이 운다고 따라 우는 것이 아니요, 때가 와서 우는 것이다. 우리의 독립운동은 민족자결주의에 도취해서 일어난 것이 아니요, 때가 와서 일어난 것이다."

여운형은 마지막으로 이와같이 단언했다:

"우리가 건설하려는 새 나라는 주권재민主權在民의 민주공화국 民主共和國이다."(※ 이상의 연설내용은 동생 여운홍의 기록, 이기형의 『여 운형 평전』, 김재신의 네이버블로그 "여운형과 동양제국호텔 연설"을 참고 하였다).

박수갈채가 터져 나왔다.

## 만 33세 청년의 통쾌무쌍한 독립선언

이때 여운형은 나이가 만 33세였다. 통쾌무쌍한 독립선언이 었다. 동경의 각 신문은 몽양 연설의 전문을 게재했다. 하룻밤 사이 에 몽양은 국제적인 큰인물이 되었다.

내가 앞서 말했듯이 3·1만세혁명을 촉발시킨 주체세력은 신 한청년당이요, 그 촉발에 감응하여 만세운동을 세계사적 혁명사건 으로 만든 주체는 조선의 민중이다. 그 민중을 대변하는 세력으로서 천도교(15명, 이중 9명이 동학혁명군으로서 싸웠다), 기독교(16명), 불교(2명) 를 들 수 있는데, 아무래도 위급한 사안을 단시간에 조직하기 위해 서는 평소 결속력이 있는 종교조직에 의존할 수밖에 없었다. 천도교 의 대표로서는 손병희, 불교의 대표로서는 한용운, 기독교의 대표로 서는 남강南岡 이승훈李昇薰을 들 수 있다.

## 손병희라는 큰 손

　　손병희는 청주 사람인데 우직하고 호기가 있는 사람으로 해월의 말년을 누구보다도 지극하게 모셨다. 따라서 수운과 해월의 적통을 이었기 때문에 항일의식이 투철하다. 천도교를 창설한 것도 친일파의 앞잡이 이용구, 송병준이 만든 일진회를 동학에서 몰아내기 위한 출교조치에서 비롯된 것이다. 손병희는 3·1만세혁명과도 같은 사태를 예견하고 보성사와 같은 출판사를 키웠다. 손병희라는 큰손이 없었더라면 3·1만세혁명은 난항을 겪었을 것이다. 손병희는 명실공히 33인의 대표가 될 만하다. 33인의 대표로서 타협 없이 옥살이를 하였고 결국 극심한 옥살이의 후유증으로 이승을 뜨게 된 것이다.

## 독립지사 이승훈, 오산학교 설립자

　　이승훈은 평북 정주 사람인데 놋그릇가게 노동자로 출발하여 유기공장의 대실업가로 성장한 특이한 인물이다. 을사늑약시기에 평양역전에서 안창호가 연설하는 것을 듣고 감명을 받아 교육사업에 헌신한다. 강명의숙과 오산학교를 세워 인재양성에 힘쓴다. 오산학교는 민족교육의 요람이 되었고 많은 인재를 배출하였다. 이승훈은 매우 진실한 사람이며 3·1만세혁명의 성공을 위하여 많은 일을 헌신적으로 행하였다.

## 최린과 만해

　　만해는 3·1만세혁명의 거사계획을 일본유학시 사귄 최린崔麟 (1878~1958. 일본유학 시 동경에서 손병희를 만나 천도교에 입교하였고 천도교에서 운영하던 보성고등보통학교 교장이 되었다. 출옥 후 손병희가 사망하자 정신적 기둥을 잃고 변절하게 되었고 지독한 친일행각을 벌인다. 나혜석과의 관계 등 염문을 뿌리며 아름답지 못한 말년을 보냈다)을 통해 알게 되었는데 비교적 늦게 소식을 들은 것으로 말하여지고 있지만 공판기록을 조사해보면 만해는 상당히 일찍부터 개입된 것이 확인된다(본서 2권 「연표」 1919년 1월 27일조 참조). 평소 최린과 사귀면서 천도교 사정도 환히 알고 있었기 때문에 3·1만세혁명거사에는 중심부로 곧 들어갔다.

혁명거사를 수락하면서 만해는 독립선언서는 자기가 쓰겠다고 했다. 최남선 본인이 자기는 학문에 뜻을 둔 사람이래서 만세혁명운동에는 가담치 않고 선언서만 쓰겠다고 공언한 것에 대해(즉 민족대표로서 이름을 넣지 않겠다), 만해는 분개의 념을 표현했다. 자기 이름 하나 넣기를 두려워하는 사람에게 어떻게 전 혁명의 코어를 이루는 독립선언서를 작성케 할 수 있냐는 항의였다. 최린은 이미 새롭게 선언서를 작성하기에는 인쇄일정 등 때가 늦었다고 말했고, 수정은 가능할 것이라고 했다. 그래서 만해는 본문에도 약간의 수정을 가하였고, 공약삼장公約三章이라는 요약적인 행동강령 세 줄을 말미에 첨가하였다.

만해의 공약삼장

一. 금일今日 오인吾人의 차거此擧는 정의正義, 인도人道, 생존生存,
   존영尊榮을 위爲하는 민족적요구民族的要求이니 오즉 자유적정신
   自由的精神을 발휘發揮할 것이오 결决코 배타적감정排他的感情
   으로 일주逸走하지 말라

一. 최후最後의 일인一人까지 최후最後의 일각一刻까지 민족民族의
　　정당正當한 의사意思를 쾌快히 발표發表하라

一. 일체一切의 행동行動은 가장 질서秩序를 존중尊重하야 오인吾
　　人의 주장主張과 태도態度로 하야금 어대까지던지 광명정대光明
　　正大하게하라


## 만해의 3·1혁명 이해구조

　　만해는 3·1만세혁명운동의 세계사적 성격을 잘 이해하고 있
었다. 『님의 침묵』의 서문에도 임마누엘 칸트가 나오고 이태리의 혁
명가이며 사회민주주의적인 공화정의 정치철학자인 마치니Guiseppe
Mazzini(1805~1872)가 나온다. 세계사적 흐름을 놓치지 않으려 한다.
그리고 만해는 3·1만세혁명을 외재적·객관적 사건으로서가 아니
라 자기 실존의 내면적 완성으로 받아들였다. 2년 전 오세암의 설경
雪景 속에서 돈석頓釋하였던 그 깨달음의 실상이 자기의 실존적 과제
상황으로 던져지고 있는 것이다.

　　조선왕조에서 일제강점으로의 연대기적 변화는 자생적 힘에
의한 변화가 아니라 외재적 힘에 의한 멸망이다. 그리고 조선의 멸
망은 이루어져서는 아니 될 것으로 조선의 국민들에게 각인되어 있
지도 않았다. 이미 동학의 리더들의 심상에는 조선왕조는 필망의 운
세에 있었다. 3·1만세혁명에 유자들의 참여가 소극적이었던 까닭
도 19세기 후반부터의 위정척사衛正斥邪라는 이념이 유생들의 개벽
적 비젼이 될 수 없었다는 데 있었다. 위정의 "정正"에다가는 어떠

한 멋있는 간판이라도 다 내걸 수 있지만, "척사斥邪"의 "사"는 조선 유교 내부에 있었다.

## 조선멸망의 원인, 음빙실의 분석

『음빙실문집』속에 "조선멸망의 원인朝鮮滅亡之原因"이라는, 조선의 지식인으로서 읽기에는 너무도 뼈아픈 문장이 있는데, 중국의 석학의 눈에 비친 조선왕조의 실상은 너무도 저열하고 비열하고 망해먹을 짓들만 골라서 하는 국가운영자들의 작태였다. 그런데 그 작태에 대해 반박도 할 수 있겠지만 반박에 앞서 양계초의 조선이해의 깊이에 놀라움을 금할 수 없다. 미산眉山 소씨蘇氏(송대의 문호 소동파蘇東坡)의 말을 빌어 이와같이 말한다: "육국六國을 멸한 것은 육국이지, 진나라가 아니다. 진나라를 멸한 것은 진나라이지 천하가 아니다. 일본이 백 개라 하더라도 조선이 참다운 생존의 길을 도모했다면 조선을 멸망시킬 수 없었다. 조선을 멸망케 한 것은 조선이지 일본이 아니다. 무릇 조선사람들은 망하는 것을 스스로 즐겼으니, 또한 무엇을 가엾게 여길 일이 있겠는가!"

## 뉴라이트의 뿌리

병탄 후, 1910년대의 조선민중이나 지식인들은 바로 음빙실의 이러한 개탄에 명확한 대답을 할 수 없었다. 그냥 멍하게 당하고만 있었다. 조선왕조는 지켜야 할 것이 아니라 망해 없어져야 할 것이었다. 그것을 망하게 하는 주체가 조선의 민중의 의거가 아니라 음흉한 외세의 침탈이라는 사실에도 불구하고, 강산의 변화를 일으키고 있는 일본이라는 제국의 정체를 명확히 파악하지 못하고 있는 정황이 식민정책 초기의 지식인들의 의식을 흘러가고 있었다. 이러한 "멍한 의식"의 블랙홀에 조금이라도 옷자락을 스치기만 해도 그냥 친일의 구렁텅이로 빠져들어 가버리고 만다. 오늘 21세기 뉴라이트세력이 다시 고개를 들며 친일을 외치는 터무니없는 정세도, 식민지체험이 얼마나 무서운 것인가를 뼈저리게 느끼게 한다.

### 3·1만세혁명＝자기 존재의 개벽

3·1만세혁명이란 바로 이러한 의식의 흐름에 대한 쐐기요, 각성이요, 민족적 일체감의 폭발이었다. 만해는 3·1만세혁명을 자기 존재의 개벽으로 받아들였다.

1919년 3월 1일도 탑골공원에서 "독립선언서"를 낭독, 발표하기로 되어있었다면 그대로 강행했어야 옳다. 혼란과 충돌을 피하기 위해 민족대표들은 명월관(태화관)에 따로 모여, 선언서를 낭독하는 절차도 생략하고, 모인 자들이 눈으로 읽는 것으로 대신했다. 이 어색한 자리에서 최린은 만해에게 간단한 인사와 식사式辭를 부탁하였다.

### 태화관 연설도 만해

만해는 간결하지만 유감없는 즉흥연설을 퍼부었고 공약삼장을 낭독했다. 훗날 재판과정에서도 가장 일본인 재판관들이 문제삼은 것이 "최후의 일인까지, 최후의 일각까지"라는 구절이었다.

만해는 민족대표들에게 옥중투쟁 3대원칙을 제시했다.


　1. 변호사를 대지 말자.

　2. 사식私食을 취하지 말자.

　3. 보석保釋을 요구하지 말자.


만해는 끝까지 이 원칙을 지켰다. 그러나 타 민족대표들은 이러한 만해의 선적 고행을 따라갈 수 없었다. 만해의 서대문형무소 3년의 고행은 싣달타의 네란자나 강가의 고행보다 더 극심한 고행이었다. 옥수발을 드는 춘성 수좌로서는 보통 어려운 일이 아니었다. 옥수발이라는 게 사식을 넣거나 보석을 요구하는 일을 하는 것인데 이런 일체의 뒷바라지가 거절당하였기 때문에 매우 마음고생이 심했다고 한다.

만해 스님 일상모습의 진실한 기록

평소 만해 스님의 쇄연灑然한 생활모습을 전하는 일화가 글로 남아있어 여기 소개한다.


신미년 겨울! 나는 선생을 청진동 숙소로 찾아뵈었었다.

그때 선생은 『불교佛敎』사 시절, 춘추는 53세, 내 나이는 26세 때이었다.

무슨 용건이 있었던 것도 아니오, 더구나 어떠한 목적이 있었던 것도 아니었었다. 그저 찾아뵈옵고 싶어서였다.

선생의 거실에 들어서자마자, 이마가 설렁하고 냉기가 온몸을 엄습했었다. 나는 나도 모르는 사이에 몸이 음칫했었다.

방안에는 책상 하나, 그 위에는 『조선일보』 한 장이 놓였을 뿐, 메모 용지는커녕 펜대 한 개도 없었다. 책 한 권도 눈에 띄지 않고 말쑥했다. 벽에 꽂힌 못 한 개에는 선생의 두루마기가 걸렸었고, 그 위에는 모자가 얹혔을 뿐, 방문객의 모자 하나 걸 못도 없었다. 앉을 방석은 말할 것도 없었다.

서화 병풍이며 장서가 많은 줄로 알았던 나의 생각은 완전히 뒤엎이고 말았었다.

나는 새삼 놀라지 않을 수 없었다. 참고 도서 한 권 없이 어떻게, 어쩌면 그렇게 글을 쓸 수 있을까 …… 순간 내 머리는 번쩍했었다. "선생은 우박같이 머리에서 글이 쏟아지고, 샘솟듯 가슴에서 글이 솟는가 보다 ……"

"석가모니가 무슨 책이 있어서 49년 설법을 했나!"

옳다! 선생은 "사상의 원천"을 발굴하고 확보했기 때문에, 입만 벌리면 폭포같이 열변이 쏟아지고, 펜대만 잡으면 구름 일듯 글이 부푸는 것이 아닐까.

선생은 가사·장삼·발우 한 벌 없는 운수납자雲水衲子의 생활이다. 청초하고 쇄연한 생애였던 것이다. 학과 같은 모습에 구름 같은 살이여!

범인은 생애 애착이 강할수록 죽음에 대한 공포가 심한 것인데, 한용운 선생은 생에 애착이 없기 때문에 죽음에 공포가 없었던 것이 아닐까.

만해는 겨울에도 냉골에서 생활한 것으로 유명하다. 어찌 그럴 수 있겠는가 하고 반문도 해보지만 내 생각엔 가끔이라도 불은 지펴야 하지 않을까 한다. 하여튼 극기의 수준이 보통 선객仙客의 수준을 넘어선 사람인 것 같다. 신미년 겨울이면, 1931년, 만해 53세, 맞는 얘기다. 감옥에서 나와 선학원에 있다가 사람이 너무 찾아온다고 사직동 사글셋방으로 옮겼다가, 청진동으로 다시 옮겼다. 그때 필자가 청진동으로 방문한 것이다. 다음 처소가 심우장이다.

## 이 글의 저자는 조종현, 『태백산맥』의 저자 조정래의 아버지

그런데 이 글은 조종현趙宗玄(1906~1989)이라는 사람이 쓴 것이다. 전남 고흥 사람으로 시조시인이며 승려이다. 그 차남이 바로 『태백산맥』의 저자 조정래趙廷來이다. 조정래는 어려서부터 아버지로부터, "커서 만해 스님과 같은 훌륭한 인품을 지닌 사람이 되어라"라는 소리를 들으며 컸다고 한다. 하여튼 만해는 우리 주변에서 멀리 떨어져 있는 사람이 아니다.

## 조선독립의 서

만해가 1919년 7월 10일에 감옥에서 완성한 글로서, "조선독립의 서書"라는 결코 짧지 않은 문장이 있다. 이것은 일본 검사가 독립선언을 하는 까닭이 무엇이냐고 물었을 때, "조선인이 조선 민족을 위하여 스스로 독립운동하는 것은 백 번 말해 마땅한 노릇, 감히 일본인이 우리를 재판할 자격이나 있느냐!"하고 호통치고, "할 말이 너무 많으니 차라리 서면으로 답하겠다"라고 지필紙筆을 달라고 해서 옥중에서 장문의 문장을 완성한다(『한용운전집』6-361). 이 대문장은 통상 여러 곳에서 "조선독립의 서"니, "조선독립 이유서"니, "조선독립에 대한 감상의 개요"니, "조선독립에 대한 감상의 대요"니 하는 이름으로 불리어서 다른 여러 종류의 글이 있는 것으로 착각하지만 실제로는 단 하나의 문장이 있을 뿐이다. 『한용운전집』제1권에는 "조선독립朝鮮獨立의 서書"라는 이름으로 들어가 있다(원문과 번역문).

그런데 만해는 이 글을 쓰면서 부본副本을 남겼다. 그러니까 두 개의 "조선독립의 서"를 만든 것이다. 한용운에게 주어진 종이는 큰 창호지였다. 만해는 깨알같이 쓴 부본을 말아 노끈으로 만들었다. 입던 헌옷을 반출할 때 그것을 싸는 노끈으로 부본을 썼다. 상좌 춘성 스님이 그 부본을 성공적으로 반출하여 상해의 대한민국 임시정부에 전달하였다.

상해임시정부 기관지『독립신문』에 전문이 실림

그리하여 임시정부 기관지인 『독립신문』25호(1919. 11. 4. "대한민국 원년元年 11월 4일"로 쓰였음)에 전문이 게재되기에 이르렀다. 『독립신문』에서는 이 글을 게재하면서 그 시말을 다음과 같이 소개하였다.

> 차서此書는 옥중獄中에 계신 아대표자我代表者가 일인日人 검사총장檢事總長의 요구要求에 응응應應하여 저술著述한 자중者中의 일一인데 비밀리秘密裏에 옥외獄外로 송출送出한 단편斷片을 집합集合한 자者라

여운형의 제국호텔 연설보다 반년이 앞선다

　　이 글은 여운형의 제국호텔 연설보다도 반년이 앞서는 글이며 뼈아픈 자성의 철학과 독립에 대한 심오한 비젼을 담고 있고, 또 여운형의 사상과 일맥상통하는 측면이 있어 여기 그 서두만을 소개하려 한다. 만해공판기록을 『동아일보』가 보도한 기사를 보면(1920년 8월. 9월) 한용운의 독립에 대한 사유는 심오한 자성의 논리를 구축하고 있었다. 만해는 양계초의 조선멸망론(1910년 작)에 대해서도 충분한 대답을 하고 있었다. 『동아일보』는 "독립선언사건獨立宣言事件의 공소공판控訴公判—한용운韓龍雲의 맹렬猛烈한 독립론獨立論"이라고 타이틀을 뽑고 이와같은 한용운의 항변과 설법을 실었다(cf. 김광식, 『만해 한용운 평전』, 서울: 참글세상, 2009, p.117).

　　　　"국가의 흥망興亡은 전슈혀 민족民族의 책임責任"
　　　　"조선독립운동은 일본의 압박을 피함이 아니오, 조선민족 자신이
　　　　　스사로 살고, 스사로 높힘이라"(제4일 오전의 기록).

민족의 내면적 성숙을 요청, 조선국가의 흥망은 조선민족의 책임

　　한용운의 사유가 단순한 대타적 대적감의 감정을 떠나 민족반성의 중층적 사유구조 속으로 잠입하고 있었다는 것을 말해준다. 독립은 단순히 일제의 압제에서 벗어나는 것이 아니라, 이 기회에 우리민족의 스스로 살길을 도모하고 스스로의 존엄성을 회복해야 한다. 조선국가의 흥망은 오로지 조선민족의 책임이다. 우선 "조선독립의 서"(상해 『독립신문』에는 "조선독립에 대한 감상의 대요大要"라는 제목

으로 실렸다)의 앞머리를 살펴보기로 하자!

자유自由는 만유萬有의 생명生命이요 평화平和는 인생人生의 행복
幸福이라, 고故로 자유自由가 무無한 인人은 사해死骸와 동同하고
평화平和가 무無한 자者는 최고통最苦痛의 자者라 압박壓迫을 피
被하는 자者의 주위周圍의 공기空氣는 분묘墳墓로 화化하고 쟁탈
爭奪을 사事하는 자者의 경애境涯는 지옥地獄이 되느니 우주宇宙의
이상적理想的 최행복最幸福의 실재實在는 자유自由와 평화平和라.
고故로 자유自由를 득得하기 위爲하여는 생명生命을 홍모시鴻毛視
하고 평화平和를 보보保保하기 위爲하여는 희생犧牲을 감이상甘飴嘗하
느니 차此는 인생人生의 권리權利인 동시同時에 또한 의무義務일
지로다. 그러나 자유自由의 공례公例는 인人의 자유自由를 침侵치
아니함으로 계한界限을 삼느니 침략적侵掠的 자유自由는 몰평화沒
平和의 야만野蠻 자유自由가 되며 평화平和의 정신精神은 평등平等에
재在하니 평등平等은 자유自由의 상적相敵을 위謂함이라. 고故로
위압적威壓的 평화平和는 굴욕屈辱이 될 뿐이니 진자유眞自由는
반드시 평화平和를 보보保保하고 진평화眞平和는 반드시 자유自由를
반반伴할지니라. 자유自由여 평화平和여 전인류全人類의 요구要求일
지로다.

기존의 번역이 전달력이 부족하여 내가 이것을 재해석하여 보
겠다.

자유는 천지지간의 모든 존재가 생명을 유지하는 바탕이요, 평화

는 인간의 삶이 지향하는 행복의 원천이다(※ 독립선언문을 "독립"이라는 개념으로 시작하지 않고 "자유"로 시작한다는 것은 만해의 사유의 깊이에서 온다. 그리고 자유를 서구적인 "freedom"의 개념이 아닌 평화peace와 짝지우는 것은 불교적 사유의 깊이와 관련이 있다. 평화는 마음의 문제이며 문명의 궁극적 목표이다). 그러므로 자유가 없는 사람은 죽은 시체와도 같고, 평화가 없는 자는 극심한 고통에 시달리는 자라. 압박을 입는 자의 주위의 공기는 분묘로 화하고, 남의 것을 다투어 빼앗는 것을 전업으로 삼는 자의 삶의 경지는 지옥이 된다. 그러므로 우주의 이상적인, 최상의 행복의 실제 모습은 자유와 평화일 수밖에 없다. 자유는 평화를 지향하고 평화는 자유를 담보한다.

그러므로 자유를 얻기 위하여서는 생명까지라도 깃털처럼 가벼이 여길 줄 알며, 평화를 지키기 위해서는 자기 몸을 희생하는 것도 달갑게 여기는 것이다. 이러한 희생은 인생의 권리인 동시에 또 의무일 것이다.

그러나 자유의 보편적인 실례는 인간의 자유를 해침이 없는 것으로써 그 한계를 삼는 것이니(※ 즉 자유는 자율적 규제를 전제로 한다. 일본은 자신의 자유를 위하여 타인의 자유를 해치고 있다. 어찌 사악하지 않으리오?), 침략적 자유는 평화를 무너뜨리는 야만적 자유가 될 뿐이다. 따라서 평화의 본질적 정신은 평등에 있는 것이니, 평등이라는 것은 서로의 자유가 균형을 취하는 것을 일컫는 것이다. 그러므로 위압적인 평화threatening peace는 굴욕humiliation이 될 뿐이다. 참된 자유는 반드시 평화를 보지保持하고, 참된 평화는 반드시 자유를 수반한다. 자유여! 평화여! 전 인류의 요구일지로다.

천하의 명문이라 할 것이다. 아주 평범한 듯이 들리는 "자유"라는 개념을 내세우면서, 그 자유를 자율적 규제가 결여된 욕망의 자유, 즉 침략적 자유로 확대시키면서 일본제국주의의 필망을 선언하고 있는 것이다. 평화도 평등을 전제하지 않는 위압적 평화는 굴욕이 될 뿐이라 하여 일본의 굴욕적 종말을 예언하고 있는 것이다.

## 제9장

# 『십현담주해』, 매월당 김시습과 만해

선학원에 주석

　　만해는 옥살이를 끝낸 후(1921. 12. 22) 서울의 선학원에 주석하였다. 1925년 초여름, 만해는 지친 심신을 이끌고 그의 정신적 고향인 백담사로 돌아갔다. 그때 상좌인 이춘성이 신흥사 주지로 있었기 때문에 신흥사에 잠깐 들렀다가 오세암으로 올라갔다. 새로 중건한 백담사의 분위기가 좀 낯설었기 때문이기도 하였으리라. 오세암에서 그는 『십현담十玄談』이라는 선화게송禪話偈頌을 만나게 된다.

오세암에서 만난 『십현담』, 당나라 상찰선사의 작품

　　『십현담』이라는 것은 당나라 때의 동안同安(※ 그가 주석한 절 이름이다. 강서江西 홍주洪州 봉서산鳳棲山 동안원同安院의 주지였다. 그래서 동안화상同安和尙이라 불렀다 ) 상찰선사常察禪師(상찰선사는 구봉도건선사九峰道虔禪師의 제자이다. 평일에도 늘 시를 지어 주변사람들을 깨우쳤다. 북송 건륭乾隆 2년[961] 적멸하였다. 종년終年 90여 세라 한다)가 지은 10테마의 선시禪詩인데, 각 테마마다 7글자 8구로 이루어진 율시律詩(이런 시를 칠율七律이라 한다)가 들어있다. 그러니까 하나의 책이라고 해봐야 80구(560글자)로 이루어진 칠율집七律集인 것이다. 그런데 이 책은 단행본으로도 유통되었고, 또 북송의 황제 진종眞宗에게 바친(경덕 원년, 1004년), 도원道原이 편찬했다고 하는 『경덕전등록景德傳燈錄』(권29) 속에 들어가 유통되기도 하였고, 또 남송 순희淳熙 10년(1183)에 영가永嘉 강심사江心寺에서 편찬되었다고 하는 『연등회요聯燈會要』 속에도 들어가 있다. 문제는 다양한 판본이 있어 대조해보면 글자나 제목에 차이가 난다는 것이다.

## 월운과 만해

우리나라에서는 봉선사 조실 월운 스님께서 번역하신 『전등록』(동국역경원. 제3권, pp.625~630)에 「십현담」이 실려있는데, 이 월운 스님 번역본과 『만해전집』 제3권에 들어가 있는 『십현담주해본』을 대조해보면 적지않은 차이가 있다.

뿐만 아니라, 『전등록』으로서 가장 보편적으로 통용되는 권위 있는 판본인 『사부총간四部叢刊』 3편본에 실려있는 『십현담』(고굉의 顧宏義 注譯 『新譯 景德傳燈錄』, 臺灣三民書局印行)에는 실제로 8개의 율시만 실려 있으니, 『십현담』이 아니라 『팔현담』이라 해야 할 것이다. 이런 판본의 문제는 심히 혼란스럽기 때문에 무엇 하나를 절대기준으로 삼기가 어렵다. 우선 만해스님판본, 월운스님판본, 고굉의판본(『사부총간』본), 3본의 출입出入을 여기 도표화하여 보이면 다음과 같다.

| | 만해 판본 | 월운 판본 | 고굉의 판본 |
|---|---|---|---|
| 1 | 심인心印<br>(마음의 각성에 의하여 전해<br>내려가는 미묘한 선법) | 심인心印 | 심인心印 |
| 2 | 조의祖意<br>(조사의 본래의 뜻) | 조의祖意 | ✕ |
| 3 | 현기玄機<br>(현묘한 기틀) | 현기玄機 | 현기玄機 |
| 4 | 진이塵異<br>(티끌 속의 다른 경지) | 진이塵異 | 진이塵異 |
| 5 | 연교演敎<br>(가르침을 펴다) | 연교演敎 | 불교佛敎<br>(부처님께서 가르치시다) |
| 6 | 달본達本<br>(근본에 도달하다) | 달본達本 | 환향곡還鄕曲<br>(고향[근본]에 돌아가는<br>노래) |
| 7 | 파환향破還鄕<br>(환향도 타파하다) | 환원還源<br>(근원으로 돌아가다) | 파환향곡破還鄕曲<br>(환향을 타파하는 노래) |
| 8 | 전위轉位<br>(바른 위로 돌아 들어간다) | 회기廻機<br>(기틀을 돌리다) | 전위귀轉位歸<br>(위를 돌려 열반으로 돌아<br>간다) |
| 9 | 회기廻機<br>(기틀을 돌리다) | 전위轉位<br>(바른 위로 돌아 들어간다) | ✕ |
| 10 | 일색一色<br>(한 빛: 연결된 하나의 우주) | 일색一色 | 정위전正位前<br>(바른 위 앞에서) |

세 판본의 차이

　　고쾡의판본에는 2번과 9번이 빠져있고, 만해본과 월운본에
는 8과 9의 제목이 바뀌어 있다. 그렇다고 시가 바뀌는 것은 아니다.
시는 같은 자리에 있으나 그 성격을 규정하는 제목이 바뀐 것이다.
율시 자체도 대조해보면 구석구석 출입이 있다. 선시禪詩라는 것은
귀에 걸면 귀걸이, 코에 걸면 코걸이식의 추상적 표현이 많아 그 절
대적인 시비를 논하기 어려운 것이 실상이다.

만해 본인이 말하는『십현담』과의 해후

　　그런데 만해는 어떻게『십현담』을 만나게 되었는가? 이 전후
사정에 관하여 만해 본인이 앞에 서문으로써 밝히고 있다. 내가 설
명하느니 만해 본인의 사연을 들어보는 것이 좋을 것 같다.


乙丑, 余過夏于五歲, 偶閱十玄談。十玄談者, 同安常察禪師所
著, 禪話也。文雖平易, 意有深奧, 初學者卒難窺其幽旨耳。有原
註, 而未詳其人, 幷有悅卿註。悅卿者, 梅月金時習之字也。梅月
之避世入山, 衣緇而住于五歲時, 所述也。兩註各有其妙, 足以
解原文之意。至若言外之旨, 往往與愚見, 有所同異者, 存焉。夫
以梅月之有所守, 而世不相容。落拓雲林, 爲猿爲鶴, 終不屈於
當世, 自潔於天下萬世。其志苦, 其情悲矣。且梅月註『十玄談』
于五歲, 而余之讀悅卿註者, 又五歲也。接人於數百年之後, 而
所感尙新。乃註『十玄談』。

을축년(1925) 나는 오세암에서 한여름을 지내게 되었다. 오세암에 있는 책 중에서 우연히 나는 『십현담』이라는 책에 눈이 스치게 되었다. 『십현담』이라는 것은 동안원同安院 주지 상찰 선사가 지은 선시모음이다. 그 문장이 겉으로 보기에는 매우 평이하지만 그 의취는 매우 깊고 오묘하여, 처음 배우는 이들은 곧 그 그윽한 뜻을 파악하는 데 어려움을 겪는다. 『십현담』에는 중국사람의 원주原註가 붙어 있으나 그가 누구인지는 모르겠다. 그러나 그와 더불어 조선의 사상가인 열경悅卿(매월당 김시습金時習[1435~1493]의 자字가 열경이다)의 주註가 붙어 있는데, 열경이라는 것은 매월당 김시습의 자字이다. 매월은 수양대군의 왕위찬탈 소식을 듣고 통곡하며 보던 책을 불사르고 세상을 멀리하다가 입산하여 승려가 되었다. 그가 오세암에 머물렀을 때 지은 책이 바로 『십현담요해要解』(보통 "十玄談註"로도 불린다)이다. 이 두 개의 주는 각기 특성을 가지고 있으며 원문의 뜻을 해석하는 데는 충분한 해설을 제공한다. 그러나 문자 밖의 뜻을 캐려고 하면 왕왕 나의 견해와 들어맞지 않는 곳이 많이 있다.

생각해보라! 매월당이 그의 삶 속에서 지키려고 한 것은 그가 산 세상과 서로 용인하기가 어려운 바가 있다. 운림雲林에 낙척落拓하여 때로는 원숭이처럼(비굴한 저자세), 때로는 학처럼(고고한 자세) 살면서 끝내 자기 지조를 당세當世에 굽히지 않았으니 천하만세天下萬世에 스스로 깨끗한 모습을 지켰다. 그 뜻이 고뇌에 차있고, 그 정감이 비극적이다. 또한 매월당이 『십현담』을 주재한 곳이 오세암이요, 내가 열경의 주를 읽게 된 곳이 또한 오세암이다. 이 아니 오묘한 우연이리오? 이 책이 사람을 접한 지는 5세기를 지났지만 그 느낌은 아직도 살아 파닥거리는 것 같다. 이에 나 만해는 『십현담』을 주註하노라!

## 매월당과 만해가 처한 세상의 공통점

명문이다! 상찰 스님도 만당晚唐에 태어나 북송 초까지 살았으므로 당의 멸망을 겪었다. 매월당 김시습도 조선의 보기드문 천재로서 다섯 살 때부터 시를 지어 그 명성이 세종에까지 알려져 승지를 통해 선물이 내려졌다. 무서워서 아무도 돌보지 않는 사육신의 시신을 수습하여 노량진에 가매장한 사람도 매월당이었다. 세조의 찬탈을 온몸으로 거부하고 고결한 삶을 살았다. 매월당의 지조는 일제의 압제를 한 몸으로 거부하고 무소유의 청빈한 삶을 살고 있는 만해의 삶과 상통했다. 만해의『십현담주해』는 선적禪的 행위를 통해 사회정의를 지켜온 기나긴 조선역사의 도덕성의 축적을 의미한다. 제일 첫 수인 심인心印 하나만 여기 소개한다.

『십현담』「심인」원문

間君心印作何顏　문군심인작하안

心印何人敢授傳　심인하인감수전

歷劫坦然無異色　력겁탄연무이색

呼爲心印早虛言　호위심인조허언

須知體自虛空性　수지체자허공성

將喩紅爐火裡蓮　장유홍로화리련

勿謂無心云是道　물위무심운시도

無心猶隔一重關　무심유격일중관

이것을 나 도올의 감각으로 번역해보면 다음과 같다.


&lt;심인心印 &gt;

그대에게 묻노라. 심인心印은 어떤

얼굴을 짓고 있느냐?

심인心印을 누가 감히 전해줄 수 있느냐?

여러 겁을 지내어도 한결같아

다른 색깔이 없으니,

심인心印이라 부르면 그 즉시

헛말이 되고만다.

모름지기 알지니, 몸뚱이는 본시

스스로 허공같은 성질이라.

이글거리는 화로 속에서 피어난

연꽃과도 같다.

무심無心을 일러 도道라 하지 말지니,

무심도 오히려 한 겹의 관문이

막고 있다.


### 체體와 본本, 삼승과 삼시

본문 중에서 다섯 번째 줄의 "須知體自虛空性"의 "체體"는 타본에는 모두 "본本"으로 되어있다. 그러면 그 뜻이 이렇게 된다: "須知本自虛空性."(본래 스스로 허공임을 알지니……). 그 의미맥락에 대차는 없다.

　일례를 들면, 제5수 연교演教의 첫 구의 시작이 한용운판은 "삼승三乘"으로 되어 있는데, 타본은 "삼시三時"로 되어 있다. "삼승"이란 성문승聲聞乘, 연각승緣覺乘(=독각승獨覺乘), 보살승菩薩乘(=불승佛乘)을 말하는데 부처가 중생의 소질에 따라 3종의 다른 방편의 설법을 했다는 뜻이다. 승乘이란 "탈것"을 가리키는데 중생의 깨달음을 이끄는 가르침을 의미한다. 전2자는 소승에 속하고 후1자는 대승에 속한다.

　"삼시三時"라는 것도 "삼시교三時教"를 의미하는 것으로 부처님께서 대각 후에 다른 때에 그 상황에 맞게 다른 방편의 설법을 했다는 뜻이다. 제1시교는 소승경이 되고, 제2시교는 소승의 아집을 깨는 『반야경』이 되고, 제3시교는 보살의 공집空執과 소승의 유집有執을 다 깨버리는 『법화경』류가 된다. 전2시교는 방편이 되고 제3시교는 진실眞實이 된다. 결국 "삼승"이나 "삼시"나 같은 의미맥락을 갖는다.

### 만해의 디컨스트럭션

　자아! 판본상의 많은 문제가 있다는 것은 각설하고(조정사원祖庭事苑, 송판宋版, 고려판高麗版, 천녕사판天寧寺版, 원판元版, 명판明版, 우리나라 논산 쌍계사판雙溪寺版 등이 있다), 지금 왜 우리는 『십현담주해』를 상설詳說하고 있는가를 한번 되짚어 볼 필요가 있다. 『십현담주해』라는 것은 만해가 오세암에서 매월당 김시습(※ "열경" 이외로도 "설잠雪岑"이라는 호가 불가에서는 많이 쓰였다. 웬 연유인지는 모르겠으나 중국에서도 "조선설

잠朝鮮雪岑의 십현담주十玄談注"는 꽤 유명하다. 『십현담』의 대표적인 주해로 정평이 있다)의 주해를 인연으로 하여 독자적인 비批와 주註를 가한 것인데, 만해는 "십현담"이라는 선적인 언어를 철저히 토속화시키고 있다. 즉 신비적인, 혹은 부조리한 난문難文의 광란에 빠지지 않고 상식적이고도 논리적인 평이함 속에 선적 언어를 해체시키고 있다. 그의 해체deconstruction가 노리는 것은 명석함이다.

## 한문 주해에서 한글 시작詩作으로

즉 명석하게 선리禪理를 우리의 삶 속으로 회귀시키는 것이다. 만해는 『십현담주해』를 완벽한 한문으로 지었다. 그러나 한문은 한계가 있다. 한문이란 "포스트 모던"이 대상으로 하는 "모던"의 범주 정도가 아니다. 그것은 선진고경으로부터 구한말에까지 내려오는 동아시아질서의 모든 담론이나 담론의 형식적 구속, 그 전체를 대상으로 하는 것이다. 한 인간의 의식세계 내에서 한문이라고 하는 디스꾸르의 최고봉과 그것을 해체시키는 전혀 새로운 담론이 한 시공 내에서 격돌한다는 것은 있기 어려운 사태이다. 만해는 한문으로 구축된 최고의 선경禪境 속에서 선경을 파괴하는 새로운 해체수단을 발견하기에 이른 것이다. 그가 새롭게 발견한 "한글시"라는 것은 무궁무진한 시적 행위였고 선적禪的인 고양高揚(Aufheben)이었다.

## 두 달 스무날

『십현담주해』의 마지막에 "乙丑六月七日畢"이라는 기기記가 있다. 그리고 『님의 침묵沈默』의 마지막에 "乙丑八月二十九日밤

숏"이라는 기記가 있다. 만해 본인의 정직한, 아니 너무도 고마운 기록인 것이다. 이것은 무엇을 뜻하는가?『십현담주해』는 1925년 6월 7일에 탈고하였고,『님의 침묵』은 1925년 8월 29일 밤에 탈고하였다는 뜻이다. 그러니까 한국시문학사의 만고에 빛날『님의 침묵』이 1925년 6월 7일과 8월 29일 사이, 그러니까 불과 두 달 스무날 만에 집필되었다는 것을 의미한다.『님의 침묵』이라는 전례 없는 단행본 시집의 언어적 깊이와 주제의 다양성, 그리고 유례를 보기힘든 독창성을 생각할 때 이 사태는 하나의 풀기 어려운 미스테리처럼 논의되어 왔다.

## 평자들의 무지, 뼛속 깊은 자비감

그러나 이것은 수수께끼가 아니다. 이것은 명백한 사실에 속하는 시공의 사건이다. 그런데 이것을 수수께끼로 문학계의 평자들이 인지한다는 것은 첫째로 자기 것을 낮추어보는 뼛속 깊은 자비감自卑感 때문이요, 둘째로는『님의 침묵』을 만해의 생애의 사유의 전개의 전체적 맥락에서 하나의 시집이라는 외딴 실체로서 고립시켜 인식하기 때문이요, 셋째로는 만해에 있어서 열반과 번뇌, 형이상과 형이하, 논리적 지성과 직관적 감성의 융합이 어떠한 수준에서 화엄을 이루었는지 그 경지를 헤아릴 바가 없기 때문이요, 넷째로는『님의 침묵』은 만해의 수많은 작품 중의 하나로서 인지되기보다는 그가 19세에 출가한 이후로 근 30년에 이르는 정신적 방황과 치열한 학업정진과 세기적 변화를 한몸에 떠안고 실존적 삶의 비극으로 승화시켜간 거대한 심포니의 정화로서 인지해야 하기 때문이다. 이미 그의 나이 47세였고, 오세암의 만해는 완숙에 가까운 철인이자 시인이었다.

화가가 개인전시회를 기획할 때에도 출품하는 모든 작품이 골고루의 공부工夫(=시간)를 안배받는 것이 아니라, 개시開示를 앞두고 마지막에 수십 개의 작품이 급박하게 완성되는 상황의 사례는 흔히 있는 일이다. 더구나 무애無碍의 성인 만해에게 있어서는 인스피레이션과 집필은 무간無間이었고, 범인이 꿈도 꾸지 못하는 그의 속필은 상식이요 상례常例였다. 그가 오세암으로 올라간 것도 1925년 초여름경이며, 『십현담주해』에 쏟은 시간도 결코 긴 시간이 아니다. 한·두 달 이상의 시간이 아니었다.

## 열 개의 율시

『십현담』은 알고보면 10개의 율시일 뿐이다. 80구로 이루어졌으며 분량이 많지가 않다. 그런데 각 시는 제목이 붙어 있다. 김시습본에 의거했으니 그 제목이름은 1) 심인心印 2) 조의祖意 3) 현기玄機 4) 진이塵異 5) 연교演敎 6) 달본達本 7) 파환향破還鄕 8) 전위轉位 9) 회기迴機 10) 일색一色이 될 것이다.

## 심인, 십현담은 일현담

심인心印이란 마음과 마음을 통해서 서로 각인되어 전승되는 미묘한 선법禪法이다. 결국 십현담의 전체 주제는 심인에 관한 것이다. 심인이라는 과제상황을 인지하게 되면 조의祖意의 진실이 무엇인지를 추구하게 되고, 그 조의를 파악하게 되면 유有와 무無의 공력에 떨어지지 않고 현기玄機를 깨닫게 되고, 현기를 깨닫게 되면 티끌 세상 속에도 다른 경지들이 숨어있는 것을 알게 되며, 진이塵異를 변별하게 되면 부처님의 가르침을 심찰審察하게 될 것이며, 부처님의 가르침을 심찰하게 되면 능히 근본에 도달할 수 있게 될 것이며, 달본達本하면 진리의 근원으로 돌아가게 되며, 환원還源하게 되면 근원적으로 경지의 전환이 이루어지며, 전위轉位하게 되면 온 기틀의 회전이 이루어지며, 회기廻機하게 되면 우주가 한 빛이 될 것이니, 일색一色에 이르러 생멸문과 진여문이 하나가 될 것이니 일색의 경지에서야말로 심인心印을 확인케 되는 것이다. 심인에서 일색一色까지 논리가 연계적으로 전개되어 시작과 끝이 하나로 활연관통豁然貫通하게 된다. 십현담은 곧 일현담이요, 일현담은 곧 십현담이 된다.

형식적 유사성

여기서 심인心印을 "님"으로 바꾸어 이해하고 보면,「님의 침묵」으로부터 「사랑의 끗판」에 이르는 여든여덟 개의 시는 십현담의 전개과정과 매우 유사하다고도 말할 수 있다.『십현담』의 연계성과 『님의 침묵』의 연작적 성격은 하나의 대주제를 선정하고 소제목에 따라 상호 관련적인 시적 활동을 전개해나가는 형식적 유사성이 있는 것이다. 어떤 평론가는『십현담』의 열 개의 율시의 언어와『님의 침묵』의 90편(88수＋군말＋독자에게)의 시를 병렬시켜 그 상응관계를 논하기도 하나 만해의 시를 그렇게 쉐마틱하게, 도식적으로 이해하는 것은 만해를 진지하게 이해하는 방식이 아니라 모독하는 것이다. 만해는 순식간에 십현담 아니 백현담도 써내려갈 수 있는 시성詩聖

이다.『십현담』을 오세암의 서안에 놓고, 그 순서대로『님의 침묵』을 써내려갔다고 말하는 것은 만해의 시적 활동을 근원적으로 왜곡하는 것이다.『십현담』과『님의 침묵』에는 형식적인 유사성이 있을 뿐, 내용적인 상응성은 존재하지도 않고 존재할 필요가 없다.『십현담』과 씨름하며 설악의 녹경綠景이 그의 이마 구슬땀에 젖어들어 갈 때 그는 문득 이런 생각을 했을 것이다:

"왜 이렇게 내가 오묘한 선경禪境을 한문이라는 문자옥에 갇혀 헤매느라고 고생을 하고 있지? 결국 십현담의 진리나 님의 진리나 같은 얘기 아닌가? 나의 노력은,『조선불교유신론』이나『불교대전』이나 모두 진리를 대중과 공유하기 위함이 아니었던가? 요즈음 우리말 시집이 나오고, 우리말 시인들이 선남선녀들의 심금을 울리고 있다고 하던데, 나도 표현의 공구工具를 바꾸어 봄 즉하지 아니한가? 우리말 한글은 어디까지나 대중의 말이고 한문은 특별한 문명의 세례를 받은 사람들의 고답적인 언어가 아닌가? 나의 지향처는 대중의 심인心印에 있지 아니할까?"

여태까지 논의된 만해 삶의 사상적·언어적 궤적을 정리해보자!

| 출생. 홍성의 고등한 교육적 분위기<br>유교경전 훈련.<br>문文·사史·철哲에 통달<br>『서상기西廂記』: 문학적 감성 개발<br>Confucian Classics | 출가. 백담사. 건봉사.<br>1907년 건봉사 만화선사로부터 만해<br>법호 받음. 일본유학(1908): 불교 대중<br>화에 앞선 일본<br>Buddhist Scriptures |
|---|---|
| 1879~1897 | 1897~1910 |

Early ↓ Synthesis

한글과의 만남. 개명한 세계의 신학문. 양계초의 영향.
New World

↓

『조선불교유신론』 1910. 12. 8. 백담사
Restructuring Korean Buddhism

↓

『불교대전佛敎大典』 간행. 1914. 4. 30. 통도사, 범어사
대장경의 대중화. 현대화
불교의 사회화. 승려의 교육
Socialization of Buddhist Scriptures

↓

대각大覺 1917. 12. 3. 오세암
선교합일禪敎合一, 번뇌와 보리의 합일
순수불교와 사회불교의 합일
속세와 열반의 합일. 조국의 해방과 해탈의 합일.
『유마경』적 가치관의 체화
Enlightenment

↓

3·1만세혁명의 주역으로서 그 세계사적 의의를 파악.
『조선독립의 서』 집필
3년 형무소생활 1919. 3. 1. ~ 1921. 12. 22.
①변호사 없다 ②사식 없다 ③보석 없다
선禪의 궁극, 님과의 해후
Discovery of Nim

↓

『십현담주해十玄談註解』 1925. 6. 7. 오세암
Purification of the Soul of Seon

↓

『님의 침묵沈默』 1925. 8. 29. 오세암 - 백담사
The Grand Synthesis

## 제10장

# 만해의 한글사랑

만해와 가갸날

　『님의 침묵』에 실린 88편의 시는 만해의 언어의 정화精華라 할 수 있다. 그 이전의 언어는 물론, 그 이후의 언어도 『님의 침묵』이 지닌 고도의 상징성과 압축적 의미체계와 낭만적인 자극성을 따라갈 수 없다. 그런데 이런 시적 생명의 금자탑이 한글로 이루어졌다는 사실은 참으로 놀라운 것이다. 1933년에 조선어학회(지금의 한글학회)에서 "한글맞춤법 통일안"을 정하기도 훨씬 전의 일이다. 만해는 『님의 침묵』을 쓴 다음 해(1926), 세종대왕 훈민정음 반포 여덟 회갑(480주년)을 기념하여 조선어연구회가 주동이 되어 제1회 "가갸날"(음력 9월 29일, 양력 11월 4일 ⇒ 1940년, 『훈민정음해례본』의 발견으로 양력 10월 9일로 확정)을 제정한 것에 관하여 『동아일보』(1926년 12월 7일자)에 "가갸날에 대하여"라는 글을 실었다(당시는 한글을 "가갸글"이라 불렀다. 그래서 "가갸날"이 된 것인데, 1928년부터 주시경이 1906년에 제안했던 "한글"이라는 이름을 붙여서 "한글날"로 명명하였다).

한글, 오랜만에 문득 만난 님, 그 감격은 곱습니다

만해는 "가갸"와 "날"을 따로 떼어서 부르면 너무도 식상한 평범한 말들이래서 아무런 감동을 주지 못하는데, 이 둘을 합쳐서 부르게 되면 너무도 새로운 감동이 넘쳐나온다고 한다. "가갸날"에 대한 인상을 구태여 말하자면 "오래간만에 문득 만난 님처럼 익숙하면서도 새롭고," "기쁘면서도 슬프고자 하여, 그 충동은 아름답고 그 감격은 곱습니다"라고 말한다. 그것은 "민족이니, 조국이니 하는 관념을 떠나서, 또는 까닭이나 이론을 떠나서," 직감적, 아니 무의식적으로 치고 들어오는 감격이라고 말한다. 그렇게 단순한 직감적 인상, 그것이 바로 자기 "인생의 모든 것"일지도 모르겠다고 고백한다.

한글은 존재해방

만해는 한글을 민족이니 조국이니 하는 관념 이전에 직감적인 선禪의 경지로 받아들였다. 한글이야말로 존재해방의 유일한 루트며 궁극적 목표였다. 그는 가갸날을 다음과 같이 노래한다.

【 가갸날 축시 】

아아 가갸날
참되고 어질고 아름다와요.
축일(祝日)·제일(祭日)
데이·시이즌 이 위에
가갸날이 났어요, 가갸날.

끝없는 바다에 쑥 솟아오르는 해처럼
힘있고 빛나고 뚜렷한 가갸날.

데이보다 읽기 좋고 시이즌보다 알기 쉬워요.
입으로 젖꼭지를 물고 손으로 다른 젖꼭지를 만지는
어여쁜 아기도 일러 줄 수 있어요.
아무것도 배우지 못한 계집 사내도 가르쳐 줄 수 있어요.

가갸로 말을 하고 글을 쓰셔요.
혀끝에서 물결이 솟고 붓 아래에 꽃이 피어요.

그 속엔 우리의 향기로운 목숨이 살아 움직입니다.
그 속엔 낯익은 사랑의 실마리가 풀리면서 감겨 있어요.
굳세게 생각하고 아름답게 노래하여요.

검이여(※ "검"은 "겨레"의 뜻) 우리는 서슴지 않고 소리쳐
가갸날을 자랑하겠습니다.
검이여 가갸날로 검의 가장 좋은 날을 삼아 주세요.
온 누리의 모든 사람으로 가갸날을 노래하게 하여주세요.
가갸날, 오오 가갸날이여. (『한용운전집』1-386~7).

독자들이여! 나와 함께 『님의 침묵』 속에 세 번째로 실린 시
한 수를 그냥 읽어보기로 하자!

## [ 알 수 없어요 ]

바람도 없는 공중에 수직垂直의 파문波紋을 내이며,

고요히 떨어지는 오동닢은 누구의 발자최입니까.

지리한 장마 끝에 서풍에 몰려가는 무서운 검은 구름의

터진 틈으로, 언뜻언뜻 보이는 푸른 하늘은 누구의 얼골

입니까.

꽃도 없는 깊은 나무에 푸른 이끼를 거쳐서,

옛 탑塔위의 고요한 하늘을 스치는 알 수 없는 향기는

누구의 입김입니까.

근원은 알지도 못할 곳에서 나서,

돍뿌리를 울리고 가늘게 흐르는 적은 시내는

구븨구븨 누구의 노래입니까.

연꽃 같은 발꿈치로 갓이 없는 바다를 밟고,

옥 같은 손으로 끝 없는 하늘을 만지면서,

떨어지는 날을 곱게 단장하는 저녁놀은 누구의 시詩입니까.

타고 남은 재가 다시 기름이 됩니다.

그칠 줄을 모르고 타는 나의 가슴은

누구의 밤을 지키는 약한 등불입니까.


장엄한 자연속에서 님을 찾으며 님을 알아간다

　님은 이미 가고 없다. 조국은 이미 사라지고 없다. 사람들은

님이 누구인지를 모른다. 님을 알 수가 없다. 그러나 님에 대한 그리움은 짙어만 간다. 이 시는 전체적으로 알 수 없음의 확대이지만, 그 확대를 통하여 님을 점점 알아가게 된다.

오동닢은 떨어진다. 이 한마디가 장엄한 화엄세계의 연기구조를 상징하고 있다. 바람도 없는 공중에 떨어지는 가벼운 오동닢은 수직의 파문을 낸다. 물결의 수평의 파문과 다르다. 그것은 오히려 떨어짐의 무한한 깊이를 암시하는 것이다. 그 무한한 깊이 속에 얽히는 자연의 상秚은 오늘날 물리학이 말하는 복잡계와도 같다. 그 복잡계의 실상을 만해는 "님"이라 부른다. 님은 초월자가 아니다. 그리고 그 오동닢을 님의 발자취로서 시각화 한다. 이 시는 끊임없이 대자연의 경관을 묘사하면서 "누구"를 묻는다. 그리고 종국에는 그 "누구"를 "그칠 줄 모르고 타는 나의 가슴"이 지향하는 대상으로 종결짓는다는데 그 시경의 오묘함이 있다. 그러나 그 대상과 가슴은 하나이다.

서풍에 몰려가는 무서운 먹구름이야말로 님이 고난을 겪어야만 했던 격동의 세월이다. 그러나 그 검은 구름의 터진 틈으로 언뜻언뜻 보이는 푸른 하늘이야말로 참다운 님의 얼굴이다.


## 존재의 향기, 시내의 소리

고목의 푸른 이끼로부터 시작하여 옛 탑 위의 고요한 하늘을 스쳐 지나가는 그 존재(Sein)의 향기, 과연 누구의 입김일까?

시작을 알 수 없는 시냇물, 돌뿌리를 울리며 가늘게 흐르는 시내의 소리는 과연 누구의 노래일까요. 알 수 없지만 님에 대한 인식은 확충되어 가고 있다. 연꽃 같은 발꿈치로 가없는 바다를 밟고 옥 같은 손으로 끝없는 하늘을 만지면서 떨어지는 날(※ 지난 하루라는 뜻 도 되지만 "날"은 해가 될 수도 있다)을 곱게 단장하는 저녁놀은 누구의 시 입니까?

## 육근육경

불교에서는 식識의 종류를 색·성·향·미·촉·법으로 말한다. 정확하게 대응은 안된다 해도 1) 오동닢 2) 푸른 하늘 3) 향기 4) 시내 의 노래  5) 단장하는 저녁놀은 인간의 주관과 우주의 객관 사이에 성립하는 육근육경六根六境, 그 총체를 나타내고 있다. 님은 궁극적 으로 자연의 실상이며 나 존재의 근원이다.

타고 남은 재가 다시 기름이 된다는 것은 에너지보존의 법칙 으로 볼 때에도 황당한 얘기는 아니다. 타고 남은 재가 다시 탈 수 있 는 기름이 된다는 것은 무지를 벗어나려고 발버둥치는 인간 존재의 궁극적 갈망이다. 그리하여 나의 가슴은 그칠 줄 모르고 타오른다. 그 가슴은 과연 누구의 밤을 지키는 등불일까?

## 「알 수 없어요」는 아름다운 우리말

이 세 번째 시를 내가 느낀 대로 해석해보았지만 나의 해석이 역사적 만해가 느낀 시상의 실제모습이라는 보장은 없다. 그러나 확실한 것은 아름다운 우리말로 쓰였다는 것이다. 우리말은 영어 와도 다르고 한문하고도 다르다. 영어는 주부와 술부의 관계가 명 확하지만 우리 언어는 주부가 술부를 지배하거나, 주부의 지배가 없으면 술부가 존립하지 않는다는 식의 신택스가 성립하지 않는다. 한문도 S+O+V의 우리말 어순보다는 S+V+O의 영어어순에 가깝다. 우리에게 한문은 명사적 개념을 만들기에는 매우 편리하지만, 우리말에는 끝없이 풍요로운 부사와 형용사의 만 갈래가 펼쳐지고 있다.

## 만해가 시성詩聖인 이유

만해를 우리가 시성詩聖이라 불러야만 하는 이유는 한시는 한시대로, 우리말시는 우리말시대로 전혀 다른 차원의 아름다움을 극대화시키고 있다는 것이다. "서풍에 몰려가는 무서운 검은 구름의 터진 틈으로 언뜻언뜻 보이는," "푸른 이끼를 거쳐서, 옛 탑위의 고요한 하늘을 스치는 알 수 없는 향기," "돍뿌리를 울리고 가늘게 흐르는 적은 시내는 구비구비," "갓이 없는 바다를 밟고, 옥 같은 손으로 끝 없는 하늘을 만지면서 떨어지는 날을 곱게 단장하는," 이런 표현들은 도저히 어젯밤까지 오묘한 당나라의 칠언율시에 한문주해를 달고 있던 사람이 창작해내는 언사일 수가 없다는 것이다. 하룻밤에 코페르니쿠스적인 전환을 일으킬 수 있는 인식과 느낌의 폭은 범인의 세업일 수 없다. "알 수 없어요"는 겸손의 극치이다. 그러나 겸손의 극치를 통해 만해의 시를 읽는 사람들의 우주자연과 합일되는 경지를 획득한다.

## 이도李裪 세종의 한글창제의 역사적 맥락

만해는 상식이자 동시에 끝없는 미스테리이다. 이 미스테리를 풀기 위해서는 한글 그 자체의 역사를 훑어볼 필요가 있다.

세종대왕의 한글창제는(※ 한글은 세종이라는 역사적 인물의 헌신 없이는 탄생할 수 없었다. 한글은 세종이라는 왕의 업적으로 간주되어야 한다) 조선왕조 개창의 최대성과라는 데 이의를 달 사람은 없을 것이다. 이성계일파가 도평의사사의 인준을 얻어 합법적으로 새 왕조를 개창하였다고는 하나, 실제적으로 그것은 군사쿠데타와 같은 성격의 거사였고(※ 전제개혁의 성공이 쿠데타를 밑받침하여 민심의 지지기반을 확대시킨 것은 사실이다), 고려라는 세계적인 제국문명과의 단절 속에서 독자적인 새로운 문명을 건설해야만 하는 부담을 떠안게 되었다. 국가정신기반을 불교에서 유교로 바꾼 것도 거대한 문명의 작위이다. 그것은 초윤리적 해탈에서 윤리적 규범으로 회귀하는 작업이었고, 종교적 성聖의 판타지에서 일상적 속俗의 질서로 전위하는 작위였다. 그 작위를 완성시키기 위해 세종이라는 탁월한 주체적 민족지도자이자 사상가는 백성이 특별한 교육을 받지 않았더라도 소리에 의존하여 소통하고 있는 방식 그대로 의사를 전달할 수 있는 문자를 만들어야겠다는 야심찬 프로젝트를 진행시킨다.

민중의 의사가 문명의 업으로부터 해방된다

민중 모두가 자기 방식대로 의사를 표현할 수 있다는 사실은 한자·한문이라는 특수한 의미체계의 결구로부터 모두가 해방된다는 것을 의미한다. 아마도 이러한 해체(deconstruction)는 조선역사상 초유의, 최대규모의 사건이었을 것이다. 최만리 같은 반대론자의 입장에서 보면 그것은 한문·한학이라는 보편언어질서, 그리고 그 질서에 참여하기 위하여 삶의 노력을 경주하는 모든 문화인이 독점하고 있는 가치체계의 전면적 붕괴를 의미했다. 그것은 문화에서 야만으로 회귀하는 것이며, 무질서의 혼돈을 야기하는 것이다. 그러나 세종의 이유는 단순했다:

> "우리나라 말이 중국과 달라, 한문글자와는 서로 맞지 아니한다. 그러므로 어린 백성이 하소하고자 할 바가 있어도 마침내 자기 뜻을 글자로 표현해 내지 못하는 사람이 많은지라. 내 이를 딱하게 여기어 새로 스물여덟 글자를 만드노니, 사람마다 하여금 쉬이 익혀서 날로 씀에 편하게 하고자 할 따름이라."

## 세종의 시혜 아닌 민중의 승리

벙어리를 데리고 국가를 통치하는 것이 아니라, 자기의사를 표현할 줄 아는 국민을 데리고 새로운 국가아이덴티티를 확립하겠다는 것이다. 이것은 세종의 시혜施惠가 아니라, 기실 민중의 승리였다. 이것은 고구려로부터 고려에 이르는 기나긴 문명의 성과를 좌절시킨 조선왕조 지도부에 민중이 요청한 새로운 좌표였다.

## 보편적 소리글 체계

세종은 조선말을 위한 소리글을 만든다고 생각하지 않았다. 인간의 목구멍에서 날 수 있는 모든 소리를 적을 수 있는 보편적 소리글체계를 만든다는 것이 그의 목표였다. 우선 그는 중국말의 발음체계인 성모와 운모의 2분법적 체계를 취하지 않았다. 그 대신 닿소리(c)+홀소리(v)+닿소리(c)의 3분법적 체계를 창안하였다. 이것은 매우 독창적인 것이다. 그리고 닿소리(자음. consonant) 17개는 인간의 발음기관의 조음造音 상태를 상형하여 만들었다. 인간세의 기존의 어떠한 글자도 본뜨지 않았다. 아牙·설舌·순脣·치齒·후喉의 다섯 음을 기본음으로 하고 거기에 획을 더해가는 방식으로 만들었다.

## 세계문자사상 독창적인 한글의 체계성

영어의 알파벹인 g와 k는 글자모양에 어떠한 관련성도 나타내지 않는다. 그것은 우발적인 모양의 조합일 뿐이다. 페니키아 문명으로부터 전승된 우연적 사건일 뿐이다. 그러나 한글의 어금닛소리인 ㄱ→ㅋ, 혓소리인 ㄴ→ㄷ→ㅌ, 입술소리인 ㅁ→ㅂ→ㅍ, 잇소리 ㅅ→ㅈ→ㅊ은 형태상으로 상관성이 있다. 형태 그 자체가 매우 과학적이고 조직적(systematic)이다.

일본의 카나가 음절문자인데 반해, 우리 한글은 음소문자(phoneme)이다. 그래서 발음을 표기할 수 있는 범위가 엄청 넓다.

여기서 세부적이고 테크니칼한 이야기를 할 필요를 느끼지 않는다. 눈으로 보이지 않는 소리를 유형의 형상으로 디자인한다는 것이 얼마나 지난한 작업인가? 아무리 잘 설계된 집도 살다 보면 반드시 그 디자인의 허점이 느껴진다. 그러나 한글은 쓰면 쓸수록 간결하고 명료하고 사용·응용 범위가 넓다. 시간이 지날수록 그 우수성이 입증된다. 만해 말대로 젖빠는 어린아이도 쉽게 습득할 수 있다. 오늘날에는 외국인 관광객들도 본국에서 한글을 깨우친 사람들이 많다. 세계적으로 습득이 쉬운 말과 글이 되어가고 있는 것이다.『인류 문자의 역사*A History of Writing*』를 쓴 피셔Steven Roger Fischer 는 다음과 같이 선언한다: "Sejong's proposed replacement of Chinese-based writing, Korea's unique Hankul, eventually came to represent the most efficient system ever devised in the history of writing.(p.187)."(한문에 의존하는 언어생활을 바꾸려고 노력한 세종의 제안 은 한국의 독창적인 한글로써 결실을 맺었다. 한글이야말로 인류역사에 있어서 고 안된 가장 효율적인 소리글체계이다).

## 문자의 발명과 소멸, 한글의 지속성

한글창제 당시, 많은 민족이 소리글을 만들었다. 그 소리문자 의 비효율성 때문에 대부분의 문자들이 사라졌다. 그러나 한글은 탄 압을 받으면서도, 가치관의 저하에도 불구하고 계속 살아남았고 조 선민중의 상식이 되어갔다. 만약 과거시험의 일부를 한글로 했더라 면(※ 책문策文이라도 한글로 쓰게 했으면) 조선왕조 문화가 달라졌을 것이 다. 그러나 궁정의 대왕, 대비, 왕후, 공주는 한글에 달통했다. 궁인 들도 한글을 익혔다. 사대부가의 선비, 귀부인이 거의 모두 한글로 소통할 줄 알았다. 정철, 김성일, 윤선도, 허목, 송시열, 대원군 이하 응 등등, 모두 달통한 한글편지를 남겼다.

## 추사 김정희의 한글편지

그 중에서도 유별난 것은 추사 김정희가 남긴 30여 통의 편지 들이다. 한문에서 느낄 수 없는 인간 추사의 성격, 생활감각, 일상습 관, 대인태도가 리얼하게 드러나고 있다. 제주도 유배시에 부인과 오간 편지에는 이런 말이 있다(제15신): "애써 만들어 보내준 찬물饌物은 마른 것 이외의 것은 다 상하여 먹을 길이 없구료. 약식 인절미가 아깝습니다. 슈이 와도 셩이 오기 어려운데 일곱달 만에도 오고, 쉬어야 두어달 만에 오는 것이 어찌 셩히 올까 보겠오. 셔울셔 보낸 침채沈菜는 워낙 염을 과히 한 것이라 변미하였시나 그래도 침채에 주린 입이라 견디여 먹었습니다. 새우젓만 변미하고 조개젓과 장복기가 변미 그리 아니 하오니 이상합니다. ⋯⋯"(※ 옛글자를 변경하였음).

### 정조와 심환지 사이에 오간 서찰

최근에 발굴된 것으로, 정조가 심환지沈煥之(1730~1802)에게 보낸 어찰첩이 있다. 심환지라는 노론 벽파의 인물에게 발송한 297통의 편지인데, 이 편지를 보면 그 유식하다고 하는 정조도 어떤 때는 한문 속에 한글을 섞어 쓰기도 한다. 개인서찰이니까 답답할 때 튀쳐나오는 것이다. 한문이 역시 자기 것이 아니었다는 뜻이다.

조선왕조 전체를 개관할 때, 한글이 언문이라 하여 비하된 듯하나 그 실용적 가치는 꾸준히 증가되었으며, 세종의 창제동기는 충분히 실현되어 갔다고 볼 수가 있다. 백성들이 하고 싶은 말을 여과 없이 글에 실을 수가 있었던 것이다. 단지 방대한 한글자료들이 방치된 채 연구되고 있지 아니한 것이 현금의 정황이다. 백성이 권력기관에 항의하는 괘서들이 한글로 쓰인 예가 많았다 하고, 특히 임진왜란 이후로 한글의 사용은 급증하였다고 한다. 왜놈들이 읽지 못하는 암호역할을 하였던 것이다. 광해군 이후로 왕후들의 청정聽政이 많았던 까닭에, 한글정치라고 말할 정도로 국정문서에 한글이 많이 등장하였다(※ 김일근, 『諺簡의 硏究』, 건국대학교출판부, p.330).

## 한글의 역사적 연속성 속에서 만해시를 이해해야 한다

　　하고 싶은 말은 많으나, 만해의 『님의 침묵』이라는 작품을 문학사적인 맥락에서 갑자기 돌출한 사건으로 보기보다는, 한글활용 저작이 다양한 형태로 발전되어 내려왔다는 문명의 연속성 속에서 그 축적의 정화태를 조감할 필요가 있다는 것이다. 1920년대의 한글시집의 출현의 맥락의 한 계기로서 『님의 침묵』을 이해할 것이 아니라, 『님의 침묵』의 언어는 만해의 실존 속에서 자연스럽게 온양, 숙성된 것이다. 만해보다 63년 전에 이미 최수운이 동학의 경전을 고답적인 한문으로 집필함과 동시에 아주 포퓰라한 순한글 가사로 집필하여 『용담유사』(※ 유사는 "遺詞"가 아니라 "諭詞"이다. "깨우침의 노래"이다)를 지었다는 것, 『용담유사』 속에는 『동경대전』의 내용이 아주 쉬운 말로 다 표현되어 있다는 것을 꼭 기억해야 한다. 『용담유사』가 없었다면 동학은 오늘의 동학이 될 수 없었다. 마찬가지로 『님의 침묵』이 없었더라면 만해는 오늘의 우리가 숨쉬고 느낄 수 있는 만해가 될 수 없었을 것이다.

> ※ 만해시의 표기는 일관된 원칙을 따르지 않았다. 분위기에 따라, 맥락에 따라, 의미의 소통을 따라 다양한 방식으로 표기하였다. 송욱 교수의 표기방식과 나의 성장시기의 표기방식이 거의 같았기 때문에 송욱 교수의 표기에 기초하여 나의 느낌에 따라 변조하였다. 본서 2권 말미에 부록으로 첨가된 1926년 회동서관 초판본이 매우 우수한 판본이다. 모든 시는 개정본에 의존하지 말고 초판본을 기준으로 논의되어야 한다.

## 제11장

# 기독교의 한글성서, 찬송가운동

## 기독교 성서의 한글번역

1920년대의 우리말 시집출판의 붐과 더불어 같이 생각해야 할 또 하나의 주제는 기독교 신앙문화의 초석이라 할 수 있는 신·구약성서의 우리말 번역과 그 번역이 우리 언어생활에 미친 영향, 그리고 찬송가의 가사가 우리 언어에 준 영향을 반드시 고려해야 한다는 것이다. 최초의 우리말 신약성서 완역본은 1887년에 만주에서 간행한 『예수성교젼서』이다.

## 서상륜과 이수정

서상륜徐相崙은 양반가문에서 태어나 13세 때 부모를 잃고 만주에서 홍삼장사를 하였다. 31세 때 만주에서 장티푸스로 사경을 헤맬 때 스코틀랜드 연합장로회의 목사인 매킨타이어John Macintyre(馬勒泰)에게 구호를 받은 후 완쾌되어 기독교신자가 되었다. 몇 달 후에 매킨타이어와 같은 선교회에 소속되어 있는 목사 로스

John Ross(羅約翰)를 만나서 세례를 받고 그의 어학선생이 되었다. 그 뒤 이성하李成夏, 이응찬李應贊, 백홍준白鴻俊과 함께 신약성서를 번역하기 시작하여 『누가복음』을 효시로 하여 1887년에 신약성서 전체를 번역한다. 이 『예수셩교젼셔』를 "로스번역성서Ross Version"라 하는데, 실제로 서상륜이 그 작업의 주역이었기 때문에 "서상륜번역성서"라고 해야 한다는 주장도 있다. 이 로스번역은 기존의 중국어성경과 관계가 깊으며 우리나라 개역한글판성서는 이 로스번역의 영향이 크다.

한편 일본에서는 제2차 신사유람단의 비수행원으로서 도일한 곡성군 옥과면 출신의 이수정李樹廷(1842~1886)이 기독교신자가 되어, 1884년 12월 요코하마 복음인쇄소에서 『마가젼복음셔』를 간행하는데, 이 번역은 매우 특이하다. 이수정 본인이 대단한 유학자였으며 학문의 소양이 깊고 또 어학에 천재적인 능력이 있었다. 일본의 대표적 기독교 사상가로 존경받는 우찌무라 칸조오內村鑑三(1861~1930)의 추앙을 받았다. 이수정은 우찌무라보다 나이가 19살 위였다. 이수정은 세례받은 지 얼마 안되는 1883년 5월 8일부터 일주일간 열리는 일본기독교대부흥회(정식이름은 "전국기독교신도대친목대회"였다)에 참석하여 기념비적 강연을 했고, 기도는 조선어로 했다. 알아듣지 못하는 조선어 기도가 모든 사람들에게 영적 감화를 주었다.

## 이수정과 우찌무라 칸조오, 그리고 함석헌

우찌무라가 이수정을 깎듯이 존경할 수밖에 없었던 것은 첫째, 한자를 써 내려가는 그의 아름다운 한문실력에 놀랐고, 둘째 일본에 도착한 지 7개월밖에 되지 않았는데 일본어가 능통한 수준이었다는 것, 셋째로 일본기독교대회에 참석한 회중들의 마음을 한손에 휘어잡는 그의 영성에 놀라지 않을 수 없었다는 데 있다. 이수정은 우찌무라의 강연을 통해 기독교교리를 깨닫게 된다. 우찌무라는 이수정의 프론티어정신에 감명을 받고 자신도 일본을 정신적으로 이끌려면 출국을 하여 세계관을 넓혀야겠다고 다짐하고 도오시샤대학의 창설자인 니지마를 만나 그의 출신대학인 아모스대학으로 떠난다. 우찌무라의 제자로서 우리나라에는 함석헌이 있으니 역사의 인연은 기묘하게 이어진다.

「마가복음」은 복음서 중에서 우선 분량이 제일 적고, 예수에 대한 신화적 인트로덕션이 없이 곧바로 예수가 광야에서 세례를 받는 장면으로 직입한다. 전개과정이 매우 간결하고 신속하다. 이수정은 조선인에게 예수전을 이해시키기에는 「마가복음」이 제일 적절하다고 생각했던 것이다. 우선 이수정의 번역의 첫머리만 여기 인용해보기로 한다.

0101  신(神)의 주(子) 예슈쓰 크리슈도스의 복음이니 그 쳐음이라.

0102  예언주의 긔록혼바의 일너스되 보라 니 나의 사주(使者)를 네 압히 보니여쎠 네 도(道)를 갓츄게 히리라 혼 말과 굿치

0103  드을에 수람의 쇼리 잇셔 웨쳐이르되 쥬(主)의 도(道)를 갓츄어 그 길을 곳게 혼다 히더니

0104  요한네쓰(約翰)가 드을에셔 밥테슈마(洗禮)를 베푸
러 뉘웃쳐 곳치는 밥테슈마를 전ᄒ야 하여금 죄의
사(赦)ᄒ믈 엇게 ᄒ니

0105  왼 유듸아 ᄯᅡᆼ과 다못 예루샬렘 ᄉᆞ람이 다 와셔 얄덴
하(約但河)의셔 요한네쓰의게 밥테슈마를 밧고 각각
죄를 ᄌᆞ복ᄒ더라 (※ "다못"은 더불어, 함께의 뜻).

### 불과 2년 만에 세기적 대작 완성, 아펜젤러와 언더우드의 성경

이수정은 1882년 9월 19일 메이지마루라는 일본상선을 타고
세토나이카이 바다를 접어들어 요코하마항에 도착한다. 9월 29일
이었다. 그리고 이『마가복음』이 요코하마 복음인쇄소에서 인쇄된
것은 1884년 12월이었고, 1885년 2월에 1천 부가 출판된다. 완벽
하게 생소한 외지에 떨어진 지 불과 2년 만에 세기적인 대작을 내놓
은 것이다. 1885년 4월 15일, 아펜젤러와 언더우드 선교사가 제물
포항에 도착했을 때 이 성경을 가지고 왔다.

이 번역의 특이성은 고유명사의 중국어 표기를 따르지 않았다
는 것이다. 그렇다고 일본식을 따른 것도 아니다. 어디까지나 희랍
어성경의 발음체계에 충실하려고 노력했다. 예수도 "예슈쓰"라 했
고, 그리스도도 "크리슈도스"라 했고, 요한도 "요하네쓰"라고 했
다. 개념적인 것도 고유성을 지켰다. 하나님도 동방인의 고유한 관
념인 "신神"으로 했고, 탁월하게 평가되어야 할 것은 "세례洗禮"의
의미를 제대로 파악하고 있었다는 것이다.

### 세례는 관세례가 아니라 밥테슈마이다

"바프티스마baptisma"를 "세례"라고 표현하면 그것은 우리 유교의 일상제식에서 쓰는 "관세盥洗"라는 의미가 되어 "죄사함"이라는 고유의 종교적 의미가 사라지고, 그냥 "정화, 정결의 의례"가 되고 마는 것이다. 이수정은 그러한 위험성을 알고 있었다. 그래서 세례도 밥테슈마라 했고, "세례 요한"도 "밥테슈마 요하네쓰"라고 했다. 당대 동아시아에서 유례를 보기 힘든 선진적 번역이라 할 것이다.

### 초창기부터 한국인 창작찬송가 수록

찬송가도 1880년대부터 우리말로 부르기 시작하였는데 1894년에는 장로교 선교사 언더우드가 총 117편으로 된 악보찬송가를 출판하였는데, 그 중 한국인의 창작찬송이 7편 실려있다.

하여튼 내가 말하려 하는 것은 19세기에서 20세기로의 전환의 시기에 이미 새로운 언어습관이 한국인의 심성 속으로 들어오기 시작했고, 그것은 3인칭 대명사가 도입되는 등(우리말에는 "he그가" "she그녀가" 같은 인칭대명사가 정례적 용법으로 활용되지 않았다) 언어습관의 새로운 전기를 마련했다. 인도유러피안 굴절어와 교착어 한글, 그리고 기나긴 한학전통을 형성하고 있는 고립어, 그 총체적 융화가 일어나고 있는 가운데, 20세기 초 한국인의 시심詩心은 피어났다. 만해의 "님의 침묵"은 그 화장세계에 홀로 빛나는 기화奇花였다.

## 제12장

# 님은 무엇일까?

## 님을 총체적으로 지시하는 「군말」

님은 무엇일까? 님은 누구일까? 『님의 침묵』을 대하는 독자들
이라면 누구나 던질 수 있는 이 질문에 대하여 만해는 아예 대답을
해놓고 시작한다. 그것은 사실 대답할 필요도 없는 잡설이다. 그래
서 만해는 이 인트로를 "군말"(=군더더기 말)이라고 규정해놓고 시작
한다.

### 【 군말 】

"님"만 님이 아니라, 긔룬 것은 다 님이다. 중생衆生이
석가釋迦의 님이라면, 철학哲學은 칸트의 님이다. 장미
화薔薇花의 님이 봄비라면 마시니의 님은 이태리伊太利다.
님은 내가 사랑할뿐 아니라 나를 사랑하나니라.
연애戀愛가 자유自由라면 님도 자유自由일 것이다. 그러나
너희는 이름 좋은 자유自由에 알뜰한 구속拘束을 받지

않녀냐. 너에게도 님이 있녀냐. 있다면 님이 아니라 너의
그림자니라. 나는 해 저문 벌판에서 돌어가는 길을 잃고
헤매는 어린 양羊이 기루어서 이 시詩를 쓴다.

님은 『기탄잘리』와 무관, 타고르의 "Thou"와 차원을 달리 한다

　　뒤에 다시 언급하겠지만, "님"이라는 주제설정이 『기탄잘리』
(※ 기트git는 "노래"의 뜻이고, 안잘리anjali는 "두 손에 담아 바친다"는 뜻이다.
노래를 신에게 공경히 바친다는 뜻이다)와 같은 타고르의 작품에서 기원되
었다는 식의 논의가 많으나 그것은 한마디로 터무니없는 낭설이다.
"님"은 순수한 우리말이요, 우리민족의 내재적 감성에 보편적으로
쓰이는 말이요, 쓰여왔던 말이다. 위대한 작품일수록 외래적 기원에
서 그 가치나 권위를 찾으려는 태도야말로 끈질긴 식민지근성의 소
치이려니와 뿌리깊은 자비감의 소산이다.

　　만해는 0.000001%도 라빈드라나트 타고르Rabindranath Tagore
(1861~1941. 1913년 비유럽계 사람으로서는 최초로 노벨문학상을 받았는데, 시詩
로써 노벨상을 받은 것도 최초이다. 벵골 르네상스의 주역. 타고르의 문학적 가치
는 그 자체의 맥락 속에서 평가되어야겠지만, 무명의 작가였던 그가 노벨상을 받음
으로써 하룻밤에 유명인이 된 과대포장, 특별히 일본사람들의 광적인 허풍 속에서
신화화된 그의 존재가치는 냉철한 분석 속에서 다시 정리되어야 한다)의 영향을
받지 않았다. 타고르 "더우Thou"와 만해의 "님"은 차원을 달리하는
것이다. 타고르의 "Thou"는 실체적인 것이고, 초월적인 것이다. 그
러나 만해의 "님"은 비실체적인 것이고 시공내재적인 것이다. 타고
르의 "Thou"는 초자연적·초감각적인 것이요, 만해의 "님"은 자연

적인 것이고 형상화되지 않는다 해도 감각적인 것이다. 후에 다시 논의될 것이다.

## 순수 우리말, 님의 역사

"님"은 순수한 우리말이며 그 용례는 고조선시대로부터 일상적인 것이다. 요·순을 부를 때도 우리는 "욧님금·순님금"이라 불렀는데 님금은 "임금"을 의미한다. "임금"은 우리말 옛표기에 니질금尼叱今, 니사금尼師今이라 쓰였는데 "尼叱, 尼師"는 "닛"의 표기가 된다. 닛은 님이요, 님은 "主"의 뜻이다.

일본말로도 "主"를 "누시ぬし"라고 하는데, 누시(nus=nut)도 우리말의 "尼叱, 尼師"와 동원어同源語이다(서정범 著, 『국어어원사전』). "님"은 "쥬"이며 "소중한 존재"이며 "특별한 존재"이며 "섬겨야 할 존재"이다. 송강의 『사미인곡』에도 "이 몸 삼기실 제 님을 조차 삼기시니"라는 구절이 있고, 고시조에도 "님이 짐쟉ᄒ쇼셔"와 같은 표현이 있다. 대체로 아랫사람이 윗사람을 칭할 때 쓰는 말이다(남광우 편저『고어사전』). "님"은 상하관계에서도 쓰였지만 수평적 대등관계에서 더욱 많이 쓰였다.

## 천주교의 "천주" 선취

천주교가 우리나라에 들어오면서 "천주天主"라는 표현을 선취한 것은 선교전략으로 볼 때 아주 현명한 것이다(미켈레 룻기에리의 『천주실록天主實錄』, 마테오 릿치의 『천주실의天主實義』가 그 명사의 보편화에 기여하였다). "하느님"의 하늘을 "天"으로 대치시키고 님을 "主"로 대치시키면 "天主"에 지고의 존재라는 "임금"이라는 수직적 개념의 뜻이 들어가고 또 동시에 친근한, 아껴주고 싶은 존재라는 수평적인 뜻이 들어간다.

## 최수운의 천주

최수운은 이 "천주天主" 개념을 서학西學의 개념으로 방치하고 소외시킬 것이 아니라, 동학東學의 핵심개념으로 확실히 재해석하여 자리매김해야 한다고 생각했다. 천天 즉 하늘은 서학이 말하는 인격적, 초월적, 주재적主宰的 존재자(a being)일 수 없으며, 그것은 시각으로 구체화될 수 있는 물체일 수 없다. "혼원渾元한 일기一氣"로서 우주 전체를 포섭하는 보편생명 그 자체인데, 인간 내면에는 신령神靈한 기운이 끊임없이 생성되고 인간 밖의 우주에는 기氣의 변화가 질서있게 돌아가고 있어, 이 내외內外의 양자兩者는 끊임없이 교섭하고 있다. 이러한 교섭 속에 존재하는 모든 것들이 교감을 이루고 있는 상태가 곧 하늘, 즉 천天이라는 것이다.

## 천天의 "님화"

천天에다가 주主를 붙인 이유는 이 하늘을 부모님을 섬기듯이 존경하라는 뜻이다(主者, 稱其尊而與父母同事者。). 하늘은 존재자가 아니라 존재 그 자체이며, 그 하늘은 모든 존재자들을 연결시키며 끊임없이 변화하고 있다. 이 하늘을 멀리 있는 존재로서 소외시키는 것이 아니라 나의 부모님처럼 "님화"하여 공경되이 느낄 수 있을 때 동학東學에로의 입도入道가 이루어진다는 것이다(「동학론東學論」의 내용이다. cf. 도올 김용옥 지음, 『동경대전』2, pp.135~141).

다시 말해서 최수운의 사상의 핵심은 "하늘의 님화," 즉 물리적 천지天地를 생명적 귀신鬼神(鬼＝歸＝魄, 神＝伸＝魂)화 하는 데 있는 것이다. 다시 말해서 만해의 "님"은 20세기 초의 시인들의 가벼운 푸념의 한 측면이 아니라(※ 실제로 아무도 "님"을 주제로 한 연작시를 쓴 사람은 없다. 그래서 만해를 자꾸 타고르에 연결시키는 것이다. 그러나 만해의 "님"은 타고르의 "Thou," "당신," "주主"[김억의 번역], "주님"과는 차원이 다르다), 동학이 말하는 바 서학을 초월한 한민족 본래의 "하느님 감정"을 총체적으로 포용하면서, 거기에 "선禪적인 해탈"을 말하고 있는 것이다. 만해가 『님의 침묵』을 오세암에서 쓰고 있던 시점은 수운이 「동학론」을 남원 교룡산성 은적암에서 쓰고 있던 때로부터 63년의 거리 밖에는 없다.

## 긔루다, 기루다, 그리워하다

자아! 이제 만해의 본문으로 돌아가서 이야기해보자! 만해는 "님만 님이 아니라, 긔룬 것은 다 님이다"라고 말한다. "님만 님이 아니라"라고 말했을 때 앞의 "님"은 사회적으로 통념화된 실체적인 님을 가리킨다. 젊은이들 사이에서는 님이 연인이 될 것이고, 예수에 미쳐있는 사람에게 님은 예수님이 될 것이다. 그것도 물론 "님"이겠지만, 그렇게 실체화된 상념의 님만이 님일 수는 없다는 것이다. 앞서 만해가 "선은 선이라고 하면 곧 선이 아니다"라고 한 말을 기억할 것이다. 그리고 노자가 "도道를 도라고 말해버리면, 그 말하여진 도는 항상 그러한 도가 아니다.道可道, 非常道"라고 한 말도 기억할 것이다. 만해는 "선외선禪外禪"을 말한다.

여기 "긔루다"라는 표현이 있는데, 옛부터 조선사람들이 쓴 말인지(※ 문헌적 용례는 별로 없다), 홍성 사투리인지는 모르겠으나, 그 뜻인즉 "그리워하다," "아쉬워하다," "아쉬운 것을 성취하기 위해 노력하다"는 의미이다. 알아듣기 쉬우면서도 일상적 용례가 아니라서 시어詩語로서 아취를 풍긴다. 사랑하는 님만이, 모시는 님만이 님이 아니라 인간 실존에 있어서 그리움을 유발시키는 것은 모두 님이라는 것이다.

### 싣달타와 님, 그 관계의 역설

석가족의 각자인 싣달타의 님은 그가 구원하고 싶어하는 중생이다. 여기서도 그는 평상적인 주·술을 도치시킨다. 보통 중생의 님(=긔룬 님, 그리워하는 님)이 석가일 것이다. 그러나 불교의 핵심은 석가의 그리움에 있다. 석가가 그리워하는 님이야말로 중생의 해탈된 모습이다. 불교의 위대함은 중생이 구원을 위하여 석가에게 의존하는 것이 아니라, 석가가 대자대비의 마음으로 중생을 그리워한다는 데 있다.

### 칸트와 계몽주의 철학

칸트Immanuel Kant(1724~1804)의 님은 무엇이냐? 칸트의 님은 "철학"이라고 말한다. 여기서 철학이라는 것은 서구근세철학의 대세인 계몽주의Enlightenment를 가리킨다. 칸트가 소속한 독일이라는 나라는 당시는 프로이센왕국이었으며, 이 왕국은 앙시앙레짐을 붕

괴시키고 민중혁명의 보편질서로 나아가고 있던 프랑스에 비하면 매우 보수적인 후진국가였다. 그것은 곧 그 나름대로 왕정을 유지할 수 있는 건실한 나라였다는 것을 의미하기도 했다. 칸트는 자기가 태어난 프로이센왕국의 수도 쾨니히스베르크에서 100마일을 벗어난 적이 없다. 그렇지만 그는 그의 사유로써 계몽주의철학을 완성시키겠다는 야심찬 계획을 세웠다. 혁명에서 뒤진 역사를 사유로 앞지르겠다는 소망, 그 소망이야말로 칸트의 "기룸"이었다.

## 근대성의 완성

칸트는 감성의 질료에다가 오성의 범주를 결합시킴으로써 영국의 경험주의와 대륙의 합리주의를 종합하였고, 그 종합의 방식에 있어서 코페르니쿠스적인 전환이라는 새로운 인식론을 도입함으로써 개인을 우주의 중심으로 만들었다. 칸트의 순수이성비판은 또 다시 실천이성의 선험적 도덕률과 결합함으로써 계몽주의적 인간의 인식과 도덕, 그 주체의 고귀함을 선포하였던 것이다. 칸트에 있어서 모든 근대성(Modernity)의 모델이 완성되었다고 생각한다. 이러한 보편주의적 인간의 확립이야말로 칸트가 기룬 님이다.

## 마치니와 이탈리아 통일운동

장미화의 그리움은 봄비에 있다. 마찬가지로 마치니Giuseppe Mazzini(1805~1872)의 님은 이태리다. 마치니는 당시 오스트리아의 지배를 받고있는 이탈리아민족의 해방과 통일을 위해 혁명운동을 끊임없이 전개한 액티비스트인 동시에 사상가였고 단테의 주석을 남긴 문학인으로도 유명하다. 그는 사회민주주의적인 공화정제도의 지지자였으며 민중데모크라시의 유럽운동의 초석을 놓은 정치가였다. 가리발디, 카보우르와 함께 이탈리아 통일운동의 3걸이라 불린다. 그는 순수한 정열을 가진 예언자적인 인물로서 이탈리아 국가통일기의 청년들에게 매우 큰 영향을 끼쳤다. 그의 장례식에는 10만의 인파가 참여하였다. 그는 사상적으로도 미국의 대통령 우드로우 윌슨, 인도의 마하트마 간디, 자와할랄 네루 등에게 깊은 영향을 주었다.

세계헌법사에 있어서 민주공화제라는 단어는
우리 임정헌장이 제일 빠르다

마치니의 님이 이태리라고 한다면, 만해시대의 조선의 양심있는 지도자들, 몽양과 같은 독립운동가들에게 님은 3·1만세혁명 이후에 모습을 드러낸 대한민국이다. 대한민국 임시정부의 헌장 제1조는, "대한민국은 민주공화제로 함"이다. 세계적으로 "민주공화제"라는 단어가 헌법에 들어간 사례로서는 우리 임시정부 헌장이 제일 빠르다.

그 다음의 조항이 매우 중요하다. "님은 내가 사랑할 뿐 아니라 나를 사랑하나니라." 님과의 사랑은, 그 기루는 심정은 결국 쌍방이 동일하다는 것이다. 내가 님을 사랑하면, 님 또한 나를 사랑한다. 사랑은 궁극적으로 쌍방적이다. 님은 결코 편협한 감정, 애증愛憎의 주체가 아니다.

님과 자유

　　그 다음으로 만해는 사랑을 자유와 연결시킨다. 연애가 자유라면 님도 자유일 것이다. 내가 님을 사랑하는 것이 자유로운 선택의 결과라면 님 또한 자유로운 선택의 결과로서 나를 사랑할 것이다. 그러기에 사랑은 자유로워야 하고, 자유로운 사랑은 진실해야 한다. 여기 쓰인 "자유自由"(스스로에 말미암다)라는 말은 고전에서는 별로 애용된 말이 아니다. 불가에서도 자유보다는 "자재自在"(스스로 있다. 타에 의존하지 않고 존재한다)라는 말을 더 선호했다. 후대로 내려오면서 선가禪家에서 "자유자재自由自在"라는 말을 썼다. 번뇌의 속박으로부터 벗어난 해탈의 경지라는 뜻이다.

　　여기서 "자유"라는 말은 현대어적인 맥락에서 당대에 유행하던 "자유연애"를 모델로 하여 생겨난 말이다. 그런데 자유연애를 해도 그 자유에 구속을 받는 사태가 종종 생긴다. 만해는 『조선독립의 서』 앞머리에서, "자유自由의 공례公例는 타인의 자유를 침범치 아니하는 것으로써 그 한계를 삼는다"고 했고, 또 "침략적 자유는 평화를 앗아가는 야만적 자유이다"라고 말했다. 여기 「군말」의 핵심은, "이름 좋은 자유에 알뜰한 구속을 받는 너희놈들"이라는 선가적 방할에 있다. 일본은 일본의 자유를 찬양하며 조선인의 자유를 침범하고 그 생존을 구속한다. 네놈들에게 님이 있다더냐? 네놈들에게도 님이 있다구! 웃기지 마라! 너희에게 님이 있다면 그것은 "님"이 아니라, "너의 그림자"이니라. "너의 그림자"라는 것은 어두운 무명無明에 기인한 또다른 상相을 의미한다. 일본의 탐·진·치의 죄악상을 고발하고 있는 것이다. 자유가 무명의 더러운 얼굴이 되고 마는 것이다. 메이지 이래의 일본의 역사가 이러하다.

### 예수의 비유와 님의 침묵

그리고 만해는 의미심장한 종결어를 잇고 있다: "해 저문 벌판에서 돌아가는 길을 잃고 헤매는 어린 양羊이 기루어서." 이것은 신약성서 복음서에 나오는 예수의 비유 중의 하나이다.

> 너희 생각에는 어떻겠느뇨? 만일 어떤 사람이 양 일백마리가 있는데 그 중에 하나가 길을 잃었으면 그 아흔아홉마리를 산에 두고 가서 길 잃은 양을 찾지 않겠느냐? 진실로 너희에게 이르노니 만일 찾으면 길을 잃지 아니한 아흔아홉마리보다 이것을 더 기뻐하리라(마태 18:12~13).

만해는 이 비유가 자신이 『님의 침묵』을 쓰는 가장 적절한 의미를 내포하고 있다고 생각했다. 만해는 이미 동·서의 경전을 다 꿰뚫었다. 정확하게 이해했다. 불교다 기독교다, 석가다 예수다 하는 분별이 의미가 없었다. 만해는 오직 님만을 생각한다. 『님의 침묵』을 쓰는 이유는 길을 잃고 헤매는 소수, 그 "어린" 자들을 위한 것이다. 99마리가 건재하다고 한 마리를 버린다면 그것은 목자가 아니다. 님을 그리워하는 자의 실존방식이 아니다.

### 나의 님, 조선의 가을하늘

「군말」의 의미는 심오하다. 심오한 만큼 88편의 시 또한 깊고 또 깊다. 나는 유난히 무더운 날씨가 계속되는 복더위의 와중에서 이 원고를 쓰고 있다. 아마도 많은 사람들이 2024년 여름이야말로 그들의 생애에서 겪어본 가장 무더운 날씨의 연속이라고 생각할 것이다. 나는 이 더위 속에서 하루도 빼놓지 않고 원고를 긁었다. 그런데 오늘 아침 갑자기 상쾌한 가을이 찾아왔다. 하늘이 그렇게 깊게 푸를 수가 없고 햇살이 투과하는 모든 이파리가 투명한 생명의 빛을 발하고 있었다. 마당의 동학초의 보랏빛 꽃닢이 싸늘한 추색秋色을 과시한다. 무더운 공기를 가르고 매미소리를 멀리한 채 잠자리가 날고 있었다. 나는 순간 외쳤다: "나의 님은 가을이구나!"

나의 님은 가을이었다. 그러나 이 가을이 또 찾아오리라는 보장이 없다. 그토록 천지가 망가지고 있다. 천지의 순환을 망가뜨리는 짓을 정치가 하고 있다. 한국의 집권층이 다시 일본만세를 부르고 있다. 가을은 나 혼자의 가을이 아니다. 우리 모두의 가을이다. 나의 가을은 삼천리 금수강산의 가을이다. 이 삼천리 금수강산의 가을은 수십억 년의 산물이다. 이렇게 여유롭게 생각해보면 만해의 "님"도 일상 속에서 애절하게 느껴볼 수 있을 것이다.

## 님의 침묵 해설

자아~ 이제 만해의 시로서 우리에게 가장 널리 알려지고 즐겨 낭송되는 시, 『님의 침묵』이라는 시집의 개권開卷 제1수를 장식한 역사적인 시를 같이 감상하여 보기로 한다.

## 【 님의 침묵沈默 】

님은 갔읍니다. 아아 사랑하는 나의 님은 갔읍니다.

푸른 산빛을 깨치고 단풍나무 숲을 향하야 난 적은 길을 걸
어서, 참어 떨치고 갔읍니다.

황금黃金의 꽃 같이 굳고 빛나든 옛맹서盟誓는 차디찬 띠끌
이 되야서, 한숨의 미풍微風에 날어갔읍니다.

날카로운 첫 「키쓰」의 추억追憶은 나의 운명運命의 지침指針을
돌려 놓고, 뒷걸음쳐서 사러졌읍니다.

나는 향기로운 님의 말소리에 귀먹고, 꽃다운 님의 얼골에
눈멀었읍니다.

사랑도 사람의 일이라, 만날 때에 미리 떠날 것을 염려하고
경계하지 아니한 것은 아니지만, 이별은 뜻밖의 일이 되고
놀란 가슴은 새로운 슬픔에 터집니다.

그러나 이별을 쓸데 없는 눈물의 원천源泉을 만들고 마는 것은
스스로 사랑을 깨치는 것인 줄 아는 까닭에, 걷잡을 수 없는
슬픔의 힘을 옮겨서 새 희망希望의 정수박이에 들어부었읍니다.

우리는 만날 때에 떠날 것을 염려하는 것과 같이, 떠날 때에
다시 만날 것을 믿습니다.

아아, 님은 갔지마는 나는 님을 보내지 아니하얏읍니다.

제 곡조를 못이기는 사랑의 노래는 님의 침묵沈默을 휩싸고
돕니다.

님은 갔습니다. 조선민중의 만세절규

"님은 갔습니다. 아~ 아~ 사랑하는 나의 님은 갔습니다." 이 첫 구절을 읽고, 더욱이 1925년 만해가 이 시를 쓰던 시점에서 읽고, 3·1만세혁명을 떠올리지 아니하는 자는 천치바보이거나 위선자일 것이다. 이러한 해석을 거부하며 사랑하는 남녀의 이별만을 여기다 덧붙이면서 순수문학을 운운하는 자도 무뎌빠진 감상론자, 아니면 뉴라이트의 근내화론의 정당화를 위해 애쓰는 자들의 도피처가 될 것이다. 물론 만해의 시가 위대하고 웅혼한 까닭은 개인의 사랑의 테마와 조국의 운명 혹은 코스믹한 해탈의 테마가 항상 병치되기 때문이다. 그러나 여기 "님은 갔습니다"의 최초의 인상이나 최종적 의미는 역시 윌슨의 민족자결주의의 환상이 불러일으킨 새로운 세계질서 속에서 민족의 독립이 가능하리라 믿고 목 터져라 만세를 불렀던 민중적 정서의 좌절감의 절규가 아니 될 수 없는 것이다. 님은 갔습니다. 아~ 아~ 사랑하는 나의 조국은 사라졌습니다.

임보任甫(=양계초의 자字)가 "조선멸망의 원인"을 쓴 것을 보면, 조선이 완전히 일본의 무력으로 명실상부하게 사라진 것으로 기술하고 있다. 애처롭게 한탄하며 그 원인을 논하고 있는 것이다:

> "이제 중국의 동쪽, 일본의 서쪽, 황해와 동해 사이에 돌출해 있는 반도에 다시 무엇이 있으랴? 다시는 국가가 없고, 다시는 군주가 없고, 다시는 정부가 없고, 다시는 민족이 없고, 다시는 언어가 없고, 다시는 문자가 없고, 다시는 종교가 없고, 다시는 전장典章문물제도가 없게 되었다."

## 침묵은 웅변, 감은 옴

　　그러면서 그는 "어둡고 거꾸러진 치욕의 역사의 흔적만이 남게 되었다"고 말한다. 백두산의 흰 눈빛에 오점을 길이 남겨 씻어낼 길이 없다고 개탄했다. 음빙실주인을 미친놈이라고 성토하기 전에, 당대 세계사람들의 눈에 비친 조선의 운명이 이렇게 새카맣게 암흑에 가려진 모습이었다는 사실을 우리는 상기할 필요가 있다. 친일분자들로부터 오늘 우리나라 집권세력에 속속들이 들어박힌 친일밀정들의 의식세계가 음빙실주인의 선고와 비슷한 바탕에서 출발한다는 것을 알 수 있다. 그러한 맥락의 대세에서 "님의 건재"와 "님의 침묵"을 선언하는 만해의 외침은 실로 장쾌한 일갈이다. 침묵은 웅변이다. "감"은 "옴"을 전제로 한다. 감과 옴은 일음일양一陰一陽의 세계의 정칙이다.

## 차마 떨치고 가다

　　"푸른 산빛을 깨치고"라는 말에서 우선 "깨치다"는 두 가지 의미가 있다. 첫째는 깨우침(enlightenment)의 의미요, 둘째는 깨트림(break, smash)의 의미다. 여기서는 일차적으로 "깨뜨리다"는 의미이지만, 깨뜨림의 배면에는 깨우침의 의미도 배어 있다. "푸른 산빛"과 "단풍나무숲"이 대비되고 있는데 푸른 산빛은 봄의 상징이요, 생명의 상징이다. 단풍나무는 늦가을의 상징이요, 죽음의 상징이다. "적은 길"은 "작은 길"이다. 푸른 산빛을 깨치고 단풍나무 숲을 향하야 난 적은 길이란 님 즉 조국이 사라져간 모습을 형용한 것이다. 그 작은 길(=고되고 험난한 길)을 걸어갔다는 것이다. 어떻게 걸어갔나? "참어 떨치고" 갔다고 했다. "참어"는 "차마"의 뜻이다. "차마"는 가기 싫은 길을 갔다는 뜻이다. "차마"는 님이 떠나가기 싫어했다는 것을 의미한다. 극도의 비극적 정감을 담아 표현한 것이다. "떨치고"는 가지 말라고 치마를 잡는 손을 뿌리치고, 떨치고 차마 가기 싫은 길을 갔다는 것이다.

을사늑약으로부터 강점병탄을 거쳐 3·1만세혁명까지의 역사적 과정을 "참어 떨치고"라는 이 애처로운 한마디로 표현한 것이다. 기실 만해도 3·1만세혁명의 주역으로서 짙은 체험을 하기 전에는 이러한 비극을 짜릿하게 체화하지 못했었다고도 말할 수 있다. 만해는 불법에 정진하면서 1910년대를 저술과 임제종운동의 틀 속에서 치열하게 살았지만 그것은 어디까지나 불교권내의 활동이었다. 그러나 "참어 떨치고" 간 님의 모습은 만해에게 어마어마한 과제상황을 안겨주고 떠났다. 만해는 인간세의 전면으로 나설 수 밖에 없었다.

## 황금의 꽃, 한숨의 미풍

여기 "황금의 꽃"이란 부정적 이미지가 없다. 황금은 썩지 않음이요, 시들지 않음이다. 가야·신라의 왕관으로부터 우리민족이 상징으로 내놓는 것이 황금이다. "황금의 꽃같이 굳고 빛나는 옛 맹서," 우리민족의 찬란한 문명의 개화를 의미한다. 그런데 그 맹서는 이제 차디찬 티끌이 되어버렸다. 티끌이 되니 한숨의 미풍에도 덧없이 날아가 버리고 만다. 문명의 찬란한 성과가 미풍에 날아가 버렸다. 세계사적 갈등과 변혁의 사이에서 인 미풍에 소실되고 말았다.

### 키쓰, 깨달음의 첫 체험

"키쓰"라는 말은 1920년대에만 해도 상용어가 아니었다. 더욱이 성감대의 자극이라는 맥락에서 입술과 입술의 만남은 생소한 것이었다. "입"은 음식의 기관이지 성적인 자극을 불러일으키는 감관이 아니었다. 키스를 성적 행위의 일부로 감지한 것은 서양인의 습관에서 기인한 것이다. 그래서 "키스"라는 말은 새로운 호기심과 쾌감을 불러일으키는 자극적 언어였다. 만해는 키스라는 말에 특별한 괄호를 부여했다. 일상적 어휘가 아니라는 뜻이다. 몸과 몸이 만나는 키스, 그것도 자발적인 충동의 느낌에 끌리어 만나는 그 문합吻合의 황홀경은 진실로 몸의 각성을 통해 달성되는 견성見性의 경지 외의 다름이 아니다.

그것도 "첫 키쓰," 이 최초의 키쓰야말로 부처와 중생이 하나 되고, 번뇌와 열반이 융합되는 깨달음의 첫 체험이다. 최초의 추억이기에 그것은 달콤한 느낌이 아니라 면도날처럼 날카롭다. 날카로운 첫 키쓰의 추억은 나의 운명의 지침指針을 돌려놓았다. 사랑하는 사람들끼리의 첫 키스는 운명의 방향을 돌려놓기에 충분하다. 과연 만해에게 날카로운 첫 키쓰의 추억은 무엇이었을까? 나는 이것을 개인사의 해프닝에서 찾을 수는 없다고 생각한다. 그것은 3·1만세 혁명이라는 민족사적 사건! 만해에게는 진정한 깨달음을 안겨준 민중의 각성이었다. 그는 1917년 12월에 오세암에서 오도송을 읊고 두 해 지나 태화관 독립선언식을 주도한다.

운명의 나침판

　　그 날카로운 첫 키쓰의 추억은 나의 운명의 나침판 바늘을 돌려놓았다. 그리고는 뒷걸음쳐서 사라졌다. 뒷걸음쳐서 사라진 것이나 차마 떨치고 간 것이나 일맥상통한다.

　　님이 사라진 후로 나는 향기로운 님의 말소리에 귀먹고, 꽃다운 님의 얼골에 눈멀었다. 오매불망 님의 생각에 인식의 감관이 다 마비된 듯하다. 여기 마비되었다 함은 무감각해진 것이 아니라 너무도 날카로운 진리의 말씀과 표정에 깨우침이 끊임없이 밀려든다는 뜻이다. 귀먹고 눈멀었다 함은 인식의 부정과 긍정을 다 포섭하고 있다.

　　만해의 언어는 심각하고 심오하다. 그러나 이 심각하고 심오한 사태를 우리의 일상적인 사랑의 감정으로 표현하기 때문에 친근한 끌림을 느끼게 되는 것이다.

　　사랑도 사람의 일이라 생사별리의 리듬에 복속된다. 사랑이 고정불변의 실체는 아니다. 사랑도 변하고 사람도 변한다. 만날 때는 이미 떠날 것을 염려하고 경계하지 아니한 것이 아니다. 논리적으로는 그러한 봉별逢別의 희비喜悲를 예상하지 못한 것은 아니다. 그러나 실제로 일본의 조선침탈은 너무도 갑작스레, 너무도 황당하게 이루어져, 논리적인 사유의 여백을 남기지 않았다. 그냥 모든 사람이 멍하게 당하고 만 것이다. 그래서 님과의 이별은 뜻밖의 일이 되었고, 놀란 가슴은 새로운 슬픔에 터지게 되었다. 여기 가장 핵심적인 키워드는 "새로운 슬픔"(new sorrow)이다.

## 새로운 슬픔

"새로운 슬픔"이란 슬픔의 차원이 달라졌다는 것을 의미한다. 여태까지 만나고 헤어질 때의 가벼운 봉별 정감이 아니다. 논리적으로 설명할 수 없는 "뜻밖의 일"이 유발시키는 "새로운 슬픔"은 여태까지 체험하지 못했던 역사의 단절, 민족혼의 좌절, 미래좌표에 대한 새로운 설정을 불가피하게 만든다.

우리는 이별을 쓰잘데없는 눈물의 원천(=근원)으로 만들어서는 아니 된다. 이별했다고 찔질찔질 울어대는 아이가 되어서는 아니 된다는 뜻이다. 그렇게 하는 것은 스스로 사랑을 깨뜨리는 것이다. 황금의 꽃같이 굳고 빛나는 옛 맹서를 깨뜨리는 것이다. 우리는 그런 바보짓을 해서는 아니 된다. 우리는 그런 바보짓을 하지 말고 새로운 차원의 슬픔을, 우리민족이 거족적으로 체험한 새로운 경지의 슬픔을 새로운 희망으로 만들어야 한다. 만해는 이 테마를 이렇게 표현하고 있다.

## 새 희망의 정수박이

"걷잡을 수 없는 슬픔의 힘을 옮겨서 새 희망希望의 정수박이에 들어부었습니다." "정수박이"는 머리 위에 숨구멍이 있는 자리이다. 원초적 생명의 근원이다(정수리=정수배기=정수박이). 새로운 슬픔은 새로운 희망이 솟아나오는 생명의 근원에다가 들이부어야 한다. 슬픔이 희망으로 화하는 질적 변화를 우리는 창조해야 한다.

오늘날의 우리의 정치도 진보의 망념에 방치된 퇴행의 극한상황을 과시하고 있다. 이것은 우리가 이전에 체험하지 못했던 극히 비열한 민주의 타락이다. 이 타락은 만해가 말하는 "새로운 슬픔"이다. 과연 이 슬픔을 우리는 새 희망의 정수박이에 들이부을 수 있겠는가?

만날 때에 떠날 것을 염려하는 것과 같이, 떠날 때에도 다시 만날 것을 기약한다. 떠날 때에는 다시 만날 것을 믿는다. 아~ 아~ 님은 갔다. 그러나 나는 님을 보내지 않았다. 님은 내 곁에 있다. 단지 침묵으로 있다.

## 제 곡조를 못이기는 사랑의 노래

"제 곡조를 못이기는 사랑의 노래"는 너무도 사랑하기에 시인의 가슴 속에서 울먹이는 감정이 곡조로 표현되지 못한다는 뜻이다. 곡조로 표현되기 이전에 가슴의 울먹이는 감정이 압도한다는 뜻이다. "곡조를 못이긴다" 하는 뜻이 그러하다. 제 곡조를 못이기는 사랑의 노래는 곡조를 제대로 표현하지 못한다 해도 소리가 있다. 미미하고 슬프고 가냘프다. 그러나 그 소리는 소리가 없는 침묵과 기막힌 조화의 경지를 과시한다. 제 곡조를 못이기는 사랑의 노래는 님의 침묵을 휩싸고 돈다. 지금도 이 땅에 님의 침묵은 건재하다.

머릿수인 「님의 침묵」을 논리적으로 뒷받침하는 시가 두 번째 수로 실려있다.

## 제13장

# 이별의 미학

【 리별은 미美의 창조創造 】

리별은 미美의 창조創造입니다.

리별의 미美는 아츰의 바탕(質)없는 황금黃金과, 밤의 올(糸)
없는 검은 비단과, 죽음없는 영원永遠의 생명生命과, 시들지
않는 하늘의 푸른 꽃에도 없습니다.

님이어, 리별이 아니면, 나는 눈물에서 죽었다가 웃음에서
다시 살어날 수가 없습니다. 오오 리별이어.

미美는 리별의 창조創造입니다.

제1수, 제2수, 제10수의 상관관계

　이 시는 비록 짧지만, "님의 침묵"이라는 머릿수와 짝을 이루
면서 전체 시집에 실린 시들의 두 기둥과도 같은 역할을 한다. "단풍
나무 숲을 향하여 난 작은 길을 걸어서, 차마 떨치고 갔다"고 하는

구절을 테마로 내걸은 제1수도 기실 "이별"의 시이다. 만해는 제1수에서 논한 "님의 침묵"을 보다 긍정적으로 명료하게 다시 정의할 필요를 느꼈던 것이다. 이 제2수인 "이별은 미의 창조"라는 시는 엄청나게 방대한 제10수, "리별"을 배경으로 하고 있다. 제10수 "리별"은 제52수인 "논개論介"와 함께 가장 글자수가 많은 장편의 시이다. 내용도 풍부하고 심오하다. 제10수 "리별"을 인용하면 좋겠으나 워낙 방대한 시라서 자리를 너무 크게 차지할 것 같아 독자들이 스스로 찾아보고 해석하기를 권한다.

제10수 리별에서 만해는 이와같이 말한다:

> "이 세상에는 진정한 사랑의 리별은 있을 수가 없는 것이다.
> 죽음으로 사랑을 바꾸는 님과 님에게야 무슨 리별이 있으랴
> 리별의 눈물은 물거품의 꽃이요, 도금한 금방울이다."

진정으로 사랑하는 사람들 사이에서는 이별은 없다

쌍방(님과 님)에게 진정한 사랑이 있다면 이별은 있을 수가 없다. 사랑을 위하여 목숨도 기꺼이 바치는 연인들에게 무슨 이별따위가 있겠느뇨. 세칭 이별하면서 눈물을 흘린다 하는 것은 "물거품의 꽃"이요, "도금한 금金방울"이다. 즉 리얼하지 않은 것이다. 겉만 치장한 금방울이요, 곧 사라지고 마는 물거품이다. 우리민족의 사람이 조국과 이별한다는 것은 있을 수 없는 것이다. 그것은 일시적인 헤어짐이요, 오감의 한 계기일 뿐이지, 조국이 사라지는 것이 아니다.

내 곁에 침묵하고 있을 뿐이다. 만해는 말한다:

> "사랑의 리별은 리별의 반면反面에 반듯이 리별하는 사랑보다
> 더 큰 사랑이 있는 것이다."

### 이별하는 사랑보다 더 큰 사랑

보통 이별이라 하는 것은, 헤어지는 애인보다 자기를 더 사랑할 때 가능한 것이다. "만약 애인을 자기의 생명生命보다 더 사랑하면 무궁無窮을 회전回轉하는 시간時間의 수레바퀴에 이끼가 끼도록 사랑의 리별은 없는 것이다."

### 이별은 관계의 종료가 아니다

이별은 방편이요, 관계의 종료가 아니다. 나의 조국을 내 생명보다 더 사랑하면 나와 조국의 사랑은 무궁을 회전하는 시간의 수레바퀴에 이끼가 끼도록 영속하는 것이다. 왜놈들이 칼로 버힐 수 있는 그런 것이 아니다.

그렇다면 이별이란 무엇인가? 무엇 때문에 이별을 하는 것일까? 이별은 무엇을 위한 것인가? 만해는 한마디로 잘라 말한다: "리별은 아름다움의 창조입니다." 여기서 "창조"라는 말이 중요하다. 창조의 충동이 있기에 이별하는 것이다. 이별함으로써 우리는 이별한 대상의 아름다움을 직관하고 관조하고 내 존재 속으로 감입感入시킨다. 대상의 아름다움을 직관함과 동시에 비로소 나의 아름다움을 관조하게 되는 것이다.

이별은 창조다, 조국과 이별하는 것은 새역사를 창조하기 위함이다

즉 우리가 우리의 조국과 이별한 것은 새로운 역사, 새로운 아름다움을 창조하기 위한 것이다.

이별의 아름다움은 어디 있는가? 이별의 아름다움을 어디서 찾을 수 있는가? 여기 만해는 이별의 아름다움이 깃들지 아니하는 환상적인 곳을 네 가지로 설명한다.

1) 아침의 바탕(질質) 없는 황금黃金.

2) 밤의 올(糸) 없는 검은 비단.

3) 죽음이 없는 영원永遠의 생명生命.

4) 시들지 않는 하늘의 푸른 꽃.

## 네 가지의 공허한 이데아

나는 국민학교 4학년 때, 부모님을 따라서 석굴암을 간 적이 있다. 이른 새벽에 토함산을 올라 동해바다에서 찬란한 해가 떠오르는 광경을 감격스럽게 보았다. 그리고 첫 햇살이 석굴암부처님 이마를 일자로 가로지르는 것을 두 눈으로 목도하였다. 부처님의 온몸이 순결한 소저의 뽀이얀 피부처럼 살아나고 주변이 온통 황금빛으로 물들어간다. 만해의 언어에서 그것은 바탕이 없는 황금이다. 만해는 구태여 괄호를 치고 "질質"이라고 써넣었는데, 질이라는 것은 구체적 물상의 근거를 가리킨다. 우리가 "재질才質"이라 할 때도 우리 몸덩어리, 기체氣體의 바탕을 가리키는 것이다. 다시 말해서 재질이 없는 황금은 시공 속의 지속의 근거가 없는 허상을 가리킨다. 밤의 흑

암을 가져오는 올 없는 검은 비단도 마찬가지다.

죽음이 없는 영원의 생명은 기독교와 같은 서구적 종교가 내내 선포해온 것이다. 시듦이 없는 하늘의 푸른 꽃(빛깔)도 마찬가지다. 여기 나열한 네 가지 사례는 이별의 미美가 자리잡을 수 있는 곳이 아니다. 이 네 가지 사례는 모두 관념이요, 형상形相이요, 픽션이요, 이데아요, 공허한 것이다. 이별은 바탕 없는 황금이나, 올 없는 검은 비단이나, 죽음 없는 영원의 생명이나, 시듦이 없는 하늘의 푸른 꽃에 있는 것이 아니다.

이별은 희비애락의 굴레 속에 있다

이별은 이데아식으로 아름다운 것이 아니라, 눈물에서 죽고 웃음에서 다시 살아나는 현재적 실존의 희비애락喜悲哀樂의 굴레 속에 있다. 이별만이 우리를 이러한 굴레 속에 집어넣는다.

님이여! 이별이 아니면, 나는 눈물에서 죽었다가 웃음에서 다시 살아날 수가 없습니다. 오오~ 이별이여! 미美는 이별의 창조입니다.

만해는 일제의 강탈시기를 이별의 시기로 인식하고, 새로운 문화, 새로운 아름다움을 창조하는 기회로 파악했다. 조선왕조의 멸망은 조선으로부터 우리를 별리別離시켰고, 따라서 조선의 아름다움을 파악할 수 있게 만들었다. 아름다움이야말로 이별의 창조인 것이다. 참으로 사랑하는 사람을 위하여서는 이별의 원한怨恨을 죽음의 유쾌愉快로 갚지 말고, 슬픔의 고통으로 참아라! 이별의 눈물은 진眞이오 선善이오 미美다! 우리에게는 창조의 기회가 주어지고 있는 것이다.

## 서구적 관념론의 극복, 1920년대 유일무이

1920년대 조선에서 이토록 명확하게 동·서문명의 차이를 인식하고 있었던 사상가는 없었다. 더구나 문학을 한다고 하는 사람들 중에서 이렇게 미묘한 문명의 논리를 예리하게 전관全觀적으로 파헤치고 있었던 사람은 있기 어려웠다. 더구나 그 총체적 파악을 시로써 표현한다는 것은 당대의 서구시인들에게도 있기 어려운 정황이었다.

1920년대, 문단의 소속이나 시인의 계보적 커넥션이 없이 그냥 불쑥 솟아오른 만해, 더구나 한 개피의 시도 아니고 88개의 당대로서는 상상도 할 수 없었던 짙은 시적 언어의 농축을 한 권의 책으로 묶어 소수의 문단파벌이 아닌 중생의 고해苦海에 인과의 고리 없이 내던진 만해의 시집은 당대로부터 오늘에 이르기까지 지자知者들의 언어적 통념 밖에 있었다.

## 주요한의 첫 평론

만해시가 출현하자 11일 만에 『동아일보』(1926. 6. 22)에 주요한朱耀翰(1900~1979)에 의한 첫 반응이 나왔다: "『님의 침묵』 일권은 사랑의 노래다. 님을 읊은 님에게 보내는 노래다. 그 사랑은 '리별'로 인하여 낭만화한, 종교화한 사랑이다. 사랑의 모든 문제가 ― 현실적이거나 이상적이거나 ― 한낱 기도화祈禱化한 것이다. 사랑의 기도요, 기도의 사랑이다. 그 사랑은 이별로써 미화한 사랑이요, 이별에도 희망을 가지는 사랑이다."

주요한은 또 만해시의 작풍이 타고르의 산문적 영시와 같다고

말하면서 만해의 우리말 실력에 대한 놀라움을 피력한다: "장래에
는 모르지만 아직까지 조선어로써 압운押韻 및 음각수音脚數를 맞추
어 운율적韻律的 효과를 나타내는 것은 성공치 못하였고, 오직 산문
적이면서 자연운율自然韻律을 가진 하나의 시형詩形이 성립된 것은
승인할 수밖에 없다. …… 현재에 있어서는 저자(=만해)의 조선어 소
화에 대하여 탄복歎服 아니 할 수 없다. …… 저자의 창조력 내지 상
상력의 풍부함을 거기서 볼 수 있다."(1926. 6. 26.)

　　주요한의 평이 경박하다거나 경솔하다고는 말할 수 없지만,
만해 정신세계의 지극히 편협한 일면만을 포착하였다고 말할 수 있
을 것이다. 그나마 그 후로 30년간 만해시에 관한 논급은 없었다(윤
재근, 『만해시 님의 침묵 연구』, pp.164~165).


### 최남선의 「해海에게서 소년少年에게」

　　보통 문학사에서 최남선의 「해海에게서 소년少年에게」를 우
리나라 신체시(혹은 신시新詩)의 첫 작품이라고 한다. 1908년 11월에
창간된 『소년』의 권두시로 발표되었다. 이 작품은 전체가 6련이며,
각 련은 모두 7행으로 구성되어 있다. 여기 그 전체를 인용할 값어
치를 느끼지 않으므로 첫 2련만 소개한다.

## < 海에게서 少年에게 >

처.........ㄹ썩, 처.........ㄹ썩, 척, 쏴..........아.
따린다, 부순다, 무너 바린다.

태산 같은 높은 뫼. 집채 같은 바윗돌이나.
요것이 무어야, 요게 무어야.
나의 큰 힘 아나냐, 모르나냐, 호통까지 하면서
따린다, 부순다, 무너 바린다.
처.........ㄹ썩, 처.........ㄹ썩, 척, 튜르릉, 콱.

처.........ㄹ썩, 처.........ㄹ썩, 척, 쏴..........아.
내게는, 아모 것, 두려움 없어,
육상에서, 아모런, 힘과 권을 부리던 자라도,
내 앞에 와서는 꼼짝 못하고,
아모리 큰 물건도 내게는 행세하지 못하네.
내게는 내게는 나의 앞에는
처.........ㄹ썩, 처.........ㄹ썩, 척, 튜르릉, 꽉.

이게 과연 시詩라 말할 수 있는 것일까? 시상詩想도 시어詩語
도 시상詩象도 시의詩意도 찾아볼 수 없는 소음을, 아니 이게 조선민
족의 새로운 체體의 시詩의 출발이란 말이냐? 최초라니 뭔 얼어빠질

최초냐? 19살 먹은 어린아이의 습작 같은, 아니 독립선언서를 집필하고도 33인 명단에 자기 이름은 **빼달**라고 벌벌 떠는 그 유아병자의 습작에다가 과연 "최초의"라는 월계관을 씌워야 할까? 시의 자격이 없다면 시의 족보에서 **빼버려야** 할 것이 아닌가?

### 백낙청의 "시민문학론"

이에 대하여서는 백낙청의 신랄한 평론이 있다. 아니, 너무도 적확한 평론이라 해야 할 것이다.

> 이렇게 3·1운동이 실패하고나서야 본격화한 문학의 역사를 서술하고 평가함에 있어 우리는 3·1운동 이후 문학적 성과의 얼마나 많은 부분이 실은 기미년까지의 준비과정과 기미년의 운동 자체의 산물인가 하는 점을 우선 알아야 하고, 우리가 흔히 문학적 성과로 생각하는 것의 얼마나 많은 부분이 실은 3·1운동의 실패로 인한 반反시민적 독소의 산물이며 우리가 식민지문학의 근본적 약점을 눈감아 줌으로써만 높이 평가할 수 있는 문학인가 하는 점을 항상 염두에 두어야 할 것이다. ……
>
> 이렇게 볼 때 우리는 한국문학사의 서술에서 문단데뷔 연대와 작품발표 연대, 그리고 도대체 몇몇 문인들의 동인활동이나 그것이 무슨 주의主義 운동이다 하는 그들 또는 타인의 주장이 지나치게 중요시되고 있음을 깨닫게 된다. 문학사에서 정말 중요한 문학의 이야기가 빠지고 보면 그런 이야기나 할 수밖에 없는 것이다. 그 가장 심한 예 중의 하나가 신문학 〈최초〉의 이것, 〈최초〉의 저것을

들추는 일이다. 육당六堂의 「해海에게서 소년少年에게」(1908)를 최초의 신시新詩로 잡고 작년에 신문학 60년 기념행사를 벌인 것은 주로 기념행사가 하고 싶어서 그런 것이지 「해海에게서 소년少年에게」가 정말 시라고 생각하는 사람이 많다는 뜻은 아니겠지만, 다음 후보자로 주요한朱耀翰의 「불놀이」(1919)를 검토하기 전에 식민지에서의 〈최초〉가 무슨 의의를 띌 수 있는가를 검토해 보는 것이 중요할 듯하다. 원래 문학사에서 〈최초〉라는 것의 의미는 경우에 따라 큰 것도 있고 작은 것도 있지만 일단 정치적 내지 문화적 식민지가 수립된 곳에서는 본국과의 연관을 떠난 문학사적 논의는 지방성의 노출밖에 안된다. 일본이 아닌 한국의 전통과 식민지 한국의 현실에 뿌리박은 문학, 즉 참으로 한국적인 동시에 반反식민지적인 문학으로서 〈최초〉가 아니라, 서울의 것을 지방에 가져오는 식으로 〈내지內地〉의 것을 조선에 가져온 〈최초〉의 것이라면 그것은 내지건 서울이건 빨리 다녀오는 자가 이기는 께임이지 문학이 아니며, 더구나 그 근거지가 제나라 서울이 아닌 식민지통치자의 본국인 경우 그러한 〈최초〉에 지나친 의의를 부여하는 것은 한국이 식민지라는 핵심적 사실을 은폐하는 데 일조를 하게 되는 것이다.

## 3·1운동이 낳은 최대의 시민시인

최남선의 "해海에게서 소년少年에게"라는 작품에 "최초의 신체시"라는 월계관을 부여하는 것은 육상경기에서 주자의 스피드를 가리는 것과 같은 꼴이지 문학사의 문제일 수는 없다고 일갈한다. 그러면서 백낙청은 최종적으로 만해 한용운에게 "한국 최초의 근대

시인이요, 3·1운동이 낳은 최대의 시민시인"이라는 타이틀을 부여
한다. 백낙청은 말한다:

> 시詩의 분야에서 이 시대의 진정한 수확을 간추린다면 만해萬海 한
> 용운韓龍雲(1879~1944)의 시집 단 한권, 「빼앗긴 들에도 봄은 오
> 는가」를 부른 이상화李相和(1901~1943), 민요시인 소월素月의 몇
> 몇 편, 그리고 약간 뒤의 일이지만 육사陸史(이활李活, 1905~1944)
> 의 단편적인 활동이 있는 정도다. 그중 작품의 양으로나 질로나, 또
> 그의 작품발표가 「창조創造」보다 한 해 앞선 『유심惟心』지誌(1918
> 년 만해萬海의 주재하主宰下에 3호 발간. 박로준朴魯埻·인권환印權煥 공
> 저共著 『한용운연구韓龍雲研究』 및 『신동아新東亞』 1966년 1월호에 실린
> 「잡지雜誌를 통해 본 일제시대日帝時代의 근대화운동近代化運動」 참조)에
> 서 비롯한다는 시기적인 순위로나, 한용운韓龍雲은 한국 최초의 근
> 대시인이요 3·1운동이 낳은 최대의 시민시인이라 할 수 있다. 그
> 러한 만해萬海가 동시에 옛 한국 마지막의 위대한 전통시인이었다
> 는 사실은 그만이 누릴 영예이자, 전통의 계승을 바라는 우리들 모
> 두의 커다란 행운이 아닐 수 없다(「시민문학론」『창작과 비평』14호,
> pp.487~8).

마지막 줄에서 백낙청은 한용운이 단순히 "근대시인"일 뿐 아
니라, 조선왕조의 한학전통을 몸에 지닌 고전적 인물로서 양자의 가
교역할을 하면서 양자의 장점을 모두 포섭하는 특별한 존재라는
것을 명시하고 있다.

김억의『해파리의 노래』

　　우리나라에서 최초로 발간된 시집은 평북 정주 사람 김억金億(1895~1950 납북. 오산학교 졸업. 일본 케이오오의숙 문과 다님. 오산학교 교사. 시인 소월을 발굴하여 세상에 알리는 데 헌신적 노력을 함. 호는 안서岸曙)이 1923년 6월 30일에 해놓은『해파리의 노래』이다. 그 첫머리에 나오는 시는 다음과 같다.

　　　　< 꿈의 노래 >


　　　　밝은 햇볕은 말라 가는 금잔디 위의
　　　　바람에 불리는 까마귀의 나래에 빛나며,
　　　　비인 산에서 부르는 머슴꾼의 머슴 노래는
　　　　멈춤 없이 내리는 낙엽의 바람 소리에 섞이어,
　　　　추수를 기다리는 넓은 들에도 비껴 울어라.

　　　　지금은 가을, 가을에도 때는 정오,
　　　　아아 그대여, 듣기조차 고운 낮은 목소리로,
　　　　조심스럽게 그대의 < 꿈의 노래 >를 불러라.


　　김억은 매우 명석한 사람이고 어학재능이 뛰어난 사람이다. 에스페란토어도 마스타했다고 한다. 김억은 외국인의 시를 번역하여 소개함으로써 한국의 시단에 많은 자극을 주고 정보를 제공하였다. 만해도 김억의 타고르시 번역을 통해 타고르의 문학세계를 접했다.

김억은 시상詩象 속에서 살았는지는 모르겠으나 절개가 부족했다. 허망하게 친일행각을 남겼다. 오늘날, 소월은 얘기되어도 안서는 언급되지 않는다. "꿈의 노래"도 추수를 기다리는 늦가을 정주 들판의 한 소묘일까, 감동의 핵이 없다.

김억의 제자, 소월

다음으로 한국사람이라면 누구든지 기억하는 김억의 제자의 시 한 수에 눈길을 스쳐보자!(소월의 본명은 김정식金廷湜, 1902년생. 일본 유학. 관동대지진으로 중퇴. 구성군에 동아일보지국 개설. 실패. 인생의 짐들을 끝내 극복하지 못하고, 아편과 실의 속에 죽었다. 향년 33세).


< 진달래꽃 >


나 보기가 역겨워
가실 때에는
말없이 고이 보내 드리오리다


영변에 약산
진달래꽃
아름 따다 가실 길에 뿌리오리다


가시는 걸음걸음
놓인 그 꽃을
사뿐히 즈려밟고 가시옵소서

나 보기가 역겨워

가실 때에는

죽어도 아니 눈물 흘리오리다


　4련 12행으로 구성된 서정시. 7·5조의 음수율과 3음보音步 민
요조의 전통적 리듬이 들어있어 한국인의 숨박동에 자연스레 부합
된다. 1920년대 발표된 시들 중에는 가장 독자적인 개성이 강하고
의미를 전달하는 감성적 능력이 탁월하다. 그러나 노래 가삿말의 느
낌, 그것이 전부다. 더 말할 나위가 없다. 애처롭고 아름답다.


## 염무웅의 만해론

　만해의 『님의 침묵』이 나올 때 우리나라 시세계의 분위기가
이러했다. 여기에다 대고 내가 무엇을 말할 수 있을까? 나의 설득이
연역적 폭력이 될 수도 있기에 문학계의 담론을 다시 한 번 빌려보
기로 한다. 염무웅廉武雄(1941~. 속초 출생. 서울대 독문과 졸. 대한민국의 대
표적 문학평론가. 국립한국문학관 관장)은 말한다:


　　만해는 우리 근대사에 있어서 거물인 그만큼 또한 우리 문학사(文
　　學史)에 있어서 거물이다. 지금까지 출판된 문학사들은 대체로 그를
　　소홀하게 취급했거나 기껏해야 예외적인 중요성만을 인정하는
　　데 그치기 일쑤였다. 이것은 당시의 그의 문단적 위치와 정확하게
　　대응하는 현상이기도 하다. 그러나 만해가 소위 문단이라고 하는
　　것의 권외에 있었던 사실, 낭만주의니 상징주의니 하는 수입된 문

예사조를 업고 다니지 않았던 사실, 대단치도 않은 흔한 동인지의 구성원이 되지 않았던 사실 때문에 그의 문학사적 위치가 낮게 평가되어서는 안된다는 것은 두말할 필요도 없는 일이다. 도리어 그는 당시의 문단이 빠져 있던 반(反)역사성과 비(非)사회성 — 식민지 시절에 식민지적 현상의 일부로 형성되어 아직도 완강하게 남아 있는 성질 — 에서 동떨어짐으로 말미암아 문단적 테두리 안에서는 결코 가능하지 못했던 문학적 깊이와 폭을 달성하고 있는 것이다. 만해가 우리 나라 최초의 근대 시인이요 3·1운동 세대가 낳은 최대의 문학자임은 백 낙청(白樂晴)씨가 이미 선명하게 밝혀 놓은 바 있다. 지금까지 문학사가들은 일반적으로 육당(六堂)의 〈해(海)에게서 소년(少年)에게〉(一九〇八)를 과거의 창가조(唱歌調)의 시에 결별을 이룩한 최초의 문학적 시도로 보는 데 의견이 일치했고, 주 요한(朱耀翰)의 「불놀이」(一九一九)를 「독자들이 여기서 비로소 근대시다운 시를 대하게 되었다」고 말한 김 동인(金東仁)의 과대망상적 주장대로 받아들여 왔다. 이 두 작품을 신시(新詩)와 자유시(自由詩)의 최초의 획기적 업적으로 평가하는 것은 아직도 여전히 우리 나라의 문학사적 관례로 되어있는 것 같다.

### "최초"라는 허언虛言

3·1만세혁명 이후 식민지 통치기구가 소위 문화정치의 미명 하에 허용해준 그 한줌 안되는 소위 문단이라는 것에 문학을 가두고, 그 문단을 민족적 현실로부터 격리시켜 놓을 때만이 "최초의 자유시"라느니, "최초의 근대소설"이라느니 하고 호언장담할 수 있

게 되는 것이다. 그렇게 한다면 육당이나 춘원 이전에는 문단이 없었고 따라서 문단이 없었다고 말할 수조차 있을 것이다. 여기서 염무웅이나 백낙청이 제기하는 문제는 우리의 문학사 서술방식이 근원적으로 잘못된 개념이나 인맥에 묶여있다는 것을 고발하고 있는 것이다. 이것은 내가 말하는 "근대성(Modernity)의 허구"와 관련되어 있는 것이다.

염무웅은 말한다. 이러한 문학사기술(historiography)은 참된 우리의 전통과 살아움직이는 생명력, 그리고 참된 우리 문학을 거부하고 외면하고 부인하는 것이다. 이것은 친일분자들이 갈망하는 발언이다. 이런 허무맹랑한 소리가 염치없이 횡행하고, 또 그것이 정교한 형태로 되풀이되고 있는 문단 속에 근원적으로 만해가 끼지 않았다는 사실이 만해를 과소평가하는 연유가 되었다면, 그것은 도리어 민족시인으로서의 만해의 영광이 되지 않으면 아니 된다.

만해는 『창조』의 동인들보다도 앞선다
염무웅은 또 말한다:

실제 작품 발표에 있어서도 만해는 『창조(創造)』(一九一九)의 동인들보다 앞서고 있다. 그는 자신이 발행하던 잡지 『유심(惟心)』(一九一八, 九, 통권 三호 발간)에 「님의 침묵」의 것들과 유사한 두세 편의 작품들을 발표했던 것이다. 그러나 물론 만해가 한국 최초의 근대시인이라는 사실은 이런 단순한 연대적 선후 관계에 이유가 있는 것이 아니라, 나라의 주권을 빼앗기고 남의 나라 식민지로 떨어진 민족적 현실을 진실로 뼈아프게 체험하고 그 아픔을 처음으로 근대적인 시형태 속에 구체화했다는 데 이유가 있다.

우리가 만해에게서 얻을 수 있는 교훈은 허다하게 많지만, 그중에는 그가 이처럼 소위 문단적 시인이 아니었다는 사실도 포함되어야 할 것이다. 오늘날 우리 문단과 문학에서 찾아볼 수 있는 여러 병리적(病理的) 현상들은 이미 신문학 초창기에 형성되었다는 것이 필자의 생각인데, 그것은 본질적으로 문단형성 과정의 식민지적인 성격에서 유래하는 것이다. 잘 알려진 것처럼 한국의 문단은 육당과 춘원의 이른바 2인 시대를 거쳐 『창조』『폐허(廢墟)』『백조(白潮)』 등의 동인지가 나오고 상징주의·낭만주의·자연주의 등속의 서구적 문예사조가 들어옴으로써 이루어졌다. 초기에는 그래도 조선인에게는 정신적 생활이 없었다고 생각하는 따위의 반민족적 독선이 섞여 있었음에도 불구하고 그나름의 일정한 문화 계몽적 요소를 지니고 있었으나, 1920년대 이후의 소위 문화정치를 거치는 동안 그것마저 희미해지고 말았다.

여기 "실제 작품 발표에 있어서도 만해는 『창조』의 동인들보다 앞서고 있다"는 발언은 매우 중요한 발언이다. 그러나 만해가 "최초의 근대시인"이라는 사실은 그러한 연대기적 사실에 근거하고 있는 것이 아니라, 주권을 빼앗긴 민족적 현실을 뼈아프게 체험하고 그 아픔을 처음으로 근대적인 시형태 속에 구체화했다는 데 만해의 불멸의 가치가 존(存)하는 것이다. 만해의 시집이 나왔을 때 주요한이

『님의 침묵』 일권 전체를 "사랑의 노래"라고 규정한 것은 곧바로 "님"의 일차적 성격이 조국이요, 조국의 주권의 상실이라는 이 엄연한 사실을 망각하려는 것이요, 자신들의 시적 활동의 의식의 장 속에 그러한 개인적 사랑의 감정 이외의 심오한 보편감정의 진실을 개입시키는 것을 두려워하고 있기 때문인 것이다. 그리고는 종교니 기도니 하는 따위의 언어로 회피하고 있는 것이다.

## 만해는 전투적인 평화의 시인

염무웅은 다음의 말로써 논의의 종결을 짓고 있다. 만해를 가리켜 "전투적인 평화의 시인"이라고 말한 것은 매우 의미심장하다 (이상의 염무웅 논의는 『한용운전집』4-399~404에 실려있다).

> 이러한 문학적 표현과 종교적 신앙 가운데에서 만해는 제국주의와 식민주의 및 그 수단으로서의 군국주의가 하나의 역사적 유물임을 통찰하고 누구보다 열렬하고 전투적인 평화의 시인이 되었다. 그렇게 함으로써 그는 암담한 식민지적 현실에 있어서 그 현실이 허용하는 한계를 뛰어넘어, 그 현실의 질곡을 갈파하고 앞으로 도래할 참된 현실의 질서를 노래하는 최초의 시인이 되었으며, 또한 다른 무엇으로도 환원될 수 없고 다른 무엇에 의해서도 대치되거나 분해될 수 없는 절대적 유일자(唯一者), 저 이름없는 일체중생(一切衆生)·일체제법(一切諸法)으로부터 생명을 넣어 호출해낸 진여(眞如)·진제(眞諦)로서의 님, 우리 문학사상 가장 빛나는 예술적 형상(形象)의 창조자가 되었다.

## 제14장

# 타고르라는 이국색異國色의 정체

이제 만해의 시경詩境으로 잠입하기 전에 만해와 타고르의 관계에 대하여 명료한 인식을 가질 필요가 있다.

## 타고르의 노벨상 수상의 의의

타고르에 대한 우리의 인식체계는 그가 1913년 11월 노벨문학상을 받았다는 사실과 분리하여 생각할 수 없다. 노벨문학상 수상 이전에는 우리에게 타고르는 존재하지 않았다. 마하트마 간디가 순수하게 그의 기나긴 정치적 투쟁을 통하여 우리에게 알려진 것과는 매우 대조적이다(간디도 노벨평화상 수상후보에 4번이나 올랐으나 수상하지 못하였다). 타고르 본인도 노벨상 수상을 "커다란 시련"이라고 말했다. 그 상이 야기시킨 세간의 흥분은 경악할 만한 것이며, "사람들은 나에게 갈채를 보내는 것이 아니고 나에게 붙은 명예에 경의를 표하고 있다"라고 말했다. 그러나 타고르는 노벨상이 그의 삶에 가져다준

명예를 깊게 즐기고 활용했다. 그때는 이미 그의 나이 52세였다. 성숙을 지나 황혼으로 접어든 때였고, 주변의 많은 사람과 사별을 체험한 후였다(41살 때 부인 죽고, 44살 때 부친 사망, 25살 때 진정으로 사랑했던 형수 카담바리가 자살. 자살한 형수도 25세였다. 그의 자녀들도 일찍 세상을 떴다).

손병희와 동갑인 타고르가 노벨상을 받은 것은 일본이 우리나라를 집어삼킨 지 3년 후의 사건이다. 이것은 동양인에게 부여된 최초의 노벨상이며, 더구나 문학상이 시詩에게 주어진 초유의 사건이다. 타고르는 1910년 8월(49세)에 157편의 시가 실린 벵골어 시집 『기탄잘리』를 출간했다. 그리고 그 뒤로 그 시들을 직접 영역하기 시작했다. 1912년 5월 27일, 그는 심신의 회복을 위해 뭄바이항을 출발해, 런던으로 향했다. 항해 도중에도 다행히 날씨가 좋아 타고르는 영역을 계속할 수 있었다.

## 타고르의 벵골시 영역, 로텐슈타인과 브래들리, 예이츠

런던에 도착한 후, 타고르는 특별히 아는 사람도 없고 해서 캘커타에서 사귄 영국의 화가 윌리엄 로텐슈타인William Rothenstein(1872~1945. 영국의 화가, 예술평론가. 유명인의 초상화를 200점 이상 그렸다. 왕립예술원Royal College of Art 교장)을 찾아가 『기탄잘리』를 영역한 작은 노트를 건넸다. 로텐슈타인은 그날 밤으로 이 시들을 다 읽고 두 사람에게 이 시들 중 몇 수를 베껴 보냈다. 셰익스피어 전문가이며 옥스포드대학에서 시학을 강의하고 있는 A. C. 브래들리Andrew Cecil Bradley(1851~1935)와, 윌리엄 버틀러 예이츠(1865~1939. 아일랜드의 시인, 작가, 1923년 노벨문학상 수상)에게 보냈다. 브래들리는 즉각 반응을 보내왔다(※ "우리의 동지 가운데 또 한 명의 위대한 시인을 갖게 되었다").
예이츠로부터는 조금 있다가 열렬한 반응이 왔다. 예이츠의 높은
평가에 힘입어 로텐슈타인은 자신의 집에 저명한 작가들을 초청해
타고르를 소개했다.

### 에즈라 파운드의 평론

　　1912년 11월, 시집은 750권 한정판으로 인쇄되었다. 예이츠
가 서문을 쓰고 에즈라 파운드Ezra Weston Loomis Pound(1885~1972. 천재
적인 미국 시인. 초기 모더니스트 시의 주역 중의 한 사람. 파시스트 신념으로 오랫
동안 정신병원에 연금됨. 그의 삶은 영원한 논란거리를 제공한다)가 평을 썼다:

　　"예이츠가 한 위대한 시인의 출현에 대단히 흥분해 있는 것을 본
　　지 한 달이 넘었다. 어디서부터 이야기를 시작했는지 모르지만, 우
　　리는 갑자기 새로운 희망을 발견한 것이다. 마치 르네상스 이전의
　　유럽으로 되돌아온 것처럼 훨씬 건강하고 투명한 감각이 기계소
　　음 속에 묻혀 있는 우리에게 돌아온 것 같았다. ……

　　　　타고르의 거처를 떠난 후 나는 마치 내가 짐승털옷을 두르고
　　돌도끼를 가진 미개인처럼 생각되었다. 간단히 말해 나는 그의 시
　　들 속에서 기본적인 상식을 볼 수 있었다. 우리가 서양식 삶의 혼
　　돈과 도시의 혼란 속에서, 혹은 대량생산되는 문학의 요설과 선동
　　속에서 쉽게 잊어버린 무엇을 보았다."(『기탄잘리』 류시화 옮김. 서울:
　　무소의 뿔, 2023. p.222).

『기탄잘리』시집을 통해 타고르는 서양의 많은 저명인사들과 작가를 만난다. 소설가이자 비평가인 버나드 쇼, 역사가이자 작가인 H. G. 웰즈, 철학자이며 수학자인 버트란드 럿셀, 시인 로버트 브리지스, 시인 존 메이스필드, 소설가 W. H. 허드슨 등을 만났다. 맥밀란출판사에서 영문시집『기탄잘리』가 정식으로 출판되었으며 이례적인 중판이 거듭되었다. 1913년 11월 13일, 노벨문학상 소식이 산티니케탄Santinikctan(그가 그의 신념을 실현하는 학교를 세운 곳)에 도착했다.

타고르의 태생과 성장

타고르는 벵골 지역에서 300여 년 가계를 이어온 대부호의 집안에서 태어났다. 15남매의 제14남으로 형제들이 모두 벵골 지역의 예술, 문화 등을 이끄는 데 정신적 지주 역할을 하였다.

자아~ 이제 더이상 타고르 개인에 관한 이야기는 할 필요를 느끼지 않는다. 우리의 관심은 만해와 타고르와의 관계에 있고, 왜 그렇게 우리민족의 의식 속에 타고르가 부상되었으며, 또한 우리 문학사의 줄기에서의 타고르 논의가 과연 정당한가 하는 것만 언급하면 끝나버리는 문제이기 때문이다. 타고르와 만해를 비교해볼 때, 만해의 지극히 서민스러운 삶의 행로를 생각하면 타고르의 그것은 너무도 고답적이고 너무도 귀족적이다. 10대에 이미 영국유학을 다녀왔고, 2·30대에 벵골어 시집, 희곡, 소설, 음악, 회화, 무용극의 작품활동을 통하여 벵골 르네상스를 이끌었으며, 또 자신의 시집을 직접 영역해서 노벨상을 탈 정도로 영어를 잘했으며(예이츠가『기탄잘리』를 교정했다는 설도 있으나 그것은 낭설이다. 노벨상을 받은 『기탄잘리』는 완벽하게 타고르의 작품이다), 또 휴양차 런던, 미국을 여행할 정도로 여유가 있었다. 한마디로 이 지상에서 누릴 수 있는 최상의 귀족적 분위기에서 살았다.

## 절망과 고뇌: 귀족적 타고르, 그 개인의 좁은 심연

그의 시에 비치는 절망이나 고뇌의 심연이라고 해봤자, 그것은 결국 개인적인 실존의 범위에 머무르는 좁은 심연이었다. 만해의 의식세계와는 때깔이 다르고, 깊이와 폭이 다르다. 만해는 유마힐 거사의 삶을 실천하였다. 개인의 구원은 오로지 사회의 구원을 통하여 달성되며, 개인의 완성은 개인의 성불成佛을 가능케 하는 사회의 구원에 그 근원성을 둔다. 현실의 국토가 불국토이며, 중생이 아프면 나도 아프다고 말한다. 그러나 고귀한 귀족의 불국토는 매우 좁은 것 같다.

## 간디와 타고르

간디는 남아프리카에서 오랜 세월 동안 인도인 노동자들의 권익을 위하여 인권변호사로서 활약하면서 카리스마를 획득한 후, 1915년에 귀국하여 1919년부터는 " 스와라지swaraji"(self-rule: 민족자치운동. 반영反英독립운동Indian Independence from foreign domination)운동을 본격적으로 시작했다. 간디가 인도에 귀국했을 때 타고르는 노벨상을 받은 후였다. 간디로서는 그가 벌이는 독립투쟁에 대하여 타고르의 지지가 절대적으로 필요했다. 간디는 귀국 후부터 산티니케탄을 여러 차례 찾아와 동참과 지지를 요청했다. 타고르는 간디보다 8살 위였다.

그러나 타고르는 시종일관 거리를 두었다. 간디의 아이디어를 너무 급진적이고 과격하다고 생각했고, 영국으로부터의 인도의 독립만이 장땡이 아니라고 생각했다. 독립보다 인도인의 정신적 개화가 급선무라고 생각했다. 간디는 독립이 곧 인도인의 정신적 해방을 기져오는 첩경이라고 생각했다. 독립의 과정에서 인도인들은 근대적 가치를 배우고 구현하게 될 것이라고 믿었다. 타고르는 인도인의 기질에 배어있는 선민주의나 비합리성, 신비주의를 배격하는 것이 급선무라고 보았고, 아직도 서구에서 배울 것이 많다며 교육의 중요성을 역설했다.

## 타고르와 최남선

이것은 우리나라의 구한말부터 일제강점기를 통하여 되풀이 되었던, 애국계몽파와 무장독립투쟁파의 대립과 그 논리적 심층구조가 동일하다. 마하트마 간디를 만해에 비정하면 타고르는 최남선 정도의 인물이 될 것이다. 최남선은 감옥에 가기 싫어 자기가 쓴 독립선언서에 싸인을 하지 않았지만 결국 감옥에 끌려갔다. 강점세력이 그것을 간과할 리 만무하다.

타고르는 간디가 말하는 비폭력적 저항운동(satyagraha)의 비폭력성의 허구를 지적했다. 현실에 속수무책일 때 귀족들은 코스모폴리타니즘의 미사여구에 빠진다. 간디의 비폭력은 인도인의 철학에 배어있는 아힘사(Ahimsa: 자이나교의 교리로부터 불교에까지 그 정신이 흐른다. 채식도 일종의 아힘사이다. 타존재에 폭력을 가하지 않는다. "힘스"는 "때린다"는 뜻이고 "아힘사"는 그 부정형이다) 정신을 뜻하며 그것은 소극적 저항이 아니라 적극적 저항이라고 생각했다.

## 간디와 타고르의 대화

간디가 어느날 산티니케탄의 타고르의 집을 방문했을 때의 일이다. 간디를 따라온 지지자들이 집밖에서 큰소리를 지르며 시위를 벌였다. 타고르의 비협조적 태도를 규탄하고 있었을 것이다. 이에 타고르가 이렇게 말했다:

"베란다 너머로 당신의 추종자들이 벌이는 난동을 보시오. 저것이 무저항주의입니까?"

간디는 이에 강하게 응수했다.

"현재 인도의 상황은 불난집과도 같습니다. 우선 불을 끄고 봐야할 것 아닙니까? 그런데 어째서 당신은 이 급박한 상황에 동참하지 않고 수수방관하려 하십니까?"

타고르는 간디의 사회운동을 빗대어 비판하며 이와같이 말했다.

"실을 잣고 천을 짜는 것이 과연 한 민족의 스승이 전하는 메시지로서 적절한 것일까요? 우리집 창문 밖에 있는 새들은 먹기만 하는 것이 아니라 노래도 합니다."

이에 간디는 유명한 논박을 타고르에게 전했다:

"일이 없어 굶주림에 시달리고 있는 민족에게는, 일과 거기서 받는 임금으로 먹을 것을 보장해줄 때만 하느님은 존재할 수 있습니다. 하느님은 인간이 자신의 먹을 것을 얻기 위해 일하도록 창조되었다고 말씀하셨습니다. 일하지 않고 먹는 자는 도둑이라고 말씀하셨습니다. 인도 국민의 80%는 한 해의 절반 동안은 도둑이 될 수밖에 없습니다. 인도가 물레를 돌릴 수밖에 없는 것은 다름 아닌 굶주림 때문입니다.

아침 일찍 하늘로 솟아오르면서 찬미의 송가를 부르는 새에 관한 당신(=타고르)의 아름다운 시는 우리의 경탄을 자아냅니다. 그러나 그 새들은 그날 먹을 것이 있습니다. 지난밤 동안 새로운 피로 채워진 날개가 있기에 날아오를 수 있습니다. 인도의 하늘 밑에 있는 인간 새들은 잠자리에 들었을 때보다 더 약하여진 몸으로 일어납니다. 수백만의 사람들에게 밤은 휴식이 아니라 영원한 불면이거나 실신입니다. 나는 아름다운 노래로써는 고통 속에 있는 아픈 이들을 달랠 수 없다는 것을 깨달았습니다.

굶주린 수백만의 사람들에게 필요한 시는 단 한 편뿐입니다.

그것은 기운을 차리게 해주는 음식입니다. 그들은 스스로 일을 해서 먹을 것을 벌어야 합니다. 나는 당신에게 성사聖事로서 물레를 돌릴 것을 진심으로 부탁드립니다. 인도의 실을 잣고 계셔야 합니다. 외국산 옷일랑 불태워버리십시오. 그것이 오늘의 의무입니다. 내일은 신만이 아실 것입니다."(※ 이상의 대화는 네이버 지식백과 "라빈드라나트 타고르"의 자료[간디와 타고르]와 제프리 애쉬 지음 『간디평전』 제11장 3절에 있는 내용을 합성하여 구성한 것이다. 이러한 얘기는 간디와 타고르의 입장을 논하는 데 잘 인용되는 것이며 다양한 버전이 있으나 그 핵심은 여기 잘 보존되어 있다).

## 간디의 사회정의와 타고르의 시적 아름다움

두 사람의 입장 차이는 이 대화에서 드러나고 있는 이상과 현실의 엇갈림으로 극적으로 나타나고 있다. 간디는 정치에서 정의를 추구했으며, 타고르는 문학에서 미를 추구했다. 간디는 이상보다 실천을 앞세웠고, 타고르는 실천보다 이상을 앞세웠다. 그러나 실천 없는 이상은 만해의 말대로 아침의 바탕 없는 황금이요, 밤의 올 없는 검은 비단이다. 타고르와 간디의 엇갈림은 타고르와 만해의 만남 속에서도 동일한 엇갈림으로 나타난다.

타고르가 만해에게 영향을 주었다구? 영향은 무슨 영향? 만해의 시를 똑똑히 읽고서나 말해라! 만해의 경지는 문학사의 권외에 있다. 그러나 타고르의 시詩는 문학사의 초보적 행보에도 미치지 못한다. 우리나라 성서공회가 신·구약을 완역하여 『성경젼셔』를 낸 것이 1911년이라는 사실도 기억해 주기 바란다. 「시편」이니, 「잠언」이니 하는 성경의 언어가 조선인의 상식이 되어가고 있는 터에 타고르의 시가 뭐가 그리 대단하단 말인가? 과연 타고르의 시가 만해의 시적 활동의 형식과 내용을 규정할 수 있는 자격이나 권위를 지니고 있단 말인가?

## 미당 서정주의 만해평

언젠가 미당 서정주徐廷柱(1915~2000)가 만해를 평하여 다음과 같이 이야기한 적이 있다:

> "시詩를 전문으로 하는 시장詩匠은 아니었으되 …… 든든한 불교적 세계관과 깊은 관조觀照에서 사랑의 복음을 전파한 점 ─ 인도印度의 시인 타고르에 비比할 만한 종교시인의 면모가 있다."

이 미당의 발언은 한국문단에서 만해에 대해 가지고 있는 편견의 대강을 요약하고 있다고도 말할 수 있다. 미당의 언급내용을 요약하면 다음과 같다.

1) 자기처럼 문단에 족보가 있는 사람이 아니므로 진짜 프로 시인이 아니다. 미당 자신은 프로인데 만해는 아마츄어라는 뜻이다.
2) 그런데 그 아마츄어가 가지고 있는 불교의 지식이나 관조는 범인들이 따라가기 어려운 경지가 있다.
3) 만해의 깊은 관조의 핵심은 사랑의 복음을 전파하고 있다는 것이다. 즉 "님의 침묵"이라는 시집의 전체적 내용을 "사랑의 복음"으로 파악했다.

4) 만해는 인도시인 타고르 "꽈"이다.

5) 만해나 타고르나 종교시인이다.

## 미당의 카미카제 찬양

미당은 일제강점시기에도 카미카제특공대를 예찬하며 조선 청년들의 전쟁참여를 독려하는 시를 썼고, 또 이승만 때는 이승만의 전기를 썼고, 전두환 때는 전두환 찬양시를 쓴 사람이니 힘 있는 자에 대한 아부가 성품화되어 특별히 만해를 폄하하기 위하여 한 말은 아닐 것이다. 그러나 만해의 시가 족보가 없다고 말한 점은 그의 시관 詩觀에 뿌리 깊은 편협한 시장詩匠의 편견을 드러낸 것이다. 즉 시인으로서의 비전문성을 운운하며 만해를 낮잡아본 것임에는 분명하다. 그리고 만해의 시를 "사랑의 복음"이라 말한 것도 그의 시해석의 천박성을 드러내는 것이다. 그런데 이러한 낮잡아봄과 천박한 이해를 보강하는 표현이 "타고르에 비할 만하다"는 언급이다. 타고르만 언급하면 만해의 위치가 격상된다고 보는 것이다.


## 언론계의 타고르 특종

도대체 언제 어떻게 타고르는 조선사람들의 심상 속에 그토록 지고한 위치를 점하게 된 것일까? 이러한 문제를 세밀히 따져보기 전에 한국사람들의 심성 속에는 조선왕조의 멸망과 더불어 일본의 강점사태에 대한 깊은 절망감이 깔려있었고, 동방인으로서 최초의 노벨상을 받았다는 사실, 그리고 인도의 정치현실의 동질감, 또 성스럽게 생긴 외모, 등등의 이미지가 타고르에 대한 막연한 동경의

념을 불러일으키기에 충분했다고 말할 수 있다. 더구나 그 당시는 국민들의 의식을 일깨우는 역할을 한 것은 신문, 잡지같은 매체였고, 그러한 매체들은 타고르라는 특종에 대해서는 매우 열광적이었다. 매체의 특종기사들은 일본 매체들의 특종의식에서 전염된 것이기도 했다.

　　타고르는 일본에서 특별히 인기가 높았다. 1916년 7월, 초청에 응하여 강연을 위해 내일來日하였다. 그 당시 일본에서 유학하던 조선인 학생 진학문秦學文(＝순성瞬星)은 요코하마의 일본식 별장에 머물고 있던 타고르를 찾아갔다. 진학문을 보낸 사람은 잡지『청춘』을 발행하고 있던 육당 최남선이었다. 진학문은 타고르에게 조선청년들을 위하여 무엇이든지 좋으니 좀 써달라고 요청했다. 타고르는 짧은 것이라면 써보도록 하겠다고 말했다. 그러나 타고르는 이 약속을 지키지 않고 배를 타고 미국으로 떠났다.

### 『청춘』 편집자들의 땜빵 특종

　　황당해진『청춘』편집자들은 1년이 지난 후에 1917년 11월호 『청춘』에 진학문이 타고르를 만나 얘기한 내용을 "시성 타고르 선생 송영기"라는 제목의 수필로 써서 싣고, "쫓긴 이의 노래The Song of the Defeated"( ※ 원래는 "패자의 노래," 일본총독부의 검열 때문에 "쫓긴 이"로 고쳤다)라는 시를 "타고르가 특별한 뜻으로써 우리『청춘』을 위하여 지어 보내신 것"이라고 하여 같이 실었다. 그런데 이것은 쌩거짓말이다. 이 시는 1916년 1월 1일, 뉴욕에서 출판된 시집,『과일따기 Fruit Gathering』속에 수록된 85번째 시이다. 그 두 개만 싣기가 심심

하니까 『청춘』(1917. 11월호)에는 『기탄잘리』, 『정원사』, 『신월』에서 한 편씩 뽑은 3편의 시를 덧붙였다. 결국 타고르와 한국의 첫 만남은 타고르의 불성실한 약속불이행으로 마무리되었다. 『청춘』지 기사는 실체가 없는 적당히 땜빵된 기사일 뿐이다.

### "동방의 등불" 사건

두 번째 만남의 사건은 그 유명한 "동방의 등불" 시 사건이다. 이 시는 원래 영어로 쓰여진 것인데, 그 시의 주요한朱耀翰 한글번역본이 1929년 4월 2일, 『동아일보』 2면에 실렸다. 동아일보는 타고르가 3월에 일본에 온다는 소식을 접하고 그를 조선으로 초청할 계획을 세웠다. 당시 토오쿄오지국장이었던 이태로李泰魯에게 전보를 쳤다. 타고르가 캐나다를 순방하고 귀향길에 일본에 들른 것이 아니라, 거꾸로 캐나다 빅토리아(Victoria)로 강연여행을 하기 위하여 일본을 들른 것이었다. 이태로는 광고업무를 주로 했던 사람이라 취재 경험이 없었다. 동분서주한 끝에 인도인 독립운동가로 일본에 망명 중인 찬드라보스라는 사람을 만나 그 뜻을 전할 수 있었다.

찬드라보스의 일본인 장인 소오마相馬의 집의 응접실에서 드디어 시인 타고르를 만나는 데 성공한다. 그런데 타고르는 3월 27일에 요코하마에 도착해서 28일에 떠나는 긴박한 스케줄이었으며, 한국초청에 응하는 것은 불가不可하다 했고, 대신 요코하마항을 떠나면서 짧은 시詩를 하나 써서 미국인 비서를 통해 전하겠다고 했다. 이태로가 그 시를 받은 것은 3월 28일이었고, 당시 동아일보 편집국장이었던 주요한의 번역만 『동아일보』에 실린 것이 4월 2일 제2면이었고, 타고르의 친필 원문사진과 그 내용을 타이핑한 것이 4월 3일자 2면이었다.

> In the golden age of Asia
>
> Korea was one of its lamp-bearers,
>
> and that lamp is waiting
>
> to be lighted once again
>
> for the illumination
>
> in the East.
>
> Rabindranath Tagore
>
> 28th, March, 1929

4월 2일 자로 실린 주요한의 한글번역은 이렇다.

> 일즉이 亞細亞의 黃金時期에
>
> 빗나든 燈燭의 하나인 朝鮮
>
> 그 燈불 한번다시 켜지는 날에
>
> 너는 東方의 밝은 비치되리라

우리민족은 지난 1세기 동안 이 시를 마치 천상에서 울려 퍼지는 하느님의 말씀처럼, 선지자의 예언처럼 받들어 모셔왔다. 노벨상 수상자라는 어드벤티지 때문에 그러한 판타지가 생길 수밖에 없었고, 또 당시의 암울한 식민지 정황 속에서는 민족의 구원을 기댈 수 있는 등불이 너무도 없었기에, 이 타고르의 시는 민중의 어두운 마음을 밝히는 구원의 빛이 될 수밖에 없었다.

## 많은 등불 중의 하나?

그러나 나는 어려서부터 이 타고르의 시에 대하여 끊임없는 의문을 품었다. 타고르가 누구인가? 그가 어떤 인연으로 이렇게 한 민족 전체에게 구원의 메시지를 발하고 있는가? 나는 도무지 이 시를 읽고 또 읽어도 감동을 얻을 수 없었다. 그럼에도 이 시의 권위는 절대적인 것이었다. 우선 코리아가 "아시아의 황금시기"라는 과거에 설정되어 있다. 코리아가 그 황금시기를 만든 주역이라는 메시지도 전혀 설정되어 있지 않다. 그리고 그 황금시기의 무대에 코리아의 역할은 "lamp-bearers," 즉 등불을 든 사람에 불과하다. 지극히 소극적인 설정이다. 게다가 "one of"라는 표현이 영어의 관용구적 습관으로 해석되면 좋은데, 구체적으로 많은 나라가 등불을 들고 있었는데 "그 중의 하나"라는 식으로 해석된다면 이 시는 김이 팍 새버린다.

## 주체적 행위가 결여된 맥아리 없는 시

타고르가 "one of"로 썼다 하더라도 번역자가 생명력이 있는 지성이었다고 한다면 "the only"의 뜻으로 해석해도 전혀 원의를 다치지 않는다. "아시아의 황금기를 빛내었던 횃불, 너 코리아여! 다시 한번 촉을 밝혀 동방을 빛내리라!" 이런 식으로 번역하면 "one of"라는 갯수적인 의미는 사라지고 만다. 그리고 또 "다시 한 번 켜지기를 기다리고 있다"라는 식으로 해석하는 것은 너무 소극적이다. 너무도 주체적인 액션이 결여되어 있다. 등불은 코리아의 주역인 코리아의 민중 그들 스스로 밝히는 것이지, 밝혀지는 것이 아니다. 더구나 밝혀지기를 기다리고(is waiting) 있는 것은 더더욱 아니다.

### 무지에서 나온 안전빵

타고르는 한국에 대한 시식이 전무했다. 뱅골의 구석에서 자라난 그가 한국의 역사와 문화와 언어와 정감을 알 리가 만무하다. 그러한 타고르에게 민족의 구원을 기대는 예언자적 시를 기다리는 것 자체가 잘못된 것이다. 타고르는 근원적으로 픽션이다. 그가 쓴 등불시는 타고르와 간디의 사상적 대결을 연상시킨다. 타고르는 모르는 상대로부터 시를 부탁받았기 때문에 최대한 소극적으로, 최대한 부딪힘 없이, 최대한 안전빵의 시를 쓴 것이다. 그러한 허구가 조선역사 정취의 1세기를 장악하였다면 우리의 한 세기 그 자체가 허구가 아니겠는가? 내 말이 너무도 혹독한가?

### 『기탄잘리』제1장

타고르를 이해하려면 그의 대표작인 『기탄잘리』이므로, 그 첫머리를 한번 읽어보는 것도 의미있는 일이다. 제1장의 언어가 그의 사상을 총체적으로 드러내고 있다고 보통 이야기되고 있기 때문이다.

THOU hast made me endless, such is thy pleasure. This frail vessel thou emptiest again and again, and fillest it ever with fresh life.

This little flute of a reed thou hast carried over hills and dales, and hast breathed through it melodies eternally new.

At the immortal touch of thy hands my little heart loses its limits in joy and gives birth to utterance ineffable.

Thy infinite gifts come to me only on these very small hands of mine. Ages pass, and still thou pourest, and still there is room to fill.


이 시는 1922년 10월, 김소월의 스승 김억金億에 의하여(평양 이문관以文館 간행刊行) 번역된 바 있다. 김억은 "기탄잘리"를 "드리는 노래"라고 역하였다. 제1장의 번역은 다음과 같다:

주께서 저를 무한無限케 하셨습니다. 이리하심이야말로 주主의 즐거움입니다. 주께서는 이 연약한 그 그릇을 다시금 보이게 하시고는 항상 신선한 생명을 다시금 가득케 하여주십니다.

이 조고마한 갈대피리를 주께서 산을 넘고, 들을 건너, 가져오시어서는 그것으로 항상 새로운 곡조를 불러주십니다.

주主의 불사의 손이 제 몸을 만지시면 저의 작은 가슴은 너무도 기뻐, 한도를 잃고 무엇이라 말할 수 없는 소리를 냅니다.

주主의 한량없는 선물은 저의 작은 손 위에 내립니다. 세월이 지나갈수록 주께서는 오히려 부어주시나 아직도 채울 자리가 여전히 남아 있습니다.

## 김억의 훌륭한 우리말 번역

매우 훌륭한 번역이다. 예를 들면, 제일 첫 줄인 "Thou hast made me endless,"를 김억은 "주께서 저를 무한케 하였습니다"라고 했는데, 1세기가 지난 오늘, 한국의 영성문학을 대변하고 있다 할 류시화는 "당신은 나를 끝없는 존재로 만들었습니다"라고 번역하였다. "endless"의 의미를 "무한케 하다"라고 소화해서 내어놓은 김억의 번역이 그 내면의 깊이를 더 잘 드러낼 뿐 아니라, 의미전달이 명확하다는 것은 더 말할 나위가 없다.

"무한無限"의 "한限"은 한계를 의미하므로 정확하게 "endless"의 뜻에 부합된다. 이러한 문제에 관해서는 최라영이라는 학인의 좋은 논문이 있다. 구체적이고 명료하다: 최라영, "김억의 창작적 역시譯詩의 사적史的 의미 — 타고르, 마스노 사부로오增野三良, 한용운 시와의 관련을 중심으로," 『우리말글』64, pp.295~317. 최라영은 김억의 번역과 당시의 일본인 타고르시 역자인 마스노 사부로오의 번역을 비교하여, 김억이 전혀 마스노의 번역에 의존치 않고 독자적으로 우리말 구어체의 내면적 리듬에 따라 원어에 의거하여 창작한 것이라는 사실을 세부적으로 증명해 내었다. 오히려 해방 후에 각 방면의 우리말 역서들이 원어를 무시하고 일역을 베껴댄 관행과는 대조되는 성실한 행위임을 입증하고 있다. 1920년대의 스칼라십이 오히려 그 후대

보다 더 정직하고 성실하고 더 원어의 맥락에 충실했다는 것을 알수가 있다.

이 최라영의 논문에서 특기할 사항은 "아~"로 시작하는 감탄사구문과 "~습니다"로 끝나는 "습니다체"가 타고르를 번역하는 산문시의 시형으로서 김억이 고안했다는 것, 그리고 그 시형, 시체를 만해가 자신의 스타일로 수용했다는 것을 지적하고 있다는 것이다. "아아~ 사랑하는 나의 님은 갔습니다"와 같은 문장의 스타일에 김억의 번역투의 그림자가 있다는 사실은 우리가 충분히 수긍할 수 있는 것이다. 그러나 그러한 논의는 바로 이 시점에서 멈추어야 한다.

만해의 시형詩形은 한국어의 진화일반의 현상,

타고르 시의 번역어의 추종이 아니다

다시 말해서 그러한 논의는 현대한국어의 진화일반에 관한 것이며, 시형, 시체라는 형식의 전승에 관한 것이지, 그러한 외형적 사실을 들어 만해가 타고르의 시의 영향을 받아 시를 썼다고 말하는 것은 터무니없는 망상이요 망언이다. 만해가 타고르의 시를 번역한 김억의 우리말 표현의 양식에서 어휘, 관계사, 경어체의 종지법, 종결어미를 취했다 해서 그것이 곧 만해의 시가 타고르의 시의 영향권에 있다고 말하는 것은 어학과 문학을 혼동하는 근본적 오류에 속하는 것이다.

타고르의 "더우Thou"(당신)와 만해의 "님"은 전혀 차원을 달리하는 개념이다. 김억이 Thou를 "주"(=주님)로 번역한 것은 그 종교적 아취를 살리기 위한 것이며 결코 잘못된 번역은 아니다. 에즈라 파운드가 『기탄잘리』를 읽고 "갑자기 르네상스 이전의 유럽으로 돌아간 것 같다"고 했는데 그것은 매우 성실한 중세기적, 종교적 고요한 분위기로 회귀한 것 같다는 느낌을 고백하고 있는 것이다. 기계소음 속에 갇혀 있는 현대인에게 건강하고 투명한 감각을 제공한다는 의미다. 에즈라 파운드는 말한다: "타고르의 거처를 떠난 후 나는 마치 내가 짐승털옷을 두르고 돌도끼를 가진 미개인처럼 생각되었다. 서양식 삶의 혼돈과 도시의 혼란 속에서, 대량생산되는 문학의 요설과 선동 속에서 쉽게 잊어버린 그 무엇을 보았다." 한마디로 인간의 고상한 원초성을 되찾은 느낌이라고 말했던 것이다.

## 벵골 르네상스와 브라모신앙

타고르를 이해하기 위해서는 타고르의 집안이 중추노릇을 하였던 벵골 르네상스Bengal Renaissance를 이해해야 하고, 또 벵골 르네상스를 주도해나갔던 종교적 신념인 브라모신앙Brahmoism을 이해해야 한다. 벵골 르네상스란 18세기 후반에서 20세기 초까지 영국직영식민지였던 벵골 지역의 문화적, 사회적, 학문적, 예술적 개혁운동을 말하는데 그 기본방향은 지금 우리가 생각하는 근대성, 리버럴리즘의 가치를 구현하는 것과 다르지 않다. 그 기치를 제일 먼저 내건 지도자는 람 모한 로이Ram Mohan Roy(1772~1833)였다.

## 람 모한 로이의 사상

로이는 사즈saj라고 하는, 과부가 된 여인이 남편의 화장나무 더미에서 같이 불순장하는 제도를 혁파하고, 조혼, 과부재혼금지,

결혼지참금, 카스트제도, 언터처블 등을 타파하고, 서구화된 교육을 지원하며, 정치·법률·문화·예술 등 전반에 걸쳐 개혁을 도모하는 운동을 추진했다. 로이는 브라모 사마즈Brahmo samaj(브라흐마협회)라고 하는 공동체운동을 추진했는데, 그 핵심적 신앙을 브라모이즘Brahmoism이라고 부른다. 타고르 역시 브라모이즘의 리더 중 한 사람이었다. 브라모이즘은 철저한 유일신신앙Monotheism을 신학으로 내건다.

유대교-기독교 전통의 유일신 신앙이 배타적이고 종족주의적 바탕을 가지고 있는 데 반하여 브라모이즘의 포괄적 신관은 순결한 유일성을 강조한다. 순결한 유일성은 결국 범신론적 성격을 띨 수밖에 없고, 초월과 내재 양면을 다 포섭할 수밖에 없다. 인도에서 태어난 철학은 결국 우파니샤드경전이 지향하는 범아일여梵我一如적 사유의 범주에 도달하지 않을 수 없다.

## 인도의 유일신론

인도를 실제로 가서 그 삶의 한복판에서 느끼는 생각은 인류문명의 모든 가능성이 함장된 특별한 문명이라는 생각이 든다. 배타가 없으며, 알고 보면 그게 다 그것이라는 식으로 소화되어 버리고 마는 것이다. 브라흐만이 절대적 유일자라 해도, 결국 그것은 수 없는 많은 신들을 전제로 해서 신들의 신(God of Gods)으로 태어난 유일자이다. 인도의 유일신론monotheism은 지극히 잡다한 다신론polytheism을 전제로 한 것이다. 인도인들에게는 모든 우주의 힘이 즉물적即物的으로 신격화되는 것이다. 신이란 물론 아무리 로컬한 것이라도 초월적 성격이 없을 수 없으며, 인격적인 친근감이 없을 수 없다. 그리고 인간을 초월하는 힘이 있고, 운명을 관장한다. 따라서 신은 신앙의 대상이 된다. 신은 인간에게서 타자화되지 않을 수 없다.

　타고르가 쓴 『정원사The Gardener』라는 시집이 있는데, 이것은 노벨상을 받게 도와준 예이츠에게 감사의 표시로 헌정된 시집이며, 1913년에 출간되었다. 그 첫 장을 소개하면 다음과 같다. 내가 『정원사』를 여기 소개하는 이유는 바로 이 타고르의 시집을 안서安曙(김억)가 『원정園丁』이라는 제목으로 1923년 여름(癸亥仲伏)에 번역해서 펴낸 것을 만해가 읽었기 때문이다.

*SERVANT*

Have mercy upon your servant, my queen!

*QUEEN*

The assembly is over and my servants are all gone.
Why do you come at this late hour?

*SERVANT*

When you have finished with others, that is my time.
I come to ask what remains for your last servant to do.

*QUEEN*

What can you expect when it is too late?

### SERVANT

Make me the gardener of your flower garden.

### QUEEN

What folly is this?

### SERVANT

I will give up my other work. I will throw my swords and lances down in the dust. Do not send me to distant courts; do not bid me undertake new conquests. But make me the gardener of your flower garden.

### QUEEN

What will your duties be?

### SERVANT

The service of your idle days.

I will keep fresh the grassy path where you walk in the morning, where your feet will be greeted with praise at every step by the flowers eager for death.

I will swing you in a swing among the branches of the saptaparna, where the early evening moon will struggle to kiss your skirt through the leaves.

I will replenish with scented oil the lamp that burns by

your bedside, and decorate your footstool with sandal and saffron paste in wondrous designs.


*QUEEN*

What will you have for your reward?

*SERVANT*

To be allowed to hold your little fists like tender lotus-buds and slip flower chains over your wrists; to tinge the soles of your feet with the red juice of ashoka petals and kiss away the speck of dust that may chance to linger there.


*QUEEN*

Your prayers are granted, my servant, you will be the gardener of my flower garden.


## 안서의 『원정』 역본

타고르가 "The Gardener"라 한 이 책의 제목을 김억이 굳이 "La Ĝardenisto"라고 한 것은 잘 이해되지 않는다. 만해도 "타골의 시 「GARDENISTO」를 읽고"라고 시제목을 달았는데, 김억의 번역이 영어본이 아니라 에스페란토어본을 저본으로 한 것인지, 혹은 제목만 멋드러지게 하기 위하여 에스페란토어를 쓴 것인지, 아니면 영어를 저본으로 하되 에스페란토를 참고한 것인지 알 수가 없다.

하여튼 만해가 읽은 것은 안서의 역본이므로 그것을 여기 소개하면 다음과 같다.

## 원정園丁(동산지기)

**시신侍臣**

아모쪼록 자비慈悲를 내려주옵소서 여왕전하女王殿下.

**여왕女王**

회의會議가 다 끝나고 나의 신하臣下들은 다 돌아갔다. 어찌하야 경卿은 그리 늦게 왔는가?

**시신侍臣**

다른 신하臣下들의 일이 다 끝나는 때가 하신下臣이 돌아올 때입니다. 하신下臣은 마즈막으로 온 하신下臣의 직무職務로 무엇이 남아있는지, 여쭈어보랴고 왔습니다.

**여왕女王**

벌써 때가 늦었는데 경卿은 무엇을 하랴고 하는가?

**시신侍臣**

아모쪼록 하신下臣을 전하殿下의 화원花園지기를 삼아 줍소서.

**여왕女王**

그것은 참 어리석은 말이다.

**시신侍臣**

저 하신下臣은 다른 직무職務를 다 그만두겠습니다. 하신下臣은 검劍과 창槍을 티끌 속에 던졌습니다. 아모쪼록 하신下臣을 먼 궁정宮廷으로 보내주시도 맙시고 새롭은 승리勝利를 얻도록 명령命

슈도 말아 주시옵소서. 그러하오나 하신下臣을 전하殿下의 화원花
園지기를 삼아 주시옵소서.

**여왕女王**

경卿은 화원花園지기가 되야 무엇을 하랴는가?

**시신侍臣**

전하殿下의 심심 파적破寂의 봉사奉仕가 되겠습니다. 하신下臣은
전하殿下가 아츰에 산보散步하시는 풀만 많은 길을 항상恒常 새롭
게 하여두겠습니다. 그곳에는 전하殿下의 옥족玉足이 옮겨지는 걸
음마다 죽음을 그립어하는 풀들이 찬미讚美의 노래로 옥족玉足을
맡겠습니다.

하신下臣은 사프타파르나(※ saptaparna. 김억역본에는 sataparna로
되어있어, 앞의 p가 빠졌다. 영어원본에 따라 고침)의 가지 사이에 맨 그네
로 전하殿下를 흔들어 드리겠습니다. 그곳에는 이르게 오르는 저
녁달이 녹엽綠葉을 거쳐 전하殿下의 치마에 키스하랴고 애달파합
니다. 하신下臣은 전하殿下의 잠자리가에서 타는 등잔燈盞에 향유
香油를 가득히 채우겠습니다. 그리고 전하殿下의 발등상床에 단향
檀香과 사프란(saffron)으로 기이한 의장意匠을 붙여 곱게 장식裝
飾하여 드리겠습니다.

**여왕女王**

상급賞給으로 무엇을 바래는가?

**시신侍臣**

허許하실 것 같사오면, 보드랍은 연蓮꽃봉오리 같은 전하殿下의
곱으신 주먹을 잡게 하와 꽃사슬을 손목에 끼우게 하여줍소서. 그

러하옵고 아소카(ashoka) 꽃봉오리의 새빨간 즙汁으로 전하殿下의 발바닥을 문지르게 하여줍소서. 그러옵고 어찌되야, 몬지 덩이가 그 우에 떨려지오면 그것을 키스로 씻쳐 드리고 하여 줍소서.

**여왕女王**

경卿의 원願대로 하여주네. 그러면 경卿에게 화원花園지기를 명命하네.


## 섬세한 타고르의 언어, 치졸한 유일신관

타고르의 언어는 섬세하다. 그러나 "Thou," "Queen"이라는 주어가 분명히 나에게 대상화된 주체로서 나 밖에 치립峙立하고 있다. 그것이 절대자이든 보편자이든 유일자이든지 나를 초월하는 그 무엇으로 존재화存在化되어 있다. 이 작품에서는 여왕과 정원사의 관계로 설정된다. 정원사의 자세는 아름답지만 근원적으로 비굴하다. 에즈라 파운드도 『기탄잘리』에서 보여준 당당함이 『정원사』에서는 사라졌다고 혹평했다. 만해는 이러한 비굴함을 참을 수 없다. 인도인에게서 불교가 나왔고, 대승불학의 논사들조차도 인도인이었지만, 불학의 본질은 인도문화에 흡수되질 않았다. 불학의 본질은 "제법무아諸法無我"에 있다. 어떠한 법이라도 실체화되지 않는다는 데 있다. 무아! 즉 아트만도 존재하지 않는다. 베단타의 철학은 아트만과 브라만을 융합시킴으로써 아我의 보편성, 전체성, 탈언어적 신비성을 확보하려 했지만, 결국 아我 그 근원을 해체시키지 않는 한 브라만은 실체화되고 초월적 존재로서 인간을 굴종적으로 만든다.

인류의 사상사를 유대교-기독교적 배타적 유일신론에서, 인도의 범아일여적 포괄적 유일신론으로 진화하여 중국의 역무체신무방易無體神無方의 변화긍정의 현상론적 자연신관으로 탈바꿈하여 대승의 찬란한 금자탑을 만드는 과정으로 이해한다면, 조선의 선학禪學은 그 모든 것이 무화無化되고, 모든 인위성이 거부되는 "천지코스몰로지"의 유로流露일 뿐이다. 하느님이란 존재가 아니요, 만물을 신묘하게 만드는 자연스러운 작용을 언어화할 때 생겨나는 표현일 뿐이다(神也者, 妙萬物而爲言者也。『주역』「설괘說卦」).

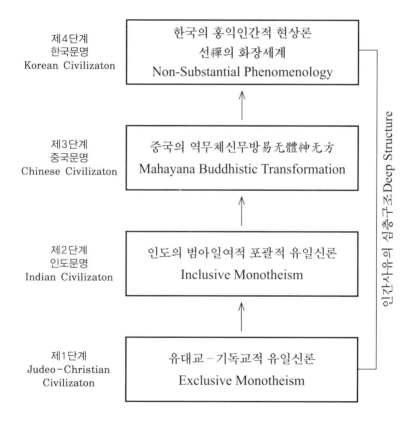

| | |
|---|---|
| 제4단계<br>한국문명<br>Korean Civilizaton | 한국의 홍익인간적 현상론<br>선禪의 화장세계<br>Non-Substantial Phenomenology |
| 제3단계<br>중국문명<br>Chinese Civilizaton | 중국의 역무체신무방易无體神无方<br>Mahayana Buddhistic Transformation |
| 제2단계<br>인도문명<br>Indian Civilizaton | 인도의 범아일여적 포괄적 유일신론<br>Inclusive Monotheism |
| 제1단계<br>Judeo-Christian<br>Civilizaton | 유대교-기독교적 유일신론<br>Exclusive Monotheism |

인간사유의 심층구조 Deep Structure

## 만해, 제4단계의 정점

타고르는 제2단계 머무르는 유치함을 보유하고 있다. 타고르에 있어서 "당신"은 실체화되고 초월화되고 절대적 주체가 된다. 타고르는 변화의 세계를 있는 그대로 긍정할 수 없다. 타고르는 선禪을 이해하지 못한다고 만해는 단정지운다. 제2단계로부터 제4단계로의 문명의 진화라는 것은 인류문명사에서 가장 지난했고 철저히 새로운 체험이었다. 인류의 종교적 사유가 여기서처럼 치열한 트랜스포메이션을 거친 적이 없다(※ 20세기 서방불교학의 거장인 콘체Edward Conze의 생각이 내 생각과 유사하다. cf. *Buddhism: its essence and development*). 만해는 인류문명 제4단계의 정점에 있다.

## 간디의 "영성의 말씀"

타고르의 시는 우리나라의 기독교인들이 교회에서 듣는 성경 구절과 하등의 다른 감응을 일으키지 않는다. 『구약』의 「시편」이나 「잠언서」와 다를 바가 하나도 없다. 마하트마 간디가 전 인류를 향해 외친 "영성의 말씀Spiritual Message"(1931)이라는 유명한 연설이 있다. 한번 귀를 기울여보자!

There is an indefinable mysterious power that pervades everything, I feel it though I do not see it. It is this unseen power which makes itself felt and yet defies all proof, because it is so unlike all that I perceive through my senses. It transcends the senses. But it is possible to reason out the existence of God to a limited extent. Even in ordinary affairs we know that people do not know who rules or why and how He rules and yet they know that there is a power that certainly rules.

우리가 살고 있는 우주에는 모든 것에 침투되어 있는 신비로운 힘이 있습니다. 그 힘은 규정할 수가 없는 그 무엇입니다. 나는 그것을 보지는 못하지만 느낄 수 있습니다. 이 보이지 않는 힘은 그 자신을 사람들이 느낄 수 있도록 만들면서도 모든 증명을 거부합니다. 왜냐하면 그것은 우리의 감각을 통하여 감지되는 모든 존재의 모습과 너무도 다르기 때문입니다. 그것은 우리의 감관을 초월합니다. 그렇지만 우리는 매우 제한된 범위에서나마 하느님의 존재를 이성적으로 그려낼 수 있습니다. 일용지간에 있어서 우리 인간은 사람들이 누가 이 세계를 지배하고 왜 지배하는지, 그리고 어떻게 하느님께서 이 세계를 다스리는 지를 모른다는 것을 잘 알고 있습니다. 그렇지만 그러한 사람들도 이 세계를 다스리는 힘이 있다는 것을 잘 알고 있습니다.

## 간디의 존재론 vs. 만해의 탈존재론적 선禪의 경지

솔직히 말해서, 더 이상 간디의 연설을 번역할 기분이 나지 않는다. 그는 "힘Power"이라는 말도 쓰고, "God"이라는 표현도 쓰고, 또 "to rule"이라는 말도 쓰고 있지만 그것은 모두 실체화되고, 존재화되고, 타자화되고, 또 평상적 감관을 초월하고 있는 것으로 묘사

되고 있다. 만해가 말하는 "선"의 경지는 이와는 매우 다른 것이다. 내 말이 너무 장황스럽게 길어지고 있기 때문에 만해의 시를 인용하여 만해의 생각을 직접 들어보는 것이 현명할 것 같다. 『님의 침묵』 제71번째에 있는 시다. 그 제목은 "타골의 시詩(GARDENISTO)를 읽고"이다. 안서가 번역한 "원정園丁"을 읽고 그 소감을 쓴다는 얘기이지만, 실제로 타고르의 시 전체에 대한 정확한 자신의 소감, 그러니까 평론을 새로운 시로써 표현한 것이다. 당시 모든 사람들이 타고르 이름만 들어도 "시성詩聖"이니 뭐니 하면서 탑돌이를 하듯이 찬미만 하고 있었던 시대에 같은 시인으로서 그의 시에 대한 명쾌한 선고를 내린다는 것은 상상하기조차 힘든 용기라 할 수 있다. 용기라고 말하기보다는, 만해의 그 위인爲人됨의 고일高逸함이라 말해야 할 것이다.

# 만해의 타고르 평가, 만해가 발간한 『유심』

〈 타골의 시詩 「GARDENISTO」를 읽고 〉

벗이여, 나의 벗이여, 애인愛人의 무덤 위의 피어 있는 꽃처럼 나를 울리는 벗이여.

적은 새의 자최도 없는 사막沙漠의 밤에, 문득 만난 님처럼 나를 기쁘게 하는 벗이여.

그대는 옛 무덤을 깨치고 하늘까지 사모치는 백골白骨의 향기 香氣입니다.

그대는 화환花環을 만들랴고 떨어진 꽃을 줏다가, 다른 가지에 걸러서 줏은 꽃을 헤치고 부르는 절망絶望인 희망希望의 노래입니다.

벗이여, 깨어진 사랑에 우는 벗이여.

눈물이 능히 떨어진 꽃을 옛 가지에 도로 피게 할 수는 없읍니다.

눈물을 떨어진 꽃에 뿌리지 말고, 꽃나무 밑의 띠끌에 뿌리서요.

벗이여, 나의 벗이여.

죽음의 향기香氣가 아모리 좋다 하야도, 백골白骨의 입설에 입맞출 수는 없읍니다.

그의 무덤을 황금黃金의 노래로 그물치지 마서요. 무덤 위에 피 묻은 깃대를 세우서요.

그러나 죽은 대지大地가 시인詩人의 노래를 거쳐서 움직이는 것을 봄바람은 말합니다.

벗이여 부끄럽습니다. 나는 그대의 노래를 들을 때에, 어떻게 부끄럽고 떨리는지 모르겠읍니다.

그것은 내가 나의 님을 떠나서, 홀로 그 노래를 듣는 까닭입니다.

## 만해의 경지에 대한 근원적 몰이해

우리의 논의가 여기까지 오게 된 것은 만해에 대한 몰상식한 이해구조, 그 차원의 혼동에서 기인하는 난잡한 언어들에 대한 광정匡正을 요구하지 않을 수 없었기 때문이다. 예를 들면, 이렇게 생각해보자! 여기 똘똘한 초등학교 학생과 우수한 대학원생이 대화를 나눈다고 하자! 그런데 그 양자간에 쓰는 말에 어떤 형식적인 공통성이 있다고 해서 그 대학원생의 작품이 초등학생의 언어의 영향에서 생겨난 것이라고 말할 수 있겠는가? 아는 만큼 본다는 말도 있지만 우리나라 문학계는 너무도 그 담론들의 언어가 제멋대로 나다니는 경향이 있다. 우선 세밀하게 조사해보지도 않은 채, 자기가 말하고 있는 것이 어떠한 맥락의 의미인지도 모르면서 마구 지껄이는 것이다.

지금 우리가 논의하려는 71번째 시(타고르시에 대한 만해의 평시評詩)의 옆에 70번째로 실려있는 만해의 시 한 수가 눈에 들어온다. 만해의 삶의 자세의 절절한 느낌이 잘 표현되어 있어(※ 해설이 필요없으리만큼 평이하다) 여기 인용해보겠다. 아마도 자신과 타고르의 삶의 정감의 본질적인 차이를 드러내기 위한 슬픈 대비를 위하여 편집되었을지도 모르겠다. 제목은 "우는 때"이다. 만해 언제 어떻게 우는가?


〔 우는 때 〕


꽃 핀 아침, 달 밝은 저녁, 비오는 밤, 그때가 가장 님 긔루은 때라고 남들은 말합니다.
나도 같은 고요한 때로는, 그때에 많이 울었읍니다.


그러나 나는 여러 사람이 모혀서 말하고 노는 때에, 더 울게 됩니다.
님 있는 여러 사람들은 나를 위로하야 좋은 말을 합니다마는, 나는 그들의 위로하는 말을 조소로 듣습니다.
그때에는 울음을 삼겨서, 눈물을 속으로 창자를 향하야 흘립니다.

### 만해의 슬픈 삶이 쌓아올린 무애법계의 경지

그대는 과연 만해처럼 울어본 적이 있는가? 아니, 그냥 서럽고 또 서러워서 목이 메지라고 울고 울다 쓰러진 적이 있는가? 창자로 흐르는 눈물 때문에 피똥을 싼 적이 있는가? 만해가 왜 이 말을 할까? 조국을 잃은 이 민족의 한을 생각하는 념의 깊이가 평생 귀족으로서 평온한 삶을 살고, 대학을 만든다고 산티니케탄에 쑤셔박혀 그림이나 그리고 있었던 타고르의 안일함과 비교가 되지 않는다는 것을 말하려 함은 아닐까?

만해의 시가 타고르의 시의 영향권에 있다는 모든 논의는 만해를 이해하는 자세가 근원적으로 잘못된 것이다. 만해는 일방적으로 누구의 흉내를 내서 작품활동을 하거나 할 그러한 위인이 아니다.『님의 침묵』을 썼을 때, 그는 이미 완숙한 자기자신의 경지를 가지고 있었고 회두맥견回頭驀見의 사사무애법계를 달리고 있었다. 이미 유아지경有我之境을 벗어나 무아지경無我之境을 헤매고 있었다. 만해도 무아였고 님도 무아였다.

### 『유심』이라는 잡지의 발간, 만해가 총기획

만해와 타고르의 인연을 1920년대의 타고르시의 번역물 출간 이후의 사건으로 연결고리를 지어 이해하는 것은 오류다. 만해는 일방적으로 외래의 문화체로부터 영향을 흡수할 위인이 아니다. 만해는 오히려 적극적으로 누구보다도 먼저 타고르를 탐색했다. 만해가 1917년 12월 오세암에서 대오를 하고 오도송을 쓴 후 그는 서울로 올라와서 계동 43번지 자그마한 한옥에 자리를 잡는다(1918년 4월).

그 집에 유심사惟心社라는 간판을 걸고 『유심惟心』이라는 잡지를 발간한다. 인쇄는 신문관新文館, 발행소는 유심사, 편집 겸 발행인은 한용운이었다. 국판 60여 페이지의 월간잡지였는데, 1918년 9월 1일에 창간되어, 제2호(1918. 10. 20), 제3호(1918. 12. 1)까지 발간되었다.

제1호에 글을 실은 필자들을 일별하면, 오세인五歲人, 최린崔麟, 최남선崔南善, 유근柳瑾, 이광종李光鍾, 우산寓山 두타頭陀, 이능화李能和, 김남전金南泉, 강도봉康道峰, 서광전徐光前, 김문연金文演, 계동桂東 산인山人, 국여菊如 등의 이름이 나열된다(※ 오세인, 우산 두타, 계동 산인, 국여는 만해의 별명인 것 같다). 사계의 쟁쟁한 인물들이다. 이들이 모두 만해의 리더십에 힘을 보태었던 것이다. 그런데 제1호로부터 제2호에 걸쳐서 타고르의 이론적 수필이 번역되어 실려있다. 이 글은 "생生의 실현實現"이라는 제목에 달려있는데, 타고르는 원래 이 글의 제목을 "사다나Sadhana"라고 했다. 잡지 편집자가 "생의 실현"이라고 번역한 것이다. "사다나"는 불교용어로는 "성립한다," "성립시키다," "완성하다," "실현하다"의 의미이며 『중론中論』, 『구사론倶舎論』에서 많이 쓰였다.

타고르의 "사다나"는 8개의 글로 이루어져 있다.

1) 악의 문제The Problem of Evil

2) 자아의 문제The Problem of Self

3) 행위의 실현Realization in Action

4) 사랑의 실현Realization in Love

5) 미의 실현The Realization of Beauty

6) 무한자의 실현The Realization of the Infinite

7) 개인과 우주의 관계The Relation of the Individual to the Universe

8) 영혼의 식識Soul Consciousness

그런데 만해는 이 8개의 글 중에서 제7의 "개인과 우주의 관계"를 번역했다. 상당히 긴 문장인데 이 제7의 문장을 제1호와 제2호로 나누어 빠짐없이 완역하였다.

만해 한용운이 『유심』이라는 잡지를 편집하고, 발행한 것은 한국 최초의 문예동인지라는 『창조』의 발행(1919년 2월)보다 빠르고, 천도교 청년회의 기관잡지인 『개벽』(1920년 6월 창간호)보다도 빠르다. 여타 문예동인지 『폐허』(1920년 7월 25일 창간), 『백조白潮』(1922년 1월)보다도 빠르다.

만해의 타고르 수필 번역

타고르의 사상을 전하는 장편의 글이 만해가 편집한 잡지 『유심』에 실렸다는 사실은 만해가 타고르에게서 소극적인 영향을 받은 것이 아니라, 누구보다도 먼저 적극적으로 타고르를 조선의 민중에게 소개하고, 자신도 그를 수용하였다는 것을 의미한다. 그런데 이 "사다나—개인과 우주의 관계"라는 짧지 않은 글이 과연 어떻게 『유심』에 올라왔는지는 명쾌한 해답이 없다. 그 영어원본과 번역문장을 비교해보면 꽤 충실한 좋은 번역이라는 생각이 든다. 김억과 같은 분명한 번역자가 있다면 그 이름을 밝혔을 텐데, 번역자는 숨겨져 있다. 잡지의 발행스피드로 볼 때, 이 글은 만해가 일본어 번역 문으로부터 번역한 것일 수도 있다는 생각이 든다.

## 만해의 진정한 친구 석전 박한영의 타고르론論

또 하나의 재미있는 사실은 이 타고르의 문장의 연재가 2회로 중단되었다는 것이다. 그리고 제3호 잡지 말미에 "「生의 實現」은 不認可로 因하여 連載치 못ㅎ오니 微意를 諒ㅎ시오."라고 하여, 중단이 조선총독부의 검열로 인한 것이라는 것을 밝히고 있다. 그리고 그 대신 만해의 평생지기이며 사랑하는 친구인 석전石顚 박한영朴漢永(1870~1948. 완주군 태생. 불교유신운동 때부터 만해를 지지. 평생 만해를 보호하였다. 9살 연상. 순천 선암사의 금봉錦峰 화상, 화엄사의 진응과 함께 불교계 3대 강백. 문하에서 청담, 운허耘虛, 시인 신석정辛夕汀 등이 나왔다. 석전이라는 호는 추사 김정희가 백파긍선에게 "석전만암石顚曼庵"이라는 4글자를 써주며 법손중에 도를 터득한 사람이 있으면 이 호를 주라했는데 결국 박한영에게 낙착된 것이다. 『가산불교대사림』)이 타고르를 총체적으로 소개하고 평가하는 9페이지에 달하는 개론적 문장, "타고르陀古元의 시관詩觀"을 쓴다.

기실 개설담론은 쓰기가 어려운 것인데 석전의 글을 보면 진실로 타고르의 전모를 알 수 있도록 타고르에 대한 긍정적 논의가 펼쳐져 있다. 석전은 타고르가 노벨상(羅北爾賞, 상금 팔만 원八萬圓)을 받고 그의 벵골어시가 전 세계인을 감복시키고 있는 현상은 서양문명이 쇠퇴하고 동방의 새로운 기운이 펼쳐지는 증후라며 세계문명사의 신기원이 열리고 있다는 희망을 토로했다. 이런 말도 보인다: "베이컨과 베르그송의 시대는 이제 지나가고 금후로는 타고르의 시

대가 되겠다." 서구유럽문화는 도덕의 공백이 생겨 그 공백을 메꾸
는 데는 동방의 도덕밖에는 그 자격을 지닌 것이 없는데, 타고르의
벵골어 시가 그 실마리를 이루고 있다고 보는 것이다.

(※ 이상의 논의는 『유심』이라는 잡지 1·2·3호를 펼쳐놓고 이야기
하지 않으면 안된다. 귀중본이라 대출은 되지 않을 것이고 마이크
로필름서비스가 되어있을 만도 한데 그런 서비스가 제공되는 곳은
없다. 원자료는 꼭 봐야겠고 발을 동동 구르다가 오현 스님이 만드
신 만해사상실천선양회가 생각났다. 그래서 그곳으로 전화를 해보
니 그곳의 사무처장 류한형柳漢燮이라는 분이 전화를 받는데 나를
그렇게 반가워할 수가 없다. 마침 『유심』 잡지 3권을 복사해놓은
것이 있어 그것을 보내드리겠다는 것이다. 보낼 것 없다 하고, 내
연구실 사람이 당장 달려가서 가지고 왔다. 간접적으로 듣기만 하던
자료를 손에 쥐고 보니 뱃속이 뻥 뚫리는 것 같다. 이 자리를 빌어
류한형 선생께 감사드리고, 돌아가실 때까지 나를 각별히 사랑해주
신 오현 스님 생각이 사무친다. 오현 스님 살아계실 동안, 내가 만
해를 깊게 공부 못한 점, 그래서 오현 스님의 만해사랑의 심도를
헤아리지 못한 점이 이제와서 후회스럽다. 만해사상실천선양회의
사업은 매우 활발히 진행되고 있고, 계간잡지 『유심』도 계속 간행
되고 있다.

이야기가 나온 김에 한마디 더 하자면 만해가 『불교대전』을 쓰게
된 동기와 관련하여 언급한, 일인日人이 지은 『불교성전佛敎聖典』이
라는 책이 있다. 당대 불학의 대가 난죠오 분유우南條文雄와 마에다

에운前田慧雲이 공편한 책으로 명치 38년[1905] 산세이도오三省堂 서점에서 발행한 것이다. 『불교성전』이 어떻게 생긴 책인지 알 수가 없었고, 만해가 『성전』을 보고 『성전』을 베껴서 『대전』을 만들었다면 어쩔 것인가? 만해는 표절인이 되고 마는 것이 아닌가? 그런데 1905년에 발간된 『불교성전』은 구해볼 수가 없었다. 그 문제를 숙제로 간직하고 있으면서 일본고서방을 계속 뒤졌다. 명치38년판이 드디어 걸려들었다. 고가였지만 다행히도 터무니없는 고가는 아니었다. 『성전』을 손에 들었을 때의 기쁨은 이루 다 말할 수 없었다. 그 기쁨은 만해를 디펜스할 수 있다는 자신감에서 오는 기쁨이었다. 『성전』은 생각보다 작고[10.5cm×15cm], 또 적은 분량의 책이었다. 그리고 만해의 『대전』의 웅장한 스케일과는 비교가 되질 않았다. 주제선정에서 비슷한 느낌은 있다. 만해의 작업은 『성전』의 편찬체제에서 힌트를 얻었다고는 말할 수 있겠으나 『불교대전』은 어디까지나 독자적이고 독창적인 것이다. 단지 『성전』은 전체가 원문이 없는 번역문장으로 되어있고 모든 한자에 친절하게 "후리가나振り仮名"가 붙어있어 서민들이 쉽게 읽을 수 있게 되어있다. 만해는 『불교성전』에서 어떠한 종교적 진리라도 그것을 가장 보편적인 언어로 쉽게 전달해야 한다는 교훈을 얻었을 것이다. 『님의 침묵』이라는 시집의 출간도 누구의 영향이라기보다는, 한글로써 자신의 생각을 대중에게 쉽게 전달해야겠다는 소망은 일본유학시부터 구체적으로 꿈꾸어왔던 것이고, 『십현담』의 선시들을 만지작거리다가 한문선시보다는 내 한글시가 더 적격이겠다는 생각을 하였을 것이다. 여기 자료 찾느라고 고생했던 역정歷程을 남겨놓는다.)

제15장 만해의 타고르 평가, 만해가 발간한 『유심』 381

### 만해의 『유심』은 우리나라 문예지의 파이오니어

보통 『유심』이라는 잡지를 논하는 사람들은, 그것이 1910년 대의 우리나라 종합문예지로서 거의 유일무이한 성격의 파이어니어적 서물이라는 것을 부각시키지 않는다. 스님이 발간했기 때문에 무슨 종교적 교양지인 것처럼 착각하는 것이다. 그러나 최남선이 『소년』을 발간하면서 시작된(1908. 11. 1) 우리나라의 문예교양잡지의 역사는 『청춘』(1914. 10. 1. 창간호)으로 이어졌고, 『청춘』은 1918년 6월 통권 15호로 종간된다. 이 『청춘』의 바톤을 이어 바로 출간된 것이 이 만해의 잡지 『유심』이다(초간 1918. 9. 1). 그 성격은 우리나라 잡지운동의 메인스트림 속에 있는 것이다. 최남선은 자신의 『청춘』을 종간하고나서(내용적으로 총독부의 압력이 있었다) 바로 『유심』에 "동정同情바들 필요必要잇는자者가 되지말라"라는 글을 발표한다. 그 말미에 이런 말이 있다.

> 웨 약자가 되어서 남의 동정을 구하나뇨.
> 정신을 가다듬어 애초에 동정同情바들 필요없는
> 강자強者가 되기를 힘쓰지 아니하나뇨.
> 험난한 세해世海를 외로히 자맥질하는 어린 동무야!
> 약자됨의 설음을 아는 만큼 강자強者될 공부工夫를 싸흘지어다.
> 힘있게 — 용기있게 — 부즈런히 — 애써서.

한용운연구자들이 『유심』이라는 잡지를 언급하게 되면 보통 인용하는 시가 "심心"이라는 제목의 시다. 『한용운전집』1-90에 실려있다. 『유심』제1호, 창간특집으로 제일 앞면에 실려있는 산문시이다. 그러나 사실 이것은 『유심惟心』이라는 잡지의 창간을 기념하여 그 "유심"이라는 제목을 해설한 시이지 독자적인 시품詩品으로서 만해가 독자들에게 내어놓는 작품은 아니다. 조금 긴 시지만 중간에 "심心은 무無의 실재實在오, 유有의 진공眞空이니라"라는 구절이 눈에 띄는데, 이 메시지야말로 만해의 심心에 대한 생각을 대변하고 있다 할 것이다. 심이야말로 무無가 실재한다는 것을 말해주고, 유有가 있는 그대로 참된 공空임을 입증할 수 있는 근거라는 것이다. 이것은 대승불교에 공통된 "진공묘유眞空妙有"의 사상을 풀어 말한 것이다.

### 『님의 침묵』의 프로토타입, 『유심』의 권두언

만해의 이 심心이라는 시도 『님의 침묵』의 시들의 한 프로토타입을 나타내고 있다. 그러나 참으로 『님의 침묵』의 프로토타입을 이루는 시는 『유심』제1호의 권두언으로 만해가 잡지 앞에 내건 시다. 마치 『님의 침묵』의 앞에 "군말"이라 내건 시와도 같다. 내가 현재 표준어에 맞게 교정한 본으로 내어놓는다.

### 〔 처음에 씀 〕

배를 띄우는 흐름은 그 근원이 멀도다.
송이 큰 꽃나무는 그 뿌리가 깊도다.
가벼이 날리는 떨어지는 잎새야!
가을 바람의 굳셈이랴!

서리 아래에 푸르다고 구태여 묻지마라.

그 대(竹)의 가운데는 무슨 걸림도 없느니라.

미美의 음音보다도 묘妙한 소리,

거친 물결에 돛대가 났다.

보느냐! 샛별같은 너의 눈으로

천만의 장애障碍를 타파打破하고

대양大洋에 도착하는 득의得意의 파波를!

보일리라, 우주宇宙의 신비神祕.

들릴리라, 만유萬有의 묘음妙音.

가자! 가자! 사막沙漠도 아닌,

빙해氷海도 아닌, 우리의 고원故園.

아니가면 뉘라서 보랴!

한송이 두송이 피는 매화梅花.


이 시야말로 거의 우리나라 신시新詩의 출발이라고 말할 수 있다. 『님의 침묵』에 영향을 주었다고 흔히 말하는 외국시나 새로운 구형의 자유시 이전의 만해 스스로의 내면에서 우러나온 시라는 데 그 큰 의의가 있다. 내가 지금 이 시를 한줄한줄 해석할 이유는 없다. 독자 스스로가 느껴야 할 시다. 그러나 이미 이 시는 타고르의 시에 대한 혹독한 평가를 내리고 있다.

모든 존재는 근원이 멀고, 그 뿌리가 깊다. 가벼이 날려 떨어지는 잎새도 굳세게 부는 가을바람과 한 몸을 이루는 것이다. 우주의 모든 소리는 서로 연결되어 있다. 대양에 도착하는 물결도 천만의 장애를 타파하고 자랑스럽게 그 모습을 드러낸다. 보이느냐? 우주의 신비! 들리느냐! 만유의 묘음! 가자! 가자! 사막도 아니고 빙하도 아닌 우리민족의 옛동산, 고조선의 대륙으로! 우리가 아니 가면 누가 가서 보겠느냐? 그 고원에 피어있는 한 송이의 매화를!

## 일경초의 생명

『유심』 제2호 권두시에는 "일경초一莖草의 생명生命"이라는 제목으로 실렸는데 너무 길어서 마지막 4줄만 인용하겠다. 제1호에서는 우리민족의 독립의지를 "천만의 장애를 타파하고 대양에 도착하는 득의得意(＝승리)의 파波(물결)"라고 표현했다면, 제2호에서는 우리민족의 꺾이지 않는 생명력, 그 끈질긴 생명의 연속성, 그 패연沛然함을 "일경초," 즉 "가냘픈 한 줄기의 풀"에 비유하고 있다. 물론 『유심』이라는 잡지의 험난한 항해와 그 끈질긴 지속을 은유적으로 내포하고 있기도 하다. 『주역』 64괘의 음양착종의 최초의 괘가 준괘屯卦라는 사실을 연상시킨다. 준屯이라는 글자의 모양새가 땅속의 뿌리를 덮고 있는 바위를 밀치고 올라오는 연약한 풀줄기를 의미하는 것과도 같다. 원元·형亨·리利·정貞의 사덕을 다 지니고 있는 강력한 생명력이다. 만해의 시는 다음과 같다:

### 〔 일경초의 생명 〕

벼개 위에 오라는 낮 졸음을 쫓는

패연沛然한 소리, 대한大旱의 야野에

활수活水가 났도다.

아아~ 나의 감사를 표하는 시선,

새삼스럽게 벌써 개인 강상江上의

수봉數峰에 대인다.

제 아모리 악마惡魔라도 어찌 막으랴!

초토焦土의 중中에서도 금석金石을

뚫을 듯한 진眞 생명生命을 가졌던

그 풀의 발연勃然을!

사랑스럽다! 귀鬼의 부斧로도, 마魔의

아牙로도 어찌지 못할 일경초一莖草의

생명生命.


　　여기 우선, 1920년대에나 등장한 것으로 보았던 "아~ 아~"
구문이 이미 1918년의 만해시에 등장하고 있는 사실이 새롭다. 그
리고 조선민중의 생명력을 패연沛然이니 발연勃然이니(『맹자』의 어휘)
하는 강한 표현을 써서 표현하고 있는 것도 주목할 만하다. 가뭄으
로 모든 것이 말라 비틀어진 대한의 들판에 콸콸 덮치는 생명의 물
결! 아모리 악마(=일본 제국주의의 악마세력)라도 어찌 막으랴! 마른 땅
속에서도 바윗덩어리를 밀치고 발연히 솟아오르는 풀의 생명력! 귀
신의 도끼로도, 마귀의 이빨로도 어찌할 수 없는 풀 한 포기의 생명
력! 바로, 타고르의 시에는 이러한 리얼한, 시공의 초원에서 물과 불과
바람과 함께 느낄 수 있는 생명력이 없는 것이다.

『유심』제3호, 권두시, 「약동」

　　내가 제일 좋아하는 권두시는 제3호의 것이다.


　　【 약동躍動 】


　　　천애天涯의 오로惡路, 운명運命의 신神이 아니다.

　　　너의 분묘墳墓는 주저躊躇가 아니고 무엇이냐?

　　　인생人生의 경로逕路는 쾌락快樂도

　　　아니오, 비애悲哀도 아니오 활동活動뿐이라.

　　　혹한酷寒을 막음이 털외투뿐이랴,

　　　힘있게 운동할지어다.

　　　성서盛暑를 피함이 선풍기扇風機가 아니다.

　　　냉정冷靜한 두뇌는 백도百道의

　　　청천淸泉을 초월超越하리라.

　　　개산공성開山攻城의 대포도 허공虛空이야

　　　깨칠소냐?

　　　넓기도 넓다. 너의 금도衿度로 제아무리

　　　가리고자 하지마는 사무치는 찬 빛이야

　　　흑암黑暗인들 어찌하리.

　　　곤산崑山의 돌(石)이 굳지 아니하랴마는

　　　바사波斯의 시市에 백옥白玉, 황옥黃玉, 홍옥紅玉, 청옥靑玉.


　　"약동"이란 제목은 베르그송의 "엘랑 비탈*élan vital*"에서 왔을 가능성이 높다. 그의 친구 석전도 베르그송(＝白格森)을 언급하고 있다. 베르그송은 우주 그 자체가 창조적인 전진이며, 만물의 자체조직능력self-organization과 즉발적인 변형spontaneous morphogenesis에 의하여 끊임없이 진화하는 것이라고 보았다. 그 내재적인 힘을 "바이탈 포스vital force"라고 보았던 것이다. 전 우주가 하나의 유기적 관계망의 생명이요 약동이다.

천애의 오로, 주저

　　여기 "天涯의 惡路"란 "천애의 악로"로 읽어서는 아니 된다. 하늘끝 벼랑길, 위험하기 그지없이 보이는 길, 가기 싫은 길(오로), 그 길은 운명의 신의 장난이 아니다. 결국 그 길이 오로가 되는 것은 죽음을 기피하려 하기 때문이다. 그러나 너의 죽음은 그 오로에 있는 것이 아니라 그 천애의 오로를 바라보는 너의 주저함에 있다. 오늘날 이토록 더러운 정권의 분위기 속에서, 형식적으로는 민주의 법질서가 살아있는 듯이 보이는 상황 속에서 더욱 바람직하지 못한 나락으로 국운이 빠져들어가고 있는 이유는 바로 국민 개개인이 모두 "주저" 속에 어중간한 삶의 행로를 택하고 있기 때문이다. 대한민국의 분묘墳墓는 국민들의 주저다. 주저주저하고 있기 때문에 명확한 길이 보이지 않는다. 주저 때문에 약동이 불가不可하고, 창조적 진화가 좌절된다.

　　이 총론을 말한 후에 만해는 곧바로 본론을 말한다. 인생의 경로는 쾌락도 아니요, 비애도 아니다. 그럼 무엇이냐? 말한다: "활동活動일 뿐이다." 인생의 경로는 비관도 아니요, 낙관도 아니다. 활동일 뿐이다. 활동이란 무엇이냐? "살아 움직임"이다. 나의 생애는 나의 활동으로 유지되는 것이요, 조국의 운명은 국민의 일상활동으로 계속되는 것이요, **천애의 오로는 주저없음으로 타개되는 것이다.** 만해와 동시대를 산 영국(＋미국)의 철학자 화이트헤드Alfred North Whitehead(1861~1947. 럿셀과 함께『수학의 원리』를 저술. 말년 하버드대학 철학과에서 명강의)는 이 세상의 "실재Reality"라 하는 것은 존재가 아니요, "과정Process"일 뿐이다라고 말했다.

### 실재는 존재가 아니라 과정, 오직 활동活動

만해는 같은 시대에 같은 소리를 하고 있는 것이다. 인생의 경로에는 고정된 가치판단의 비젼이 선행하는 것이 아니라(비관, 낙관이 앞에 있는 것이 아니라) 오직 내가 살아움직이고 있다는 삶의 과정Process of Life만이 실재하는 것이다. 따라서 실재는 존재가 아니라 과정이요, 과정은 만해가 말하는 "활동活動"이다. 말년 죽을 때까지 "존재"를 말해야 했던 하이데가보다 만해의 이 한마디가 더 직절直截하다.

혹한을 막는 것은 털외투가 아니다. 국민 모두가 힘있게 운동해야 한다. 일제의 압박의 혹한을 견디는 것은 물리적 방벽이 아니라 국민들의 정신력이다. 그것을 위하여 나는 이『유심』을 발간하고 있는 것이다. 돈도 없고, 스태프도 없지만 나는 계동桂洞 43번지에 초라한 간판 하나 내걸고 사력을 다하고 있는 것이다. 다시 말해서 "활동"하고 있는 것이다. 생生이란 곧 활동이다.

찌는 무더위를 피할 수 있게 하는 것은 선풍기가 아니다. 오직 냉정冷靜한 두뇌의 힘으로 더위를 물리친다. 산을 쪼개고(開山) 성을 무너뜨리는 대포라 할지라도 허공虛空을 깨칠 수가 없다. 허공이 무엇이뇨? 우리민족의 마음이다. 넓기도 넓다! 무엇이 그렇게 넓으냐? 우리 마음의 진리는 한 사람의 흉금으로 덮을 수 있는 것이 아니다. 제아무리 너의 금도衿度로써 진리를 가리고자 하지마는 가릴 수 없다. 사무쳐 들어오는 차가운(냉정한) 진리의 빛은 모든 흑암을 깨칠 수 있다.

왜놈들의 흑암이 우리를 덮는다 해도 우리민족의 사무치는 "찬 빛"(Cold Light)을 흑암이 당해낼 수 있겠는가! 곤산의 보석이 제일이라 하더라! 그런데 페르시아를 가보면 시장바닥에 널브러진 것이 백옥, 황옥, 홍옥, 청옥이라더라!

자아! 이제 만해의 시를 이해하기 위한 기초적인 정보는 다 술회述懷한 것 같다. 마지막으로 만해가 타고르의 시를 평하는 아름다운 시를 해석해보자!

## 송욱 교수의 정평

타고르가 전세계적으로 "카미사마"처럼 모셔지고 있던 당대의 분위기에서 "백도百道의 청천淸泉을 초월超越하는 만해 두뇌의 냉정冷靜함"은 심장이 얼어붙는 듯한 무시무시한 천음天音과도 같다. 타고르라는 허구를 깨고 만해의 투철한 정신을 직시하도록 만든 송욱宋稶(1925~1980. 시인. 영문학자. 서울 출생. 경기중 중퇴. 카고시마 제7고등학교 졸업. 쿄오토제대 문학부 사학과 입학. 징병을 피하여 쿠마모토 의과대학에 편입. 다시 경성제대 의학부에 편입. 이후 영문학으로 전공을 바꾸어 1948년 서울대 문리대 영문과를 졸업) 교수의 진지한 업적에 우선 경의를 표한다. 이제 독자들은 71번째의 시, 「타골의 시詩를 읽고」로 되돌아가 주기를 바란다.

　　만해는 타고르를 "벗"이라고 부른다. 타고르는 만해보다 18살 연상이니까 기실 그리 큰 차이가 나지 않는다. 동시대의 사람이다. 간디는 만해보다 10살 위다. "벗"이라는 것은 수평적 관계를 의미한다. 같은 시인으로서 우정을 토로할 수 있는 사람이라는 뜻이다.

　　타고르여! 나의 벗이여! 애인愛人의 부덤 위에 피어있는 꽃처럼 나를 울리는 벗이여!

## 나를 슬프게 만드는 벗이여!

　　"애인의 무덤 위에 피어있는 꽃"이란 그냥 아무 뜻 없이 생각해도 한없이 슬픈 정황을 나타낸다. 만해는 타고르를 벗이라 부르는 순간, 곧바로 그의 정신세계를 규정하고 들어간다. 그대는 나를 슬프게 하는 존재이다! 왜 슬픈가? 그대는 애인의 무덤 위에 피어있는 꽃이기에 슬프다. 그게 무슨 소리인가? "무덤 위에 피어있는 꽃"이라는 것은 죽음에서 피어나는 초월적 원리를 가리킨다. 노벨상을 받은 그대여! 그대는 죽음의 피안에 도달했을지는 몰라도 삶의 차안此岸에 도달하지는 못했다.

## 죽음의 피안에 도달했을지언정 삶의 차안에 못미친 그대여!

　　내가 말하는 인간은 삶의 소음 속에 고고히 서있는 생명生命이다. 그대가 말하는 인간은 초월자 앞에서 고개 숙이는 절대자의 서번트, 초월을 기다리는 존재일 뿐이다: "주님의 불사의 손이 제 몸을 만지시면(At the immortal touch of thy hands) 저의 작은 가슴은 너무도 기뻐 한도를 잃고 말로 표현할 수 없는 소리를 냅니다(my little heart loses its limits in joy and gives birth to utterance ineffable). 주님의 한량 없는 선물은 저의 작은 손 위에 내립니다. 세월이 지날수록 주님께서는 아직도 부어주시나 채울 자리는 여전히 남아있습니다(still there is room to fill)."

타고르의 인간에게 내장되어 있는 허虛는 주님이 장악하고 주님이 채워주셔야 할 빈 터다. 그러나 만해의 허虛는 무無의 실재實在요, 유有의 진공眞空이다. 그것은 그 자체로 절대絕對이며 자유自由이며 만능萬能이다. 만해는 초월을 지향하지 않는다. 타고르의 시는 "새 한 마리의 자취도 없는 사막의 밤(※ 죽음의 영역이다)에, 문득 만난 님처럼 나를 기쁘게 하는 벗"이다. 그러나 그 벗은 옛 무덤을 깨치고 하늘까지 사모치는 백골의 향기이다. 살아있는 사람의 포동포동한 살결에서 풍겨 나오는 향기가 아니라, 생명 없는 백골의 향기일 뿐이다. 백골의 향기? 끔찍하다!

## 하늘까지 사모치는 백골의 향기

그대는 화환을 만들기 위해 떨어진 꽃을 줍는다. 이 화환이란 결국 무엇인가? 그것은 죽음을 수놓고, 절망을 장식하는 것이다. 화환을 만들려고 떨어진 꽃을 줍다가 다른 가지에 걸려서 주운 꽃마저 흐트러 버리고 마는 절망! 그대의 희망은 절망에서 피어나는 희망입니다.

타고르여! 나의 벗이여! 죽음의 향기가 아무리 좋다 하여도, 백골의 입술에는 입맞출 수는 없습니다. 브라흐만에 대한 당신의 동경은 결국 백골의 차디찬 입술에 입맞추는 일방一方의 물화物化입니다. 죽은 자의 무덤을 황금黃金(=죽음의 색깔)의 노래로 장식하지 마십시오.

## 무덤 위에 피묻은 깃대, 혁명의 깃발

차라리 무덤 위에 피묻은 깃대를 세우세요. "무덤 위에 피묻은 깃대"라는 것은 "살아있는 이승 속에서의 활동"을 가리킨다. 피묻은 깃대는 곧 혁명革命의 깃발이다. 송욱은 말한다: "타고르의 시집 『원정』을 읽고 두드러지게 느끼게 되는 것은, 타고르에게는 사회가 없고 역사가 없고, 더군다나 혁명革命을 찾아볼 수 없다. …… 타고르는 오로지 절대자의 화원에 꽃을 가꾸며, 생명의 영적 결합과 개별적 혁명이 절대자에게 대하여 느끼는 동경을 아름답게 노래하는 명상의 시인이란 인상을 강하게 준다."(『시학평전詩學評傳』 pp.341~2).

그러나 죽은 대지大地가 시인詩人의 노래를 거쳐서 움직이는 것을 봄바람은 말합니다. "백골의 입술," "황금의 노래"에 대비되는 생명의 자연이 곧 "봄바람"이다. 죽은 대지일지언정 그것이 시인의 노래를 거치게 되면 다시 생명을 회복한다. 그 약동을 봄바람이 말하고 있는 것이다.

## 백골의 입술 vs. 봄바람, 당신의 노래는 조선의 민중과 함께할 수 없다

우리는 봄바람을 사랑해야 한다. 화원을 가지고 있는 여왕을 사랑해서는 아니 된다. 타고르여! 부끄럽습니다. 나는 그대의 노래를 들을 때에는 부끄럽고 떨립니다. 왜 부끄러울까요? 왜 떨릴까요? 그것은 내가 나의 님을 떠나서, 이 조선의 민중을 떠나서 홀로 그 노래를 듣기 때문입니다. 나는 도저히 당신의 노래를 "우리의 님"과 함께 들을 수가 없습니다. 그만큼 당신은 우리 민중의 혼으로부터 격리되어 있습니다. 타고르에게는 선禪이 없다. 따라서 그의 시세계는 "깨달음"과는 아무런 관계가 없다.

제2권에 계속됩니다.
제16장 만해의 논개 사랑

『만해 한용운, 도올이 부른다』 1

2024년 10월 30일 초판 발행
2024년 11월 8일 1판 2쇄

지은이 _ 도올 김용옥
펴낸이 _ 남호섭
편집책임 _ 김인혜
편집 _ 임진권 · 신수기
제작 _ 오성룡
표지디자인 _ 박현택
인쇄판 출력 _ 토탈프로세스
라미네이팅 _ 금성L&S
인쇄 _ 봉덕인쇄
제책 _ 강원제책

펴낸곳 · 통나무

서울특별시 종로구 동숭동 199-27
전화: 02) 744-7992
출판등록 1989. 11. 3. 제1-970호